Nik Milosevic

Deutsche Kriegsbeteiligung und –verweigerung

Analyse der Einflussfaktoren im politischen Entscheidungsprozess der Fälle Kosovo, Afghanistan, Irak und Libyen

Diplomica® Verlag GmbH

Milosevic, Nik: Deutsche Kriegsbeteiligung und -verweigerung: Analyse der Einflussfaktoren im politischen Entscheidungsprozess der Fälle Kosovo, Afghanistan, Irak und Libyen. Hamburg, Diplomica Verlag GmbH 2012

ISBN: 978-3-8428-8162-4
Druck: Diplomica® Verlag GmbH, Hamburg, 2012

Bibliografische Information der Deutschen Nationalbibliothek:
Die Deutsche Nationalbibliothek verzeichnet diese Publikation in der Deutschen Nationalbibliografie; detaillierte bibliografische Daten sind im Internet über http://dnb.d-nb.de abrufbar.

Die digitale Ausgabe (eBook-Ausgabe) dieses Titels trägt die ISBN 978-3-8428-3162-9 und kann über den Handel oder den Verlag bezogen werden.

INHALTSVERZEICHNIS

1. Einleitung 1

1.1. Forschungsfrage und Erkenntnisinteresse 3

1.2. Methodik und Vorgehensweise 4

2. Außenpolitikanalyse 6

2.1. Internationale Ebene 9

2.1.1. Deutsche Macht und Interessen im internationalen System 13

2.1.2. Multilaterale Einbindung Deutschlands 15

2.1.3. Deutsche Wirtschaftsinteressen 18

2.2. Innerstaatliche Ebene 19

2.2.1. Deutsche außenpolitische Kultur 22

2.2.2. Politische Konkurrenz innerhalb Deutschlands 23

2.2.3. Öffentliche Meinung in Deutschland 25

2.3. Individuelle Ebene 26

2.3.1. Bundeskanzler 27

2.3.2. Außenminister 28

2.3.3. Konsens im Bundestag 28

2.4. Zusammenfassung des theoretischen Teils 29

3. Kosovo-Krieg 30

3.1. Deutsche Macht und Interessen im internationalen System 31

3.2. Multilaterale Einbindung Deutschlands 35

3.3. Deutsche Wirtschaftsinteressen 38

3.4. Deutsche außenpolitische Kultur 40

3.5. Politische Konkurrenz innerhalb Deutschlands 41

3.6. Öffentliche Meinung in Deutschland 44

3.7. Bundeskanzler 45

3.8. Außenminister 47

3.9. Bundestag 50

3.10. Zwischenfazit 53

4. Afghanistan-Krieg 58

4.1. Deutsche Macht und Interessen im internationalen System 59

4.2. Multilaterale Einbindung Deutschlands 62

4.3. Deutsche Wirtschaftsinteressen 64

4.4. Deutsche außenpolitische Kultur 66

4.5. Politische Konkurrenz innerhalb Deutschlands 67
4.6. Öffentliche Meinung in Deutschland 69
4.7. Bundeskanzler 70
4.8. Außenminister 73
4.9. Bundestag 76
4.10. Zwischenfazit 79
5. Irak-Krieg 85
5.1. Deutsche Macht und Interessen im internationalen System 86
5.2. Multilaterale Einbindung Deutschlands 89
5.3. Deutsche Wirtschaftsinteressen 92
5.4. Deutsche außenpolitische Kultur 94
5.5. Politische Konkurrenz innerhalb Deutschlands 95
5.6. Öffentliche Meinung in Deutschland 98
5.7. Bundeskanzler 99
5.8. Außenminister 103
5.9. Bundestag 105
5.10. Zwischenfazit 108
6. Libyen-krieg 114
6.1. Deutsche Macht und Interessen im internationalen System 115
6.2. Multilaterale Einbindung Deutschlands 118
6.3. Deutsche Wirtschaftsinteressen 120
6.4. Deutsche außenpolitische Kultur 122
6.5. Politische Konkurrenz innerhalb Deutschlands 123
6.6. Öffentliche Meinung in Deutschland 125
6.7. Bundeskanzlerin 127
6.8. Außenminister 129
6.9. Bundestag 132
6.10. Zwischenfazit 135
7. Fazit 141
8. Literaturverzeichnis 150

1. Einleitung

Zum Jahreswechsel 2010/11 kam es zu Massenunruhen in der tunesischen Bevölkerung, die zu einer relativ gewaltlosen Revolution führten, deren Auswirkungen die Aussicht auf demokratische Staatstrukturen in Tunesien begründeten. Die von Tunesien ausgehende revolutionär-politische Initialzündung hatte und hat in der arabischen Welt weitreichende Folgen, deren Abläufe und Ausmaß gegenwärtig allenfalls in Ansätzen zu erfassen sind. Während die Bevölkerung Ägyptens ebenfalls ihren langjährig herrschenden Präsidenten annähernd gewaltlos stürzen konnte, führten die Proteste in Libyen zu einem gewaltsamen Bürgerkrieg, an dem sich auch die internationale Gemeinschaft im Rahmen der UN-Resolution 1973 mit Luftschlägen zum Schutz der dortigen Zivilbevölkerung vor Regierungstruppen beteiligt hatte.[1]

Trotz der Verständigung im UN-Sicherheitsrat auf die Libyen-Resolution enthielt sich die Bundesregierung als nichtständiges Mitglied in diesem Gremium der Stimme. Deutschland werde sich nicht an einem Krieg beteiligen und Soldaten nach Libyen schicken, so der einhellige Tenor der Bundesregierung. Die Entscheidung entfachte im Land eine Debatte über die Ziele deutscher Außenpolitik. Einerseits lobten Befürworter der Entscheidung, dass Deutschland sich nicht an einem weiteren Krieg beteilige und darauf setze, die Krise mit diplomatischen Mitteln politisch zu lösen. Andererseits verurteilen Gegner der deutschen Haltung die Regierung, Deutschland würde seine internationalen Partner im Stich lassen, mit diesem Schritt den Zusammenhalt der westlichen Allianzen und Institutionen gefährden und sich selbst isolieren.[2]

Blickt man acht Jahre zurück, fällt auf, dass damals auch Deutschland zusammen mit Frankreich und Russland versuchte, einen Krieg gegen den Irak auf Ebene der UN zu verhindern. Im Sicherheitsrat gelang es jedoch nicht, die USA als Befürworter einer militärischen Intervention umzustimmen und daran zu hindern, später zusammen mit der *Coalition of the Willing* auch ohne völkerrechtliche Legitimation gegen das Regime von Saddam Hussein vorzugehen. Stand Europa nach den Terroranschlägen von New York und Washington noch geschlossen hinter den USA, spaltete die Irakpolitik der US-Regierung die europäischen Staaten in ein „altes und neues Europa", so der damalige US-Verteidigungsminister Donald Rumsfeld. Politisch gesehen geriet das transatlantische Verhältnis besonders zwischen den USA und Deutschland im Zuge des Irak-Krieges in erhebliche Spannungen. Das kategorische »Nein« der Bundesrepublik, ob mit oder ohne UN-Resolution, galt als offener Bruch mit den amerikanischen Verbündeten.[3]

---

[1] The Security Council of the United Nations: Resolution 1973. New York. 2011.

[2] Vgl. Spiegel Online Artikel: Die Jeinsager-Koalition. Streit um deutsches Libyen-Votum. Hamburg. 2011. http://www.spiegel.de/politik/deutschland/0,1518,751812,00.html (20.10.11)

[3] Vgl. Hacke, Christian: Deutschland, Europa und der Irakkonflikt. In: Aus Politik und Zeitgeschichte: Irak. B 24-25. Bonn. 2003. S.8-16.

Wiederum zwei Jahre früher, als Reaktion auf die Terroranschläge vom 11. September, gelang es den USA, gemeinsam mit der afghanischen Nordallianz, die Herrschaft der Taliban in Afghanistan zu brechen. Diese durch UN-Mandat legitimierte Intervention galt als Reaktion auf die Terroranschläge vom 11. September und auf die Verweigerung der in Afghanistan herrschenden Taliban, Osama bin Laden an die Amerikaner auszuliefern. Den Urheber der Terroranschläge von New York zu fassen, gelang aber zu diesem Zeitpunkt nicht. Im Anschluss daran sollte Afghanistan als Staat aufgebaut und das Projekt durch die *International Security Assistance Force* (ISAF) abgesichert werden, während im Rahmen der *Operation Enduring Freedom* (OEF) u.a. in Afghanistan gegen den internationalen Terrorismus vorgegangen werden sollte. In diesem Fall beteiligte sich Deutschland. Der damalige Bundeskanzler Gerhard Schröder sicherte den USA „uneingeschränkte Solidarität" zu und untermauerte seine Solidaritätsbekundung mit der Entsendung des international drittgrößten Truppenkontingents nach Afghanistan. Der zu Beginn als Unterstützungseinsatz gedachte und bis heute andauernde Konflikt, entwickelte sich in den folgenden Jahren zu einem Guerilla- und Bürgerkrieg. Militärpolitisch versuchte die Bundesregierung, sich von den umkämpften Zonen im Süden Afghanistans fernzuhalten, sah sich jedoch durch die Ausbreitung des Krieges zusehend selbst mit bewaffneten Auseinandersetzungen konfrontiert.[4]

Der erste Krieg, an dem sich das wiedervereinigte Deutschland mit dem Einsatz von Tornado-Kampfflugzeugen zur Bombardierung serbischer Radarstellungen beteiligte, war der zwei Jahre zuvor beendete Kosovo-Krieg. In diesem eskalierten Konflikt zwischen Serben und Kosovo-Albanern intervenierte die NATO ohne UN-Mandat in der Bundesrepublik Jugoslawien mit dem Ziel die damalige serbische Regierung dazu zu bewegen, sich mit ihrem Militär aus dem Kosovo zurückzuziehen, um die Kosovo-albanische Zivilbevölkerung vor serbischen Übergriffen zu schützen. Der Einsatz war als humanitäre Intervention zur Wahrung der Menschenrechte im Kosovo gedacht. Es war der erste direkte Kampfeinsatz deutscher Bundeswehrsoldaten außerhalb des eigenen Territoriums, der eine besonders kritische Debatte innerhalb Deutschlands über den Einsatz der Bundeswehr im Ausland und die nicht-mandatierte Intervention durch die NATO entfachte.[5]

Welche Entscheidungskriterien könnten die jeweils beteiligten Bundesregierungen angelegt haben und welche Einflussfaktoren spielten dabei eine Rolle? An den vier knapp skizzierten Kriegen der letzten Jahre hatte sich Deutschland einmal ohne (Kosovo) und einmal mit UN-Mandat (Afghanistan) an einem Krieg beteiligt sowie sich einer Kriegsbeteiligung einmal ohne UN-Mandat (Irak) und einmal mit UN-Mandat (Libyen) verweigert. Eine Kriegsbeteiligung nur auf der Grundlage klarer UN-Mandate kann als Kriterium nicht gelten, weil es deutsche Interventionsbeteiligungen mit

[4] Vgl. Weiss, Dieter: Deutschland am Hindukusch. In: Aus Politik und Zeitgeschichte: Außen- und Sicherheitspolitik. B 43. Bonn. 2008. S.6-14.

[5] Vgl. Krause, Joachim: Die deutsche Politik in der Kosovo-Krise. In: Krause, Joachim: Kosovo. Humanitäre Intervention und kooperative Sicherheit in Europa. Opladen. 2000(a). S.103-123.

und ohne UN-Mandat gegeben hat. Auch wenn man den Einsatz der NATO, als Intervention umsetzende Militärallianz, zur Voraussetzung einer deutschen Kriegsbeteiligung erhoben hätte, ergäbe dies im Falle Libyens kein Erklärungsmuster. Vor den Kriegen im Kosovo, Afghanistan, Irak und Libyen fanden jeweils Bundes- und Landtagswahlen statt, die aber die Entscheidung zur Kriegsbeteiligung davon nicht durchgängig abhängig machten. Auch hier ist kein Muster in der Entscheidungslogik erkennbar. Sind es schließlich vielleicht die Menschenrechte in einer menschenrechtsorientierten Außenpolitik, die für die politischen Entscheidungsträger als Maßstab gelten? Aber auch auf diesem Hintergrund ist kein klares Muster in den Entscheidungskriterien der Akteure erkennbar, da die Verletzung von Menschenrechten in allen vier Kriegen als Teil der Interventionsgründe zu sehen sind.

Dieses überaus unklare Bild deutscher Außenpolitik lässt auf den ersten Blick kaum nachvollziehbare Rückschlüsse zu, aus welchen außenpolitischen Gründen sich Deutschland nach seiner Wiedervereinigung im Jahr 1990 mal an Kriegen beteiligt, dann aber dazu wieder eine verweigernde Haltung einnimmt.

1.1. Forschungsfrage und Erkenntnisinteresse

Ziel dieser Untersuchung soll es in erster Linie sein, beispielhaft anhand der Kriege Kosovo, Afghanistan, Irak und Libyen zu analysieren, welche Einflussfaktoren in der deutschen Außenpolitik dazu führen, dass sich Deutschland an Kriegen im Rahmen internationaler Interventionen beteiligt bzw. nicht beteiligt und welches außenpolitische Gesamtbild sich aus den Ergebnissen herleiten lässt.

Das besondere Erkenntnisinteresse besteht also darin, die eingangs in der Einleitung scheinbar willkürliche Beteiligung oder Nichtbeteiligung des wiedervereinigten Deutschlands an internationalen Intervention dahingehend zu analysieren, inwieweit sich die deutsche Außenpolitik weiter als „sicherheitspolitischer Suchprozess“[6] darstellt, der von »Fall zu Fall-Entscheidungen« bestimmt wird, oder ob sich hinter jeder Entscheidung ein Muster verbirgt, das beispielsweise Grundlinien deutscher Außen-und Sicherheitspolitik wiederspiegelt, die auf klar definierte Prinzipien und Interessen deutscher Politik beruhen.

Für die politikwissenschaftliche Analyse soll das Ergebnis dazu dienen, die Einflüsse in der politischen Entscheidungsfindung im Vorfeld eines Kriegseinsatzes oder einer -verweigerung systematisch offen zu legen, um daraus die Grundzüge und Entwicklungen deutscher Außenpolitik, speziell der Sicherheitspolitik, aufzuschlüsseln, zu analysieren und sie einem Erklärungsmuster mit dem Ziel zuzuordnen, zukünftiges Regierungshandeln zielgenauer in eine außen- und sicherheitspolitische Konzeptionalität einordnen zu können.

---

[6] Naumann, Klaus: Einsatz ohne Ziel? Bonn. 2010. S.27.

1.2. Methodik und Vorgehensweise

Anhand der theoretischen Grundlagen der Außenpolitikanalyse sollen für diese Untersuchung zunächst Einflussfaktoren entwickelt werden, die sich maßgeblich auf die Außenpolitik eines Staates auswirken und im politischen Entscheidungsprozess wesentlich dazu beitragen, ob sich die staatlichen Entscheidungsträger einer Kriegsbeteiligung verweigern oder ihr zustimmen. Im zweiten Abschnitt dieser Untersuchung geht es daher zunächst um die Außenpolitikanalyse im Allgemeinen, um anschließend daraus außenpolitische Einflussfaktoren abzuleiten und deren prinzipielle Auswirkungen auf staatliche Außenpolitik aufzuzeigen. In den folgenden vier Fallanalysen (Kosovo, Afghanistan, Irak und Libyen) werden die Grundlagen dieser Faktoren – gewissermaßen als »Maßstab« – zur Untersuchung und Bewertung des Einflusses auf die jeweilige Entscheidung der Bundesregierung genutzt. Dabei ist in jedem Kriegsfall zu untersuchen, welche der entwickelten Faktoren die jeweilige Entscheidung der betreffenden Entscheidungsträger maßgeblich bzw. gegebenenfalls welche Faktoren sich gegenseitig beeinflusst haben.

Das Methodische Vorgehen kann als process tracing bzw. Prozessanalyse bezeichnet werden.[7] „Unter die Prozessanalyse (process tracing) fallen Verfahren, die den kausalen Prozess zwischen einem oder mehreren Erklärungsfaktoren (unabhängigen Variablen) und einem Erklärungsbestand (abhängige Variable) identifizieren und prüfen sollen."[8] Hauptbestandteil der Untersuchung ist dabei die Faktenerarbeitung durch die Textanalyse. Als Primärquellen dienen vor allem Aussagen, Interviews und Reden beteiligter Akteure sowie offizielle Verlautbarungen der Regierungen. Sekundärquellen umfassen vor allem die politikwissenschaftliche Fachliteratur und Medienberichte. Bei der Auswertung der für das Untersuchungsthema relevanten Quellen wurde das analytische Vorgehen von der deduktiven Argumentation bestimmt. Bei der Verknüpfung der unterschiedlichen Argumente werden diese gegeneinander abgewogen und erörtert. Dabei ist diese methodische Vorgehensweise immer wieder an der zentralen Zielsetzung der Untersuchung auszurichten, nämlich der Klärung der erkenntnisleitenden Frage, nach welchen Motiven in Deutschland entschieden wird, an militärischen Interventionen teilzunehmen oder diese zu verweigern.

Die Reichweite der Untersuchung umfasst dabei drei Dimensionen.[9] In der *deskriptiven Dimension* wird der Einfluss der Faktoren auf den jeweiligen Entscheidungsprozess dargestellt und beschrieben. Dabei wird mithilfe von Textquellen argumentativ versucht, den Einfluss der abgeleiteten Faktoren auf die jeweilige Entscheidung herauszuarbeiten. Auf der Grundlage qualitativer Me-

---

[7] Vgl. George Alexander / Benett, Andrew: Case Studies and Theory Development in Social Science. Cambridge. 2005. S.205ff.

[8] Schimmelfennig, Frank: Prozessanalyse. In: Behnke, Joachim / Gschwend, Thomas, Schindler, Delia / Schnapp, Kai-Uwe: Methoden der Politikwissenschaft. Neuere qualitative und quantitative Analyseverfahren. Baden-Baden. 2006. S.263.

[9] Haftendorn, Helga: Zur Theorie außenpolitischer Entscheidungsprozesse. In: Rittberger, Volker: Theorien der internationalen Beziehungen. Bestandsaufnahme und Forschungsperspektive. Opladen. 1990. S.402.

thoden soll gezeigt werden, „wie eine bestimmte Ursache zu einem bestimmten außenpolitischen Handeln oder einer außenpolitischen Entscheidung geführt hat“[10]. In den jeweiligen Zwischenergebnissen, zu den einzelnen Fällen, der *analytischen* Dimension, werden die Einflussfaktoren in: *geringer Einfluss*, *deutlicher Einfluss* und *großer Einfluss* gewichtet, tabellarisch geordnet und erklärt. Dabei wird von geringem Einfluss ausgegangen, wenn sich die Einflussfaktoren kaum oder gar nicht auf die Entscheidungen der Entscheidungsträger ausgewirkt haben. Von deutlichem Einfluss wir gesprochen, wenn die Einflussfaktoren zwar einen mitbestimmenden, aber keine bestimmenden Einfluss hatten. Großer Einfluss liegt dann vor, wenn sich die Einflussfaktoren bestimmend auf die Entscheidung ausgewirkt haben. Schließlich werden die Untersuchungen in einem Fazit, der *nomothetischen Dimension*, zusammengefasst, bewertet und vergleichend in einem Gesamtzusammenhang gesetzt.

Die Wahl der Fälle (Kosovo, Afghanistan, Irak und Libyen) leitet sich aus der internationalen Resonanz in der Weltpolitik und der politischen Rolle Deutschlands im jeweiligen Krieg ab. Die Nicht-Beteiligung Deutschlands am 2. Golfkrieg 1990/91 wurde aufgrund der deutschen Wiedervereinigung als in allen Belangen für die Bundesrepublik einehmendes Ereignis nicht mit in die Analyse aufgenommen, da die Politik der Bundesrepublik Deutschland in dieser Zeit vom Wiedervereinigungsprozess beherrscht war und die alte Blockstruktur des Kalten Krieges noch immer nachwirkte.[11] Der Kosovo-Krieg 1999 wird als erster Fall aufgrund seiner Besonderheit mit in die Untersuchung aufgenommen, da Deutschland erstmals seit seiner Entstehung militärisch aktiv an einem Krieg teilnahm.[12] Der Krieg in Afghanistan seit 2001 und der damit verbundene Kampf gegen den internationalen Terrorismus zieht immer wieder die Aufmerksamkeit der Weltöffentlichkeit auf sich. Deutschland beteiligte sich bis heute an der ISAF und zeitweise an der OEF. Da der Afghanistan-Krieg in der deutschen Politik eine überaus bedeutende Rolle einnimmt, wurde er als zweiter Fall in die Analyse aufgenommen.[13] Der in der Welt äußerst kritisch betrachtete Krieg im Irak 2003 rief weltweit Proteste und Debatten über die externe Demokratisierung durch eine militärische Intervention hervor. Auch die fehlende völkerrechtliche Grundlage spielte dabei eine Rolle. Die ablehnende Haltung Deutschlands zum Irak-Krieg brachte die transatlantischen Beziehungen zwischen den USA und Europa in erhebliche politische Spannungen. Dieser Krieg wurde aufgrund seiner Brisanz im internationalen System und Deutschlands besonderer Rolle im Vorfeld der ameri-

[10] Peters, Dirk: Ansätze und Methoden der Außenpolitikanalyse. In: Wolf, Reinhard / Schmidt, Siegmar / Hellmann, Gunther: Handbuch zur deutschen Außenpolitik. Wiesbaden 2007. S.832-834.
[11] Vgl. Schöllgen, Gregor: Die Außenpolitik der Bundesrepublik Deutschland. Von den Anfängen bis zur Gegenwart. München. 1999. S.202-208.
[12] Vgl. Friedrich, Roland: Die deutsche Außenpolitik im Kosovo-Konflikt. Wiesbaden. 2005. S.93.
[13] Vgl. Schmidt, Peter: Das internationale Engagement in Afghanistan. Strategien, Perspektiven, Konsequenzen. SWP-Studien. Stiftung Wissenschaft und Politik. Berlin. S.5ff.

kanischen Kriegsentscheidung als dritter Fall in diese Untersuchung aufgenommen.[14] Der letzte und jüngste Krieg in Libyen ist noch nicht abgeschlossen. Nach dem Irak-Krieg schien die Bereitschaft zu militärischer Intervention durch die NATO im Rahmen der Vereinten Nationen eher abzunehmen. Umso stärker rückte diese neuerliche Auseinandersetzung um die Durchsetzung internationaler »Schutzverantwortung« durch die UN in den Mittelpunkt der weltweiten Öffentlichkeit.[15] Die Enthaltung der Bundesrepublik im Sicherheitsrat bei der Abstimmung über die UN-Resolution 1973 zum militärischen Eingreifen in Libyen markierte eine weitere Besonderheit in den außen- und sicherheitspolitischen Entscheidungsprozessen einer deutschen Regierung. Deshalb ist der Libyen-Krieg vierter Fall und Gegenstand der Untersuchung in dieser Untersuchung.[16]

2. Außenpolitikanalyse

Seit dem Ende des Ost-West-Konfliktes häuften sich internationale Interventionen in staatliche und innerstaatliche Konflikte und Kriege. Mit dem Ende der Blockstruktur nahm die Komplexität politischer Auseinandersetzungen zu, verstärkt noch durch den Prozess der Globalisierung. Das Kriegsbild begann sich drastisch zu wandeln. Zusätzliche Charakteristika prägten die sogenannten »Neuen Kriege«, wie Entstaatlichung, Asymmetrisierung, Autonomisierung, und Ökonomisierung des Krieges, deren Auswirkungen von einzelnen Staaten meist nicht mehr bewältigt werden konnten. Die Komplexität der Auseinandersetzungen nahm zu. Die Kriege wurden unberechen- und unkontrollierbar.[17] Dadurch wurden Konflikte und Kriege vermehrt im internationalen Kontext mit der Absicht betrachtet, diese auch international gemeinsam besser lösen zu können. Ziele der intervenierenden Staaten sind *Peace-*, *State-* und *Nation-Building* und damit regionale politische Stabilisierung. Diese Interventionen finden i.d.R. im Rahmen einer multilaterale Einbettung (durch int. Org., Allianzen etc.) statt, um dadurch eine legitime Grundlage für das Eingreifen zu schaffen. Oftmals wird dabei militärische Gewalt angewendet, um die Konfliktparteien zum Frieden zu zwingen und ein möglichst sicheres Umfeld für den Wiederaufbau und die Konfliktbewältigung zu schaffen.[18]

[14] Vgl. Hacke, 2003. S.8-16.

[15] Varwick, Johannes: Humanitäre Intervention und die Schutzverantwortung (‚Responsebility to Protect'). Kämpfen für Menschenrechte? Kieler Analysen zur Sicherheitspolitik. Nr.25. Kiel. 2009. S.2.

[16] Vgl. Neukirch, Ralf: Westerwelles widersinnige Doktrin. Deutschlands neue Außenpolitik. Spiegel Online Artikel. Hamburg. 2011. http://www.spiegel.de/politik/deutschland/0,1518,753759,00.html (20.10.11)

[17] Vgl. Kaldor, Mary: Neue und alte Kriege. Frankfurt am Main. 2007; vgl. Münkler, Herfried: Die Neuen Kriege. Hamburg. 2007.

[18] Vgl. Czempiel, Otto: Kluge Macht. Außenpolitik für das 21. Jahrhundert. München. 1999. S.155; vgl. Holzgrefe, J.L. / Keohane, Robert: Humanitarian Intervention: Ethical, Legal and Political Dilemmas. Cambridge. 2003; vgl. Fischer, Martina: Konfliktregelung und Friedenssicherung III. Humanitäre Intervention und Prävention. In: Rinke, Bernhard / Woyke Wichard: Frieden und Sicherheit im 21. Jahrhundert. Opladen 2004. S.173ff; vgl. Grimm, Sonja: Erzwungene Demokratie. Politische Neuordnung nach militärischer Intervention unter externer Aufsicht. Baden-Baden. 2010. S.35ff. & S147ff; vgl. Gareis, Sven: Militärische Auslandseinsätze und die Transformation der Bundeswehr. In: Jäger, Thomas / Alexander Höse / Kai Oppermann: Deutsche Außenpolitik. 2. Auflage. Wiesbaden. 2010. S.153ff.

Dabei ist es den an Stabilisierung einer Konfliktzone interessierten Staaten überlassen, ob sich sie sich im Rahmen einer internationalen Intervention engagieren oder nicht.

Um Gründe und Ursachen für die Entscheidung eines Staates zu ermitteln, weshalb Krieg im Zuge einer internationalen Intervention geführt oder eine Beteiligung daran verweigert wird, muss der außenpolitische Entscheidungsprozess des jeweiligen Staates betrachtet werden. Hierbei bildet der Bereich der Sicherheitspolitik als Unterkategorie der Außenpolitik den Schwerpunkt der Untersuchung, um den Analyserahmen mit dem umfangreichen außenpolitischen Themenfeld nicht zu überspannen. Die dazu zweckmäßige Methode wird als *erklärende Außenpolitikanalyse* bezeichnet und beschäftigt sich mit der Bestimmung von Einflussfaktoren, die sich auf die nationale Außenpolitik auswirken und damit die politischen Entscheidungen der Regierung eines Staates mitbestimmen. Der Prozess der Entscheidungsfindung und dessen Beeinflussung durch verschiedenste Faktoren dient dabei als Erklärung außenpolitischen Handelns.[19]

Allerdings ist es zunächst notwendig, sich dem eigentlichen Begriff Außenpolitik zu nähern, um mögliche Einflussfaktoren auszumachen. Außenpolitik als Begriff ist schwer zu fassen. Definitionen gibt es zuhauf. Wilfried von Bredow versteht Außenpolitik beispielsweise als:

> „das Insgesamt der Handlungen eines Staates im Verkehr mit anderen Staaten oder mit nicht-staatlichen Akteuren außerhalb seiner territorialen Grenzen. Der Staat, vertreten durch seine Regierung, reklamiert dabei [...] eine Art End-Verantwortlichkeit für alle außenpolitisch relevanten Aktionen seiner Staatsbürger“[20].

Während Gunther Hellmann Außenpolitik kurz und knapp wie folgt definiert:

> „Unter Außenpolitik werden jene Handlungen staatlicher Akteure zusammengefasst, die auf die Ermöglichung und Herstellung von kollektiv bindenden Entscheidungen in den internationalen Beziehungen abzielen.“[21]

Andreas Wilhelm hingegen bezeichnet Außenpolitik als die:

> „Gesamtheit aller Entscheidungen und Handlungen eines Staates, die auf Adressaten im internationalen Umfeld, auf politische Akteure in Staaten oder internationalen Organisationen gerichtet sind“[22].

Eine aktuelle Definition von Thomas Jäger lautet:

> „Außenpolitik ist die inhaltliche Ausformung und organisatorische Steuerung der Beziehungen einer staatliche verfassten Gesellschaft zu ihrer Umwelt. Sie basiert auf denjenigen gesellschaftlichen Werten und Interessen, die im Innern als allgemeinverbindliche Werte und Interessen auf Zeit durchgesetzt wurden, wobei diese Prozesse auch durch Akteure und Entwicklungen in der internationalen Umwelt beeinflusst sein können.“[23]

---

[19] Vgl. Peters, 2007. S. 815.

[20] Von Bredow, Wilfried: Die Außenpolitik der Bundesrepublik Deutschland. 2. Auflage. Wiesbaden. 2008. S.38.

[21] Hellmann, Gunther / Baumann, Rainer / Wagner, Wolfgang: Deutsche Außenpolitik. Eine Einführung. Wiesbaden. 2006. S.15.

[22] Wilhelm, Andreas: Außenpolitik. Grundlagen, Strukturen und Prozesse. München. 2006. S.8f.

[23] Jäger, Thomas / Beckmann, Rassmus: Die internationalen Rahmenbedingungen deutscher Außenpolitik. In: Jäger, Thomas / Höse, Alexander / Oppermann, Kai: Deutsche Außenpolitik. 2. Auflage. Wiesbaden. 2011. S.19.

Trotz mannigfaltiger Definitionen von Außenpolitik lassen sich einige Gemeinsamkeiten festhalten. Hierzu zählt erstens der Staat, der im internationalen Umfeld politische Handlungen ausübt, um die eigenen Interessen gegenüber der übrigen Staatenwelt zu wahren oder zu verfolgen. Zweitens wird Außenpolitik als Frage der Perspektive definiert. Es geht also nicht um das Verhältnis zweier oder mehrerer Staaten zueinander wie in der als international oder transnational zu bezeichnenden Politik, sondern es werden die Handlungen und Motive eines Staates im Hinblick auf außenpolitische Themen analysiert. Drittens wird der Begriff von dem der Innenpolitik graduell abgegrenzt, auch wenn innenpolitische Faktoren die Außenpolitik maßgeblich mit beeinflussen können.[24] Viertens geht es in der Außenpolitik um die durch das politische System eines Staates inhaltlich geprägte Dimension der Politikgestaltung und fünftens um eine durch gesellschaftliche Identitäten und Normen geleitete Politik.[25] Die vier zuvor genannten Punkte bilden dabei ein breitgefächertes Politikspektrum ab, aus dem sich Außenpolitik zusammensetzt. Auf dieser Basis ist es möglich, eine Reihe von bestimmenden Einflussfaktoren herauszufiltern, die der Außenpolitik ihr Profil verleihen und die dieser Untersuchung als Grundgerüst in der Untersuchung dienen sollen.

Für die Entwicklung von außenpolitischen Einflussfaktoren bietet die Außenpolitikanalyse bisher keine allgemeine einheitliche Theorie. Die Analyserahmen werden von den verschiedensten Denkschulen hervorgebracht, in deren Rahmen Außenpolitik in unterschiedlichen Perspektiven untersucht wird. So haben sich im Laufe der Zeit drei Einflussebenen heraus entwickelt, mit denen die Beeinflussung der Außenpolitik eines Staates auszumachen ist. Zu diesen Ebenen zählen die internationale Ebene, die innerstaatliche Ebene und die individuelle Ebene der Entscheidungsträger. Aufgrund der unterschiedlichen Herangehensweisen in der Außenpolitikanalyse haben sich integrative Ansätze, wie das Zwei-Ebenen-Modell von Putnam, herausgebildet, um eine umfassende Analyse zu gewährleisten.[26]

Im Zwei-Ebenen-Ansatz wird Außenpolitik sowohl vom internationalen Umfeld, als auch von innenpolitischen Einflüssen geprägt. Beiden Ebenen stehen dabei in einem interdependenten Verhältnis zueinander.[27] Die außenpolitischen Akteure eines Staates versuchen dabei die eigene Politik auf der internationalen Ebene durchzusetzen, während ihr Handlungsspielraum auf der innenpolitischen Ebene durch verschiedene Restriktionen eingeschränkt wird.[28] „Der Begriff der Außenpolitik betont nachdrücklich den Unterschied zwischen zwei Bereichen der Politik, dem Innenbereich und

---

[24] Vgl. Hellmann, 2006. S.15.

[25] Vgl. Wilhelm, 2006: S.7f.

[26] Vgl. Wilhelm, 2006: S.34; vgl. Peters, 2007: S.830-832; Vgl. hierzu auch die „Ebenen der Analyse" zum außenpolitischen Entscheidungsprozess in: Haftendorn, 1990. S.405.

[27] Vgl. Putnam, Robert: Diplomacy and Domestic Politics: The Logic of Two-Level Games. In: International Organization. Vol. 42. No.3. Cambridge. 1988. S.427-460.

[28] Oppermann, Kai / Höse Alexander: Die innenpolitischen Restriktionen deutscher Außenpolitik. In: Jäger, Thomas / Alexander Höse / Kai Oppermann: Deutsche Außenpolitik. 2. Auflage. Wiesbaden. 2011. S.44.

dem Außenbereich."[29] Außenpolitik bestimmende Einflussfaktoren sind demnach in beiden Politikfeldern zu suchen. Dieser Ansatz soll in dieser Untersuchung um die individuelle Ebene erweitert werden, um eine möglichst umfassende Untersuchung der Einflussfaktoren auf die deutsche Außenpolitik zu gewährleisten.[30] Dies kann „am ehesten erreicht werden, wenn unterschiedliche Perspektiven auf den Gegenstand angewendet und miteinander in einen Dialog gebracht werden, der ihre Bezüge zueinander ebenso offen legt wie ihre unhintergehbaren Differenzen"[31]. Im Folgenden sollen die einzelnen Einflussebenen und die jeweiligen Einflussfaktoren anhand theoretischer Ansätze hergeleitet, die Wahl begründet und in Kürze beschrieben werden.

2.1. Internationale Ebene

Die frühe Politikwissenschaft Mitte des 20. Jahrhunderts sah die Außenpolitik eines Staates wesentlich auf der internationalen Ebene durch das Staatensystem beeinflusst. So ging man davon aus, dass vor allem die Macht- und Gegenmachtbildung der Staaten, deren Einbindung in internationale Institutionen und in jüngeren Überlegungen mit der fortschreitenden wirtschaftlichen Globalisierung auch immer mehr wirtschaftliche Entwicklungen Einfluss auf die nationale Außenpolitik eines Staates ausübten.[32] Die drei Faktoren werden nun im Folgenden in Verbindung mit verschiedenen theoretischen Ansätzen näher erklärt.

Aus dem Blickwinkel der realistischen Denkschule spielen für die Außenpolitik Macht- und Gegenmachtbildung eine besondere Rolle.[33] Der Realismus als Theorie verstand sich als der Versuch die Außenpolitik und die internationalen Beziehungen so zu beschreiben, wie sie sind.[34] So streben Staaten nach der realistischen Theorie im internationalen System stets nach politischer Macht und richten daran ihre Außenpolitik aus.[35] Im Gegensatz zur innerstaatlichen Ebene fehlt es in den internationalen Beziehungen an einer übergeordneten Instanz mit einem allgemeinen Gewaltmonopol. Hieraus leitet sich die These ab, dass Staaten im prinzipiell »anarchischen Umfeld« für ihre eigene

---

[29] Von Bredow, 2008. S.34.
[30] Vgl. hierzu auch die „Ebenen der Analyse" zum außenpolitischen Entscheidungsprozess in: Haftendorn, 1990: S.405.
[31] Peters, 2007: S.832.
[32] Ebd. S.817.
[33] Vgl. Harnisch, Sebastian. Theorieorientierte Außenpolitikforschung in einer Ära des Wandels. In: Hellman Gunther / Wolf, Klaus-Dieter / Zürn, Michael: Die neuen Internationalen Beziehungen. Forschungsstand und Perspektiven in Deutschland. Baden-Baden. 2003. S.321ff; vgl. Carlsnaes, Walter: Foreign Policy. In: Carlsnaes, Walter: Handbook of International Relations. London. 2004. S.336; vgl. Peters, 2007: S.818f; vgl. Kindermann. Gottfried-Karl: Realismus. In: Masala, Carlo / Sauer, Frank / Wilhelm, Andreas: Handbuch der Internationalen Beziehungen. Wiesbaden. 2010. S.41-52.
[34] Vgl. Wilhelm, 2006: S.42; vgl. hierzu auch weitere Werke der realistischen Theorie: Morgenthau, Hans: Politics among Nations. The struggle for Power and Peace. Chicago. 1948; Schwarzenberger, Georg: Machtpolitik – Eine Studie über die internationale Gesellschaft. Tübingen. 1955; Waltz, Kenneth: Theory of International Politics. Reading. 1979; Mearsheimer, John: Conventional Deterrence. Cornell. 1983; Walt, Stephen: Origins of Alliances. Ithaca. 1987; Grieco, Joseph: Cooperation among Nations. Europe, America and Non-Tariff Barriers to Trade. London. 1993.
[35] Vgl. Morgenthau, 1948: S.25; vgl. Hacke, Christian: Macht. In: Woyke, Wichard: Handwörterbuch Internationale Politik. Bonn. 2011. S.329f.

Sicherheit Sorge zu tragen haben und daher versuchen werden, möglichst viel politische Macht zu akkumulieren, um so im System überleben zu können.[36] „Staaten können unter den Bedingungen der Anarchie keine große Abhängigkeit von anderen Staaten zulassen und sind daher bestrebt, größtmögliche Autonomie herzustellen."[37] Dabei ist zusätzlich der Charakter der anarchischen Grundordnung des internationalen Systems von Bedeutung. Unterschieden wird hier in einer unipolaren, bipolaren oder multipolaren internationalen Ordnung. Neben der eigenen Machtstellung im internationalen System stellt ebenfalls die „Tiefenstruktur der Anarchie" für nationale Außenpolitiken eine Restriktion des politischen Handlungsspielraumes dar.[38] Das internationale System von Staaten ist daher durch Macht- und Gegenmachtbildung geprägt, die aus dem Versuch der Staaten resultiert, sich gegenüber anderen politisch zu behaupten.[39] „Entscheidend für die außenpolitische Handlungsmächtigkeit ist das Umsetzen von „*capability*" in „*ability*", verstanden als Fähigkeit, andere Staaten in ihrem Verhalten zu beeinflussen."[40] Insgesamt lassen sich drei Gruppen von außenpolitischen Zielen zusammenfassen: Machterhalt, Machtausdehnung und Machtdemonstration.[41]

Politische Macht kann daher instrumentalisiert werden, um formulierte nationale Interessen durchzusetzen. Diese bilden dabei den grundlegenden Gestaltungswillen eines Staates gegenüber dessen Umfeld. „In der Internationalen Politik können nationale Interessen in allgemeiner Weise bestimmt werden als die Gesamtheit der Bedürfnisse, Ansprüche und Erwartungen, welche ein Staat gegenüber dem internationalen System formuliert, um seine Sicherheit, sein bestehendes Herrschaftsmodell sowie seine Wohlfahrt zu gewährleisten bzw. nach Möglichkeit zu verbessern."[42] Die wesentliche Funktion von nationalen Interessen besteht also darin, der nationalen Außenpolitik eine Art Richtungsweisung vorzugeben, an der sich die Regierung orientieren kann. Dabei kann zwischen langfristigen aber auch situativen Interessen entschieden werden, die sich jeweils durch einen längeren Zeitrahmen oder tagespolitische Zeitpunkte unterscheiden.[43] Bei der Analyse staatlicher Außenpolitik auf internationaler Ebene sind daher die traditionelle nationalstaatliche Machtverteilung und Interessen im internationalen System als Einflussfaktor von Außenpolitik herleitbar.

Institutionalistische Ansätze setzen ihren Fokus auf die multilaterale Einbindung eines Staates in internationale Institutionen und sehen darin Einflussmöglichkeiten auf die staatliche Außenpolitik.[44] Durch die zunehmende Verflechtung (Interdependenz) von Politik, Wirtschaft und Gesellschaft

---

[36] Vgl. Waltz, 1979: S.102f.
[37] Jäger, 2011: S.23.
[38] Ebd. S.26.
[39] Vgl. Wilhelm, 2006: S.294f.
[40] Ebd. S.108.
[41] Vgl. Morgenthau, Hans: Macht und Frieden. Gütersloh. 1963. S.69 & 81.
[42] Gareis, Sven: Deutschlands Außen- und Sicherheitspolitik. 2.Auflage. Opladen. 2006. S.38.
[43] Ebd. S.83.
[44] Vgl. Carlsnaes, 2004: S.337, Vgl. Peters, 2007: S.818; vgl. Overhaus, Marco / Schieder, Siegfried: Institutionalismus. In: Masala, Carlo / Sauer, Frank / Wilhelm, Andreas: Handbuch der Internationalen Beziehungen. Wiesbaden. 2010. S.117-134.

über staatlichen Grenzen hinweg, begründet der Institutionalismus einen zunehmenden Einfluss von Institutionen auf die internationale Politik und dementsprechend nationale Außenpolitik.[45] Zu diesen Institutionen zählen nicht festgehaltene Konventionen, internationale Regime oder internationale Organisationen.[46] Solche Institutionen können Außenpolitik auf der einen Seite insofern beeinflussen, als dass sie für einen Staat positive Anreize schaffen, durch eine multilaterale Einbindung mit anderen Staaten zu kooperieren. So können internationale Organisationen beispielweise Interessen multilateral bündeln, als Vermittler dienen, Staaten international organisieren und eine internationale Öffentlichkeit bilden.[47] Auf der anderen Seite beeinflussen Staaten als außenpolitische Akteure internationale Institutionen selbst, kreieren dadurch eine institutionelle Identität und gewinnen somit überhaupt erst ihre eigene Souveränität.[48] Dies wiederum führt, auf internationale Organisationen bezogen, zu drei Rollenbildern: als eigenständiger beeinflussender Akteur, als Instrument nationaler Interessen und als diplomatische Arena.[49] Im Unterschied zu internationalen Organisationen weisen internationale Regime nur eine bestimmte problemfeldbezogene Absicht auf und agieren nicht als selbständige Akteure. Sie zeichnen sich hingegen durch gemeinsame Werte, Normen und Regeln aus, während internationale Organisationen eine organschaftliche Struktur mit Kompetenzausstattung besitzen.[50] Insgesamt kann vom Prozess der Internationalisierung der Staatenwelt gesprochen werden, in der Staaten über das Konzept des Multilateralismus miteinander agieren.[51] Ihr Handeln findet vermehrt multilateral statt. „Multilateralismus in der internationalen Politik ist demnach eine Praxis der Interaktion von Staaten, bei der nationale Politiken miteinander koordiniert werden und diese Koordination nicht nur zwischen zwei Staaten oder zwischen mehreren Staatenpaaren stattfindet, sondern zwischen mindestens drei Staaten."[52] Aus diesem Grund stellt die multilaterale Einbindung eines Staates einen weiteren Einflussfaktor auf Außenpolitik dar.

Neben den beiden zuvor genannten Faktoren, die sich vorwiegend auf das Verhältnis des Staates zum internationalen System konzentrieren, soll zuletzt auf internationaler Ebene die in den letzten

[45] Vgl. Wilhelm, 2006: S.52; vgl. hierzu auch weitere Werke der institutionalistischen Theorie: Krasner, Stephen: International Regimes. Cornell. 1983; Keohane, Robert: After Hegemony. Cooperation and Discord in the World Politicy Economy. Princeton. 1984; Axelrod, Robert: Die Evolution der Kooperation. München. 1987.

[46] Vgl. Peters, 2007: S.819.

[47] Vgl. Wilhelm, 2006: S.52f; vgl. Woyke, Wichard: Internationale Organisationen. In: Woyke, Wichard: Handwörterbuch Internationale Politik. Bonn. 2011. S.217f.

[48] Vgl. Peters, 2007: S.819f.

[49] Vgl. Rittberger, Volker / Zangl, Bernhard: Internationale Organisationen. Politik und Geschichte. Wiesbaden. 2003. S.23f; vgl. Rittberger, Volker / Kruck, Andreas / Romund, Anne: Grundzüge der Weltpolitik. Theorie und Empirie des Weltregierens. Wiesbaden. 2010. S.201.

[50] Vgl. Krasner, Stephen: Structual causes and regime consequences: regimes as intervening variables. In: International Regimes. Ithaca. 1983. S.2; vgl. Hasenclever, Andreas / Mayer, Peter / Ritterberger, Volker: Theories of international Regimes. Cambridge. 1997. S.10; Vgl. Rittberger, Volker / Kruck, Andreas / Romund, Anne: Grundzüge der Weltpolitk. Theorie und Empirie des Weltregierens. Wiesbaden. 2010. S.202.

[51] Vgl. Jäger, 2011: S.30.

[52] Baumann, Rainer: Multilateralismus: Die Wandlung eines vermeintlichen Kontinuitätselements der deutschen Außenpolitik. In: Jäger, Thomas / Höse, Alexander / Oppermann, Kai: Deutsche Außenpolitik. 2. Auflage. Wiesbaden. 2011. S.470.

Jahren deutlich zugenommene wirtschaftliche Globalisierung betrachtet werden. Für diese Betrachtung kommt die Theorie der Internationalen Politischen Ökonomie in Frage, die sich durch die politische Analyse der internationalen Wirtschaftbeziehungen auszeichnet. Der integrierende Ansatz verschiedener Theorierichtungen betont dabei die Wichtig- und Mächtigkeit des Einflusses der globalen Wirtschaft auf die internationale Politik und damit auch auf nationale Außenpolitik.[53] Unter Globalisierung kann in diesem Zusammenhang die zeitliche und räumliche Komprimierung politischen wie auch ökonomischen Handelns angesehen werden.[54] Globalisierung verweist als Begriff „auf neue Möglichkeiten wirtschaftlicher und auch politischer Vernetzung über nationale Grenzen hinweg“[55]. Bestimmend ist dabei der Kontrollverlust von Staaten durch transnationale Wirtschaftsakteure, die den freien Welthandel maßgeblich mitgestalten und damit zur teilweisen ökonomischen De-Nationalisierung beitragen.[56] Gleichwohl behält sich der Staat noch immer vor, grundlegende wirtschaftliche Entscheidungen zu treffen und wirtschaftliche sowie politische Macht zur Beeinflussung der nationalen Wirtschaft zu verwenden. Die „Rahmenbedingungen haben sich unter dem Einfluss der Globalsierung gewandelt, der Staat ist aber weiterhin in der Lage die (Welt-) Wirtschaft zu regieren, wenn auch zunehmend in Kooperation mit anderen Staaten und nichtstaatlichen Akteuren“[57]. So wirkt sich dieser transnationale Prozess insofern auf Staaten aus, als dass diese wiederum im Rahmen ihrer Außenpolitik darauf reagieren.

Für diese Untersuchung soll mit Blick auf die Globalisierung der Fokus besonders auf die wirtschaftliche Situation gerichtet werden, da „[v]ielgestaltige Interdependenzen“ zwischen wirtschaftlichen und außenpolitischen Handeln [...] auf eine enge Verkoppelung von Politik und Ökonomie“[58] verweisen. Damit bilden wirtschaftliche Faktoren eine wesentliche Grundlage für das außenpolitische Verhalten eines Staates. Im Rahmen der Globalisierung zählt darüber hinaus, neben der nationalen Wohlfahrt, auch die Einbindung in globale Märkte und die Vermeidung von Krisen und Störungen zu den Einflussfaktoren, deren Nichtbeachtung zu Konflikten und Kriege führen können.[59] Der letzte hier behandelte internationale Einflussfaktor auf Außenpolitik umfasst daher den Prozess der Globalisierung, mit einer weltweiten Verflechtung und Verdichtung globaler Beziehungen auf allen Ebenen. Von Belang ist dabei vor allem die damit verbundene wirtschaftliche Abhän-

[53] Vgl. Rotte, Ralph: Internationale Politische Ökonomie. In: Masala, Carlo / Sauer, Frank / Wilhelm, Andreas: Handbuch der Internationalen Beziehungen. Wiesbaden. 2010. S.199-223; vgl. hierzu auch weitere Werke der Internationalen Politischen Ökonomie: Baldwin, David: Economic Statecraft. Princeton. 1985; Strange, Susan: The Retreat of the State: The Diffusion of Power in the World Economy. Cambridge. 1996; Giplin, Robert: Global Political Economy: Understanding the International Economic Order. Princeton. 2001; Nye, Joseph / Donahue, John: Governance in a Globalizing World. Washington. 2001.

[54] Vgl. Jäger, 2011: S.28; vgl. Varwick, Johannes: Globalisierung. In: Woyke, Wichard: Handwörterbuch Internationale Politik. Bonn. 2011. S.176.

[55] Vgl. Brock, Dietmar: Globalisierung. Wirtschaft – Politik – Kultur – Gesellschaft. Wiesbaden. 2008. S.9.

[56] Vgl. Schirm, Stefan: Globalisierung, Forschungstand und Perspektiven. Baden-Baden. 2006. S.13.ff

[57] Becker, Maren / John, Stefanie / Schirm, Stefan : Globalisierung und Global Governance. Paderborn. 2007. S.27.

[58] Wilhelm, 2006: S.194.

[59] Ebd. S.200.

gigkeit der Staaten von den internationalen Märkten, dem freien Welthandel und transnationalen ökonomischen Effekten, die sich letztlich staatlicher Kontrolle weitgehend entziehen und damit einen gesonderten Einfluss ausüben können.

2.1.1. Deutsche Macht und Interessen im internationalen System

Die Machtorientierung Deutschlands nach dem 2. Weltkrieg war vom Ost-West-Konflikt, von politischen Vorgaben durch die westlichen Alliierten und der Entschlossenheit geprägt, mit der nationalsozialistischen Vergangenheit zu brechen. Wichtigstes Ziel war zu Beginn der Entstehung der Bundesrepublik Deutschland die Erlangung der eigenen Souveränität und deren Schutz durch multilaterale Einbindung in westliche Institutionen. Auf dieser Grundlage entwickelte sich kein traditionell machtpolitisch ausgerichtetes Deutschland, sondern ein Staat, der seine Außenpolitik auf Kooperation mit anderen Staaten – vor allem als Partner in Handel und Wirtschaft – ausrichtete, um nicht in den Auseinandersetzungen der Kalten Krieges »zerrieben« zu werden. Durch den Verzicht auf traditionelle Machtpolitik, wie etwa das Streben nach territorialer Expansion oder Großmachtstatus, entwickelte sich eine Gesellschaft heraus, in der es darum ging, gesellschaftliche Probleme und Konflikte möglichst auf der Grundlage eines auf Rechtstaatlichkeit basierenden, sozial gerechten demokratischen Regierungssystems gewaltfrei zu lösen, damit von »deutschem Boden nie wieder Krieg« ausgeht. Hieraus leitete sich das Rollenkonzept einer Zivilmacht ab.[60]

Prinzipiell lässt sich also feststellen, dass Deutschlands Machtpolitik von den theoretischen Grundsätzen abweicht. Deutlich wird dies vor allem an den stetig fortschreitenden Integrationsanstrengungen deutscher Politik. Seit der Wiedervereinigung kommt dies in der Bundesrepublik besonders dort zum Tragen, wo es gilt, die gesamteuropäische Friedensordnung durch die europäische Integration zu festigen. Deutschland, als ehemaliger Frontstaat im Kalten Krieg, ist seit 1990 von freundlich gesinnten Staaten in Zentraleuropa umgeben und richtet seine zukünftige Politik darauf aus, diese friedliche Entwicklung im »Herzen Europas« zu stärken. Daher dominiert das deutsche Zivilmacht-Konzept in der deutschen Außenpolitik.[61] Dennoch musste Deutschland „neue, ungewohnte Formen des Einsatzes harter Machtmittel mit seiner in Staat und Gesellschaft tief verwurzelten strategische Kultur der machtpolitischen Zurückhaltung verbinden“[62].

Denn die langsame Aufweichung dieses Konzepts durch die Zunahme von Auslandseinsätzen der Bundeswehr ab Anfang der 90iger Jahre leitete eine Veränderung in der deutschen Außenpolitik ein, deren Ursprung weniger in der Bundesrepublik lag, sondern vielmehr in der Entwicklung, die

[60] Vgl. Hacke, Christian: Nationales Interesse als Handlungsmaxime für die Außenpolitik Deutschlands. In: Kaiser, Karl / Krause, Joachim: Deutschlands neue Außenpolitik. Band 3 Interessen und Strategien. München. 1996. S.10f. vgl. Maull, Hans: Deutschland als Zivilmacht. In: Schmidt, Sigmar / Hellmann, Gunther / Wolf, Reinhard: Handbuch zur deutschen Außenpolitik. Wiesbaden. 2007. S73ff.

[61] Vgl. Maull, 2007: S.78.

[62] Gareis, 2006: S.76.

sich in dem öffnenden Europa nach dem Fall der Berliner Mauer vollzogen hatte. Als bevölkerungsreichster Staat Europas mit der stärksten Wirtschaft und zentral vorteilhaft gelegen, kann das wiedervereinigte und souveräne Deutschland als Zentralmacht Europas bezeichnet werden.[63] EU- und NATO-Osterweiterung rückten die Bundesrepublik noch weiter ins institutionell integrierte Europa und der Zusammenbruch der Sowjetunion stärkte allgemein die Machtposition Deutschlands. Diese Veränderungen führten dazu, dass die Bundesrepublik Deutschland „von dem am östlichen Rand der westlichen Gemeinschaft liegenden Staat zu einem im Zentrum Europas und seiner Institutionen liegenden Land“[64] wurde. In diesem Zusammenhang kann auch der Anspruch der Bundesrepublik auf einen ständigen Sitz im Sicherheitsrat der Vereinten Nationen verstanden werden sowie die übernommene Führungsrolle bei der europäischen Integration.[65] Wobei die neu hinzugewonnene Macht gegenüber dem internationalen System relativiert werden muss, da besonders die europäische Integration eine traditionelle Machtpolitik als solche kaum mehr zulässt. Dennoch kann von einem seit der Wiedervereinigung gewachsenen Machtbewusstsein Deutschlands gesprochen werden.[66] Begünstigt wird diese Entwicklung in den letzten zwei Jahrzehnten durch den Wandel des internationalen Systems von einem uni- zu einem multipolaren Machtgefüge. Weltweit entstanden neu aufstrebende Mächte, wie etwa Brasilien, Russland, Indien oder China, die wiederum ihre Machtprojektion gegenüber anderen Staaten und Regionen auf verschiedene Weise ausüben. Auf politischer Ebene ist die Welt „zunehmend durch multipolare Handlungszusammenhänge gekennzeichnet“[67].

Die weltpolitischen Veränderungen blieben nicht ohne Auswirkungen auf das deutsche Zivilmachtkonzept und ließen den Widerspruch zwischen einer Politik der Zurückhaltung und einer Interessenpolitik deutlich zu Tage treten. Dabei ist die Bestimmung deutscher Interessen nicht einfach. Der Begriff Interesse ist vergangenheitsbelastet und reflektiert die »Normalisierung« deutscher Außenpolitik von einer Zivil- hin zu einer europäischen Zentralmacht.[68] Trotz dieser Gegensätzlichkeit hat Deutschland seine Interessen auch seit der Wiedervereinigung formuliert und diese zu einer konzeptionellen Einheit entwickelt. Dabei gilt das Grundgesetz (GG) als normative Grundlage, des-

---

[63] Vgl. Schwarz, Hans-Peter: Die Zentralmacht Europas. Die Rückkehr Deutschlands auf der Weltbühne. Berlin, 1994. S.10f.

[64] Baumann, Reiner: Deutschland als Europas Zentralmacht. In: Schmidt, Sigmar / Hellmann, Gunther / Wolf, Reinhard: Handbuch zur deutschen Außenpolitik. Wiesbaden. 2007. S.68.

[65] Vgl. Maull, Hans: Die prekäre Kontinuität: Deutsche Außenpolitik zwischen Pfadabhängigkeit und Anpassungsdruck. In Schmidt, Manfred / Zohlnhöfer, Reimut: Regieren in der Bundesrepublik Deutschland. Wiesbaden. 2006. S.428f.

[66] Vgl. Baumann, 2007: S.70; Vgl. Hellmann, Gunther: Das neue Selbstbewusstsein deutscher Außenpolitik und die veränderten Standards der Angemessenheit. In: Jäger, Thomas / Höse, Alexander / Oppermann, Kai: Deutsche Außenpolitik. 2. Auflage. Wiesbaden. 2011(a). S.752f.

[67] Staack, Michael: Normative Grundlagen, Werte und Interessen deutscher Sicherheitspolitik. In: Gareis, Sven / Böckenförde Stephan: Deutsche Sicherheitspolitik. Opladen. 2009(a). S.73.

[68] Vgl. Gareis, 2006: S.85; Vgl. Bosold, David / Achrainer, Christian: Die normativen Grundlagen deutscher Außenpolitik. In: Jäger, Thomas / Höse, Alexander / Oppermann, Kai: Deutsche Außenpolitik. 2. Auflage. Wiesbaden. 2011. S.446.

sen Präambel den Deutschen verfassungsgemäß vorgibt, den Frieden in Europa und der Welt zu wahren. So wurden, bereits ein Jahr nach der Wiedervereinigung, die Verteidigungspolitischen Richtlinien (VPR) von 1992 als vitale Sicherheitsinteressen beschrieben. Dazu zählen u.a. freie Marktzugänge und Handelswege, umfassende multilaterale Einbindung sowie Einflussnahme auf internationale Institutionen und Prozesse.[69] Das zwei Jahre später erschienene Weißbuch der Bundeswehr konkretisierte den Umfang der Interessenformulierung. Fünf Punkte bildeten dabei die Leitlinien deutscher Außen- und Sicherheitspolitik: 1. Bewahrung von Freiheit, Sicherheit und Wohlfahrt für deutsche Bürger, 2. Europäische Integration durch Demokratie, Rechtstaatlichkeit und Wohlstand, 3. Bekennen zur Wertegemeinschaft mit den USA, 4. Einbezug der östlichen Staaten Europas in internationale Integrationsprozesse und 5. die Achtung des Völkerrechts und der Menschenrechte im Rahmen der Vereinten Nationen sowie eine globale marktwirtschaftliche Weltordnung.[70] Eine Interessenbestimmung erfolgte ebenfalls in den VPR von 2003, dem Weißbuch der Bundeswehr von 2006 und den VPR von 2011, ohne dabei von den in den 90iger Jahren festgeschriebenen Interessen grundsätzlich abzuweichen. Veränderungen in den jüngeren Dokumenten waren besonders dort zu finden, wo es um Krisen und Konflikte mit regionalen und globalen Auswirkungen ging. Deutschland war danach bestrebt, diese zusammen mit Partnern über multilaterale Institutionen zu lösen. Dabei spielte die Bundeswehr die wichtigste Rolle, deren Aufgaben sich mehr und mehr auf internationale Konfliktbewältigung im Ausland ausrichteten.[71]

2.1.2. Multilaterale Einbindung Deutschlands

Die im Kalten Krieg politisch betriebene Einbindung in westlich geprägte Institution entwickelte sich nach der Wiedervereinigung Deutschlands zu einem allgemeinen multilateral ausgerichteten Politikverständnis, das in der Bundesrepublik bis heute als prägender Grundsatz für außenpolitisches Handeln gilt. Das Prinzip des Multilateralismus gilt damit als „Gradmesser für die Kontinuität deutscher Außenpolitik“[72]. Die Abneigung Deutschlands gegenüber politischen Alleingängen auf der Weltbühne findet hier ihren Ursprung. „Für die Bundesrepublik Deutschland stellt die Verbindung von Werten und Interessen in einem normativen Multilateralismus sowohl Ziel als auch Me-

[69] Vgl. Bundesministerium der Verteidigung: Verteidigungspolitische Richtlinien. Bonn. 1992. Ziffer 8; vgl. Hacke, 1996: S.3ff.

[70] Vgl. Bundesministerium der Verteidigung: Weißbuch 1994 - Zur Sicherheit der Bundesrepublik Deutschland und zur Lage und Zukunft der Bundeswehr. Bonn. 1994.

[71] Vgl. Bundesministerium der Verteidigung: Verteidigungspolitische Richtlinien. Berlin. 2003; vgl. Bundesministerium der Verteidigung: Weißbuch 2006 der Bundeswehr zur Sicherheitspolitik Deutschlands und der Zukunft der Bundeswehr. Berlin. 2006; vgl. Meyer, Berthold: Von der Entgrenzung nationaler deutscher Interessen. Die politische Legitimation weltweiter Militäreinsätze. HFSK-Report. Hessische Stiftung Friedens- und Konfliktforschung. Frankfurt am Main. 2007; vgl. Bundesministerium der Verteidigung: Verteidigungspolitische Richtlinien. Berlin. 2011.

[72] Baumann, 2011. S.468.

thode der Außen- und Sicherheitspolitik dar."[73] So findet deutsches außenpolitisches Handeln meist im Rahmen der UN, der NATO, der EU, des Internationalen Währungsfonds (IWF), des General Agreement on Tariffs and Trade (GATT) oder in den Führungsgruppen der G7-, G8- oder G20-Staaten statt. Deutschland geht es um „eine Zivilisierung der internationalen Politik durch Regime und Institutionen, um friedliche Konfliktbeilegung und dem Vorrang der Kooperation vor der Machtpolitik sowie der Bereitschaft zur Übertragung von Souveränitätsrechten" und ist sich trotz weltpolitischer Veränderungen in den beiden letzten Jahrzehnten seiner politischen Grundprinzipien „weitestgehend treu geblieben"[74].

Dennoch ist seit der Wiedervereinigung ein Wandel im »deutschen Multilateralismus« auszumachen. Während sich Deutschland im Ost-West-Konflikt internationalen Institutionen unterordnete, erlaubte und forderte die Wiedervereinigung, dass Deutschland als europäische Zentralmacht nun auch Verantwortung für eine gestalterische Politik übernahm, ohne den eigenen multilateralen Handlungsrahmen dabei wesentlich zu schwächen. Zu der so gestiegenen internationale Verantwortung zählten auch Militäreinsätze im Rahmen multilateraler Interventionen.[75] Exemplarisch dafür gilt das Bestreben der Bundesrepublik Deutschland nach einem ständigen Sitz im UN-Sicherheitsrat, der Anspruch einer Führungsrolle innerhalb der EU oder die Mitsprache bei der Konfliktbewältigung von Krisen und Kriegen.[76] Bei der Konfliktbewältigung im Rahmen multilateraler militärischer Interventionen sind die UN, die NATO und die EU für Deutschland die wichtigsten internationalen Institutionen.[77]

Für ein Eingreifen von Staaten in internationale Konflikte und Kriege stellen die Beschlüsse der UN völkerrechtlich den Kern und die Grundlage allen Handelns dar. Sie gelten für die Bundesrepublik prinzipiell als unverzichtbares und legitimes politisches Instrument. Als größter Beitragszahler und aufgrund der durch die Wiedervereinigung gewachsenen Machtposition begründet die Bundesrepublik Deutschland den Anspruch auf einen ständigen Sitz im UN-Sicherheitsrat. Eine Reform dieses Gremiums fand bisher jedoch nicht statt. Den Bemühungen der Bundesrepublik Deutschland, die UN-Politik aktiv mitzugestalten, steht ihr bei UN-Friedensmission eher ein geringeres Engagement gegenüber. Daher besteht die Forderung der UN gegenüber Deutschland, sich besonders in diesem Bereich stärker zu beteiligen und der Mandatszustimmung auch eine Missionsbeteiligung folgen zu lassen. Denn Deutschland hat sich meist an UN-mandatierten jedoch kaum an UN-

[73] Staack, 2009: S.55.
[74] Gareis, 2006: S.76.
[75] Vgl. Kaiser, Karl / Maull, Hans: Einleitung: Die Suche nach Kontinuität in einer Welt des Wandels. In: Kaiser, Karl / Maull, Hans: Deutschlands neue Außenpolitik. Band 1 Grundlagen. München. 1997. S.8ff; vgl. Baumann, 2011: S.476ff.
[76] Vgl. Gareis, Sven / Varwick, Johannes: Die Vereinten Nationen. Aufgaben, Instrumente und Reformen. 4. Auflage. Opladen. 2006. S.273ff; vgl. Varwick, Johannes: Bundeswehr. In: Schmidt, Sigmar / Hellmann, Gunther / Wolf, Reinhard: Handbuch zur deutschen Außenpolitik. Wiesbaden. 2007. S.246f; vgl. Hellmann, 2011(a): S.740f.
[77] Vgl. Tomuschat; Christian: Die internationale Staatenwelt an der Schwelle des dritten Jahrtausends. In: Kaiser, Karl / Maull, Hans: Deutschlands neue Außenpolitik. Band 1 Grundlagen. München. 1997. S.20ff.

geführten Missionen beteiligt. Damit sind die UN, als Teil deutscher multilateraler Einbindung zu sehen, aber auch als Ausgangspunkt von Forderungen nach Übernahme größerer Verantwortung auf der internationalen Weltbühne.[78]

Die NATO bildet einen Grundpfeiler des deutschen Multilateralismus auf der militärischen Ebene und dient dabei als zentrales Element für die europäische Friedensordnung. Mit der Neuausrichtung der NATO nach dem Zerfall der Sowjetunion rückten die Europäisierung der Sicherheitspolitik und das transatlantische Verhältnis in den Mittelpunkt deutscher Außen- und Sicherheitspolitik. Während Deutschland sich im Kalten Krieg der NATO unterordnete, änderte sich die Beziehung zur Allianz dadurch, dass Europa im Rahmen der europäischen Integration damit begonnen hat, zusätzlich militärische Kapazitäten aufzubauen, die die Eigenständigkeit und Bedeutung eines erweiterten Europas betonten, damit aber gleichzeitig die Stellung der NATO, als wichtigstes Militärbündnis, schmälerte. Die europäischen Militärkompetenzen stehen jedoch noch in der Entwicklung, so dass die NATO für Deutschland weiterhin das wichtigste militärische Bündnis darstellt, das zudem die größten Militäreinsätze seit der Wiedervereinigung (Kosovo, Afghanistan, Libyen) geführt hat. Trotz der Vorrangigkeit, mit der Deutschland die Forderungen der NATO nach Beteiligung an Militäreinsätzen behandelt, besteht im Bündnis die Tendenz, besonders mit Blick auf Afghanistan, ein stärkeres deutsches Engagement zu fordern. Durch die »Libyen-Enthaltung« ist diese Tendenz noch einmal verstärkt worden. Dies führte zu Interessenskonflikten zwischen Deutschland und den USA, aber auch mit anderen Mitgliedern, über die zukünftige Rolle der Allianz. Trotz des von den Bündnispartnern gering eingeschätzten Engagements verbindet Deutschland mit seiner neu gewonnen Verantwortung nicht nur neu zu erfüllende Pflichten, sondern nimmt auch Beteiligungsrechte im Hinblick auf die Neuausrichtung der Allianz wahr.[79]

Innerhalb der internationalen Institutionen, an denen sich Deutschland multilateral ausrichtet, stellt die EU ebenfalls ein multilaterales Element deutscher Außen- und Sicherheitspolitik dar. Während die NATO während des Ost-West-Konflikts noch die wesentliche internationale Institution des Westens darstellte, entwickelte sich die EU zunächst wirtschaftlich, dann politisch und zuletzt auch militärisch zu einem Instrument deutscher Außen- und Sicherheitspolitik, das für Deutschland an Bedeutung gewann. Mit der Gemeinsamen Außen- und Sicherheitspolitik (GASP)

[78] Vgl. Knapp, Manfred: Vereinten Nationen. In: Schmidt, Sigmar / Hellmann, Gunther / Wolf, Reinhard: Handbuch zur deutschen Außenpolitik. Wiesbaden. 2007. S.734ff; vgl. Varwick, Johannes: Deutsche Sicherheitspolitik im Rahmen der Vereinten Nationen. In: Gareis, Sven / Böckenförde Stephan: Deutsche Sicherheitspolitik. Opladen. 2009. S.345f; vgl. Varwick, Johannes: Die deutsche UNO-Politik. In: Jäger, Thomas / Höse, Alexander / Oppermann, Kai: Deutsche Außenpolitik. 2. Auflage. Wiesbaden. 2011. S.514ff.

[79] Vgl. Varwick, Johannes: Nordatlantische Allianz. In: Schmidt, Sigmar / Hellmann, Gunther / Wolf, Reinhard: Handbuch zur deutschen Außenpolitik. Wiesbaden. 2007. S.764ff; vgl. Theiler, Olaf: Deutschland und die NATO. In: Gareis, Sven / Böckenförde Stephan: Deutsche Sicherheitspolitik. Opladen. 2009. S.308ff; vgl. Kaim, Markus / Niedermeier, Pia: Das Ende des „multilateralen Reflexes"? Deutsche NATO-Politik unter neuen nationalen und internationalen Rahmenbedingungen. In: Jäger, Thomas / Höse, Alexander / Oppermann, Kai: Deutsche Außenpolitik. 2. Auflage. Wiesbaden. 2011. S.105ff.

sowie der Europäischen Sicherheits- und Verteidigungspolitik (ESVP) schuf der Staatenbund in Europa eine politische Kompetenz, die so zuvor nur innerhalb der NATO vorhanden war. Allerdings stehen die GASP und ESVP am Anfang ihrer Entwicklung und besitzen bisher nur geringe Möglichkeiten, außenpolitische Einflussmöglichkeiten zu gestalten, ohne dabei gleich auf Kapazitäten der NATO zurückgreifen zu müssen. Mit der Europäischen Sicherheitsstrategie (ESS) von 2003 hat die GASP und ESVP die EU eine klare politische Richtung erhalten, die sowohl militärische als auch zivile Dimensionen zukünftiger Politikgestaltung erfasst. Deutschland hat den Prozess der sicherheitspolitischen Europäisierung aktiv mit vorangetrieben und dazu beigetragen, den deutschen Multilateralismus in Europa zu intensivieren. Bei der europäischen Integration liegt der Fokus der Bundesrepublik jedoch eindeutig im Bereich der Wirtschaftspolitik.[80]

2.1.3. Deutsche Wirtschaftsinteressen

Die Bundesrepublik Deutschland ist in hohem Maße in die globale Weltwirtschaft eingebunden. Als Exportnation ist Deutschland im Wesentlichen von den wirtschaftlichen Entwicklungen, hervorgerufen durch die globalisierungsbedingten außenwirtschaftlichen Verflechtungen der internationalen Volkswirtschaften, abhängig. Dadurch ist die Bundesrepublik besonders von jenen wirtschaftlichen Ereignissen betroffen, die globale Ausmaße annehmen. Als Wirtschaftsmacht von weltweiter Bedeutung besteht für Deutschland aber auch die Möglichkeit Strukturen und Prozesse politisch zu beeinflussen.[81]

Seit den vergangenen zwei Jahrzehnten ist der Außenhandel der Bundesrepublik Deutschland stetig gestiegen. Laufend positive Außenhandelsüberschüsse machten die Wirtschaft Deutschlands zu einer der wettbewerbsfähigsten der Welt. Die Bundesrepublik kann damit als »Handelsstaat« bezeichnet werden. „Typische Verhaltensmerkmale bundesrepublikanischer Außen(wirtschafts)politik lassen sich in der Beschreibung von Handelsstaaten wiederfinden, etwa das Streben nach Verbesserung ihrer Stellung im Rahmen einer allseits akzeptierten Interdependenz oder die Betonung der Wichtigkeit von Spezialisierung und Arbeitsteilung zwischen Nationen."[82] Die wachsende Wohlfahrt hat Deutschland zum großen Teil der europäischen Integration und dem

---

[80] Vgl. Janning, Josef: Europäische Union und deutsche Europapolitik. In: Schmidt, Sigmar / Hellmann, Gunther / Wolf, Reinhard: Handbuch zur deutschen Außenpolitik. Wiesbaden. 2007. S.748ff; vgl. Knelangen, Wilhelm: Die Europäische Union und die deutsche Sicherheitspolitik. In: Gareis, Sven / Böckenförde Stephan: Deutsche Sicherheitspolitik. Opladen. 2009. S.255ff; vgl. Algieri, Franco: Deutsche Außen- und Sicherheitspolitik im europäischen Kontext: Das abnehmende Strahlen der Integrationsleuchttürme. In: Jäger, Thomas / Höse, Alexander / Oppermann, Kai: Deutsche Außenpolitik. 2. Auflage. Wiesbaden. 2011. S.126ff.

[81] Vgl. Kloten, Norbert: Die Bundesrepublik als Weltwirtschaftsmacht. In: Kaiser, Karl / Maull, Hans: Deutschlands neue Außenpolitik. Band 1 Grundlagen. München. 1997. S.63ff; vgl. Staack, Micheal: Deutschland als Wirtschaftsmacht. In: Schmidt, Sigmar / Hellmann, Gunther / Wolf, Reinhard: Handbuch zur deutschen Außenpolitik. Wiesbaden. 2007. S.85.

[82] Busch, Andreas / Golbbach / Roman: Die Stellung Deutschlands in der Weltwirtschaft. In: Jäger, Thomas / Höse, Alexander / Oppermann, Kai: Deutsche Außenpolitik. 2. Auflage. Wiesbaden. 2011. S.278.

dazugehörigen Markt zu verdanken.[83] Darüber hinaus arbeitet die Bundesrepublik Deutschland weiterhin kooperativ mit etablierten internationalen wirtschaftlichen Institutionen, wie der IWF, der Weltbank und der *World Trade Organization* (WTO) zusammen, und betont damit die typisch deutsche multilaterale Einbindung.[84] „Der handelsliberale Multilateralismus wurde zum permanenten Mantra der deutschen handelspolitischen Rhetorik."[85]

Zu den wohl wichtigsten wirtschaftlichen Ereignissen seit der Wiedervereinigung zählen die Wiedervereinigung selbst, die europäische Währungsunion, und die jüngste Finanzmarktkrise, die die deutsche Wirtschaft erheblich beeinflussten. Die Wiedervereinigung traf die Bundesrepublik Deutschland wirtschaftlich relativ unvorbereitet und entwickelte sich zu einer großen politischen und finanziellen Herausforderung. Während die Einführung der D-Mark in der ehemaligen DDR die Kaufkraft der ostdeutschen Bevölkerung erheblich stärkte, dämpfte der Zusammenbruch der Industrie den wirtschaftlichen Vorteil ab und führte zu erheblichen Kosten. Die zweite Herausforderung für Deutschlands Wirtschaft ist auf die Einführung des Euro zurückzuführen. Die europäische Wirtschaftsintegration erforderte von den Deutschen als Gegenleistung die Aufgabe der stabilen Währung der D-Mark. Durch die gemeinsame europäische Währung ergaben sich für die deutsche Wirtschaft zunächst Nachteile, die aber in den letzten zehn Jahren langsam abnahmen, jetzt allerdings wiederum durch die europäische Verschuldungskrise zunehmen. Die in die Weltwirtschaft stark integrierte Bundesrepublik hatte unter den Folgen der 2007 einsetzenden weltweiten Finanzmarktkrise besonders stark zu leiden. Allerdings war der negative wirtschaftliche Effekt nur von kurzer Dauer. Aufgrund zuvor erfolgter Strukturanpassungen gelang es Deutschlands Wirtschaft, sich schneller als andere Industrienationen zu erholen.[86]

Insgesamt lässt sich feststellen, dass die Bundesrepublik Deutschland im Rahmen des sich beschleunigten Globalisierungsprozess die Integration in die Weltwirtschaft, besonders innerhalb des europäischen Integrationsprozesses, ausgebaut hat und den wirtschaftlichen Herausforderungen der letzten zwanzig Jahre ohne große Einbußen begegnen konnte, auch wenn Deutschland seit 2009 die Position als Exportführungsnation an China abgeben musste.[87]

2.2. Innerstaatliche Ebene

Nachdem man sich die Außenpolitikanalyse sich zunächst darauf konzentrierte, Außenpolitik nur auf der internationalen Ebene zu untersuchen, öffnete sich der Forschungszweig auch innerstaatli-

[83] Vgl. Staack, 2007: S.85.

[84] Vgl. Kloten, 1997: S.74f; vgl. Rode, Reinhard: Deutsche Außenwirtschaftspolitik. In: Schmidt, Sigmar / Hellmann, Gunther / Wolf, Reinhard: Handbuch zur deutschen Außenpolitik. Wiesbaden. 2007. S.628.

[85] Falke, Andreas: Einflussverlust: Der Export(vize)weltmeister im Welthandelssystem des 21. Jahrhunderts. In: Jäger, Thomas / Höse, Alexander / Oppermann, Kai: Deutsche Außenpolitik. 2. Auflage. Wiesbaden. 2011. S.306.

[86] Vgl. Rode, 2007. S.624ff; vgl. Busch, 2011: S.280ff.

[87] Vgl. Staack, 2007: S.95f; vgl. Busch, 2011: S.292f; vgl. Falke, 2011: S.302.

chen Einflussfaktoren. Gegenstand dieser Ansätze waren im Wesentlichen die Untersuchung der Eigenschaften eines Staates, dessen Verhältnis zur Gesellschaft und der politischen Entscheidungsprozesse im Bereich der Außenpolitik.[88] Auf der innerstaatlichen Ebene sind es vor allem die politische Kultur eines Staates, die politische Situation bzw. politische Konkurrenz zwischen Regierung und Opposition sowie die öffentliche Meinung, die außenpolitische Entscheidungsprozesse ausschlaggebend beeinflussen können. Die genannten drei Faktoren werden im Folgenden im Zusammenhang mit verschiedenen theoretischen Ansätzen näher erläutert.

Die Denkschule des Konstruktivismus geht davon aus, dass politische Ereignisse durch Menschen über Normen, Werte und Ideen sozial konstruiert werden, politische Akteure davon beeinflusst werden und danach ihr Handeln auslegen.[89] „Soziale Normen, Ideen, Identitäten und Rollenkonzepte haben daher nach konstruktivistischer Lesart eine zentrale Bedeutung, wenn es um das Erklären von Außenpolitik geht."[90] Staaten folgen und adaptieren daher in ihrem Handeln solchen Konstrukte, wie beispielsweise einer bestimmten außenpolitischen Kultur. Diese lässt sich anhand „von Meinungen, Einstellungen und Werteorientierungen einer staatlich verfassten Gesellschaft im Hinblick auf (1) die außenpolitische Identität bzw. das außenpolitische Selbstverständnis dieser Gesellschaft, (2) die konkreten Erwartungen und Anforderungen der Bürger an die Außenpolitik und (3) den außenpolitischen Handlungsstil"[91] definieren. So können die kollektiven Wertevorstellungen einer Gesellschaft die nationale Außenpolitik durch vorgefertigte Handlungsanleitungen in Form von Strategien, durch bestimmte von der Gesellschaft geforderte Ordnungsvorstellungen und durch die über die Kultur zu interpretierende und damit verständliche außenpolitische Handlung eines Staates beeinflussen. Diese können den Staat prägen, vermögen ihn, aufgrund historischer Erfahrungen, aber auch weiter zu entwickeln und zu verändern.[92] Die außenpolitische Kultur bildet dabei eine Art legitime Grundlage, an der sich die Außenpolitik eines Staates orientiert und damit gesellschaftlichen Rückhalt erfährt. Außenpolitische Kultur beeinflusst Außenpolitik demnach durch Formulierung grundlegender Interessen, durch die Wahrnehmung der Welt, durch die Wahrnehmung von Handlungsmöglichkeiten und durch die Bewertung von Handlungsmöglichkeiten über die normativen Grundlagen der jeweiligen außenpolitischen Kultur. Für diese Untersuchung

---

[88] Vgl. Peters, 2007: S.821.

[89] Vgl. Wilhelm, 2006: S.65-70; vgl. Harnisch, Sebastian: Sozialer Konstruktivismus. In: Masala, Carlo / Sauer, Frank / Wilhelm, Andreas: Handbuch der Internationalen Beziehungen. Wiesbaden. 2010. S.102-116.

[90] Wilhelm, 2006: S.68; vgl. hierzu auch weitere Werke zum Konstruktivismus: Kratochwil: The Human Conception of International Relations. Princeton. 1981; Lebow, Richard / Risse-Kappen, Thomas: International Relations Theory and the End of the Cold War. Columbia. 1995; Onuf, Nicholas / Kubalkova, Vendulka / Kowert, Paul: International Relations in a Constructed World. 1998; Wendt, Alexander: Social Theory of International Relations. Cambridge. 1999; Hopf, Ted: Social Construction of International Politics: Identities and Foreign Policies, Moscow, 1995 and 1999. Cornell. 2002.

[91] Maull, Hans: Außenpolitische Kultur. In: Deutschland-Trendbuch. Fakten und Orientierungen. Bundeszentrale für politische Bildung. Bonn. 2001. S.648.

[92] Vgl. Peters: 2010: S.822.

von besonderer Bedeutung ist die »strategische Kultur« eines Staates, bei der es um das Verhältnis der Gesellschaft zum Krieg und Frieden geht.[93] Im innerstaatlichen Umfeld ist daher die vorherrschende außenpolitische Kultur der erste bestimmende Einflussfaktor in der außenpolitischen Politikgestaltung.

Außenpolitisches Handeln lässt sich auch über liberalistische Ansätze durch gesellschaftliche Strukturen und Interessen erklären. Dabei spielt vor allem der Grad der Einflussmöglichkeiten der Akteure eine Rolle, der zu einer wettbewerbsartigen Konkurrenz in der Durchsetzung der eigenen Vorstellungen führt.[94] „Soziale Akteure und Gruppen stellen Anforderungen an den Staat, die von ihm über entsprechende Interessenvermittlungsstrukturen aufgenommen und in konkrete Zwecke und Ziele umgewandelt werden."[95] Die Einflussnahme hängt dabei vor allem von der innerstaatlichen Verfasstheit eines Staates ab. Im Fall einer parlamentarischen Demokratie ist zunächst das politische Konkurrenzverhalten der Parteien untereinander zu nennen, die um die Gunst der Wähler streiten und nach Regierungsverantwortung streben.[96] Die Einflussnahme kann dabei einerseits direkt über das Parlament und andererseits indirekt über die Bevölkerung als Wahrnehmung und Interessenvertretung der Gesellschaft stattfinden. Für die Außenpolitik spielen Parteien im demokratischen System eine wichtige Rolle, da der außenpolitische Entscheidungsprozess durch die parlamentarischen Debatten der Parteien vorbereitet wird. Die Opposition wird dabei versuchen, eine alternative Regierungspolitik anzubieten und die Entscheidungen der Regierung in Frage zu stellen, um so die Aussichten zu erhöhen, die nächsten Wahlen für sich zu entscheiden. So stellen Oppositionsparteien darüber hinaus „aufgrund von Positionsalternativen und programmatischen Gegenentwürfen, auch in der Außenpolitik, einen für den Fall des Regierungswechsels möglichen Ansprechpartner und Adressaten internationaler Akteure dar"[97]. Die Regierung wiederum wird sich darum bemühen, die eigene Politik so anzupassen, dass der Opposition ein möglichst geringer politischer Handlungsraum für Alternativen bleibt.[98] Ein weiterer innerstaatlicher Einflussfaktor auf die nationale Außenpolitik, hervorgerufen durch die Herrschaftsform der Demokratie, ergibt sich damit durch die politische Konkurrenz.

Auch die öffentliche Meinung kann sich auf die Außenpolitik, dessen Einfluss sich über konstruktivistische Ansätze erklärt werden kann, auswirken. Als Aggregat der individuellen Meinungen und Einstellungen zu außenpolitischen Themen, übt die allgemeine öffentliche Meinung auf

[93] Vgl. Wilhelm, 2006: S.274-284.

[94] Vgl. Wilhelm, 2006: S.60-65; vgl. Hasenclever, Andreas: Liberalismus. In: Masala, Carlo / Sauer, Frank / Wilhelm, Andreas: Handbuch der Internationalen Beziehungen. Wiesbaden. 2010. S.77-101.

[95] Wilhelm, 2006: S.61; Vgl. hierzu weitere Werke der liberalen Theorie: Friedman, Milton: Capitalism and Freedom. Chicago. 1962; Hayek, Friedrich: Liberalismus. Tübingen. 1979; Dahrendorf, Ralph: Fragmente eines neuen Liberalismus. München. 1987; Rawls, John: Politischer Liberalismus. Berlin. 1998.

[96] Vgl. Hasenclever, 2010: S.79f.

[97] Wilhelm, 2006: S.220.

[98] Vgl. Oppelhand, Torsten: Parteien. In: Schmidt, Sigmar / Hellmann, Gunther / Wolf, Reinhard: Handbuch zur deutschen Außenpolitik. Wiesbaden. 2007. S.269f.

breiter gesellschaftlicher Ebene Einfluss auf den Staat aus. Die Bevölkerung bildet dabei, unterstützt durch die Medien bei der Vermittlung außenpolitischer Themen, ein eigenes Werte- und Präferenzsystem, in das außenpolitische Ereignisse eingeordnet und bewertet werden.[99] In einer parlamentarischen Demokratie entwickelt sich damit, aufgrund regelmäßiger Wahlen, sowohl für die Parteien als auch für den Staat, in gewisser Weise eine Abhängigkeit von der Gunst der öffentlichen Meinung. Besonders in Demokratien kann die öffentliche Meinung großen Einfluss auf Außenpolitik ausüben, da Entscheidungen überwiegend im Konsens getroffen werden und die Regierung durch die Unterstützung der Bevölkerung in ihrem Handeln auch eine Legitimation erfährt. Daher wird die öffentliche Meinung häufig deshalb nicht übergangen, weil die Regierung spätestens bei den nächsten Wahlen eine Niederlage befürchten müsste, wenn sie eine von der großen Mehrheit der Bevölkerung abgelehnte Außenpolitik durchsetzen würde. Damit kann die öffentliche Meinung als informelle Restriktion von nationaler Außenpolitik bezeichnet werden.[100] Im Unterschied zur außenpolitischen Kultur bezieht sich die Untersuchung der öffentlichen Meinung mehr auf die unmittelbaren Zeitfenster vor und während des zu betrachtenden Falls, während die Analyse der außenpolitischen Kultur als Entwicklung einen längerfristigen Zeitrahmen erfasst. Damit bildet die öffentliche Meinung für die Untersuchung den letzten innerstaatlichen Einflussfaktor auf die Außenpolitik.

2.2.1. Deutsche außenpolitische Kultur

Die außenpolitische Kultur der Bundesrepublik Deutschland wurde und wird durch die beiden Weltkriege im 20. Jahrhundert bedeutend geprägt. Die sich daraus entwickelnden normativen Grundlagen deutscher außenpolitischer Kultur resultieren vorwiegend aus der Westintegration nach dem zweiten Weltkrieg. Neben der Westbindung zählten aber auch politische Verlässlichkeit und Berechenbarkeit im Rahmen multilateraler Einbindung sowie wie die klare Absage gegenüber dem Nationalsozialismus dazu. „Multilateralismus und die Absage an jedweden deutschen Sonderweg gehört mithin zum Grundbestandteil der außenpolitischen Kultur der Bundesrepublik, die nicht zuletzt aus wohlverstandenem Eigeninteresse zur Staatsräson wurde.“[101] Darüber hinaus hat Deutschland seine Außenpolitik bewusst eingeengt, indem es auf traditionelle Machtpolitik, wie etwa territoriale Expansion oder Großmachtstatus, verzichtete und in staatstruktureller Hinsicht auf das Kon-

---

[99] Vgl. Weller, Christoph: Die öffentliche Meinung in der Außenpolitik. Eine konstruktivistische Perspektive. Wiesbaden. 2000. S.169-197; vgl. Wilhelm, 2006: S.218.

[100] Vgl. Brettschneider, Frank: Massenmedien, Öffentliche Meinung und Außenpolitik. In: Eberwein, Wolf-Dieter / Kaiser, Karl: Deutschlands neue Außenpolitik. Band 4 Institutionen und Ressourcen. Oldenbourg. 1998. S.225; vgl. Holst, Christian: Einstellungen der Bevölkerung und der Eliten: Vom Alten zum Neuen außenpolitischen Konsens. In: Eberwein, Wolf-Dieter / Kaiser, Karl: Deutschlands neue Außenpolitik. Band 4 Institutionen und Ressourcen. Oldenbourg. 1998. S.227; vgl. Wilhelm, 2006: S.216; vgl. Biehl, Heiko / Jacobs, Jörg: Öffentliche Meinung und Sicherheitspolitik. In: Gareis, Sven / Böckenförde Stephan: Deutsche Sicherheitspolitik. Opladen. 2009. S.233ff; vgl. Oppermann, 2011: S.60f.

[101] Varwick, 2011: S.515.

zept der Zivilmacht setzte. Seit Gründung der Bundesrepublik war die Zurückhaltung im Einsatz militärischer Mittel zur Umsetzung nationaler Politik insofern von großer Bedeutung, als dass dadurch die strategische Kultur des Landes eine besondere Prägung erhalten hat. Die inhaltliche Position basiert dabei vor allem auf der Vergangenheitsbewältigung, den normativen Vorgaben des GG, der europäischen Integration, der Anerkennung des Völkerrechts und der Einbindung in Systeme kollektiver Sicherheit. Deutschlands Verfahrensregeln sollen dabei dem Prinzip des Multilateralismus folgen, die Verrechtlichung der internationalen Beziehungen forcieren und Verhandlungen sowie Kompromissen stets dem politischen Vorrang geben. Insgesamt kann die deutsche außenpolitische Kultur als Erbe der beiden Weltkriege verstanden und als »Kultur der Zurückhaltung« bezeichnet werden.[102]

Mit der Wiedervereinigung der Bundesrepublik Deutschland sind mit den Kontinuitäten aber auch Veränderungen in der deutschen außenpolitischen Kultur auszumachen. Deutschlands multilaterale Einbindung forderte seinen Tribut in Form von Auslandeinsätzen der Bundeswehr. Auf der einen Seite führte die Bundesrepublik das Prinzip des Multilateralismus und der Westbindung fort, war aber aufgrund dieser Einbindung auch zunehmend gefordert, die Zurückhaltung im Einsatz militärischer Mittel zur Umsetzung von Politik zugunsten von Bündnisinteressen spürbar zu verringern. Aus dem wiedervereinigten Deutschland heraus entstand aber auch ein neues nationales Selbstbewusstsein, das auf der Einsicht gründet, dass mit der neu hinzu gewonnenen politischen Bedeutung auch die internationale Verantwortung des Landes gewachsen sei. Deutschland engagierte sich überdies als Motor der europäischen Union, lehnte jedoch eine allgemeine internationale Führungsrolle ab. Während der außenpolitische Fokus nun auf Europa lag, nahm das Interesse an der transatlantischen Wertegemeinschaft, vor allem mit den USA, ab. Insgesamt ist die außenpolitische Kultur der Bundesrepublik Deutschland von »Kontinuität« ihrer normativen Grundlagen geprägt. Allerdings traten Akzentverschiebungen und Modifikationen seit der Wiedervereinigung auf, die neben den Kontinuitäten aber auch charakteristische Anpassungen aufwiesen.[103]

2.2.2. Politische Konkurrenz innerhalb Deutschlands

Die politische Konkurrenz im Regierungssystem der Bundesrepublik Deutschland basiert auf dem Prinzip von Regierung und Opposition. Die politischen Parteien spielen dabei ein wichtige Rolle, da sie als gewählte Vertreter der Bevölkerung das Parlament und die Regierung durchdringen und damit auch Einfluss auf außenpolitische Entscheidungsprozesse nehmen können. Nach Artikel 21 GG wirken Parteien „bei der politischen Willensbildung mit“[104]. Sie nehmen daher als gesell-

[102] Vgl. Maull, 2001: S.651f; Vgl. Risse, Thomas: Deutsche Identität und Außenpolitik. In: Schmidt, Sigmar / Hellmann, Gunther / Wolf, Reinhard: Handbuch zur deutschen Außenpolitik. Wiesbaden. 2007. S.53ff.
[103] Vgl. Maull, 2001: S.654ff; vgl. Hellmann, 2006: S.198f.
[104] Bundesministerium der Justiz: Grundgesetz der Bundesrepublik Deutschland. Berlin. 2011.

schaftliche Akteure im politischen System eine verfassungsrechtliche Sonderstellung in einer »Parteiendemokratie« ein. Aus den Parteien rekrutiert sich daher im Wesentlichen das politische Führungspersonal in den demokratischen Institutionen. Bundestagsabgeordnete und Mitglieder der Regierung sind zwar de jure nicht an politische Programme der jeweiligen Parteien gebunden, werden jedoch de facto durch Abhängigkeitsverhältnisse in ihrem Handlungsspielraum parteipolitisch eingegrenzt.[105] Insgesamt hat sich seit der Wiedervereinigung die Parteienlandschaft leicht segmentiert und fragmentiert. Während die sogenannten Volksparteien CDU und SPD im Laufe der Jahre an Unterstützung einbüßten, konnten die FDP, Bündnis90/die Grünen und die PDS/die Linke Wählerstimmen hinzugewinnen. So lässt sich das gegenwärtige deutsche Parteisystem als „fluides Fünfparteiensystem" bezeichnen.[106]

Möglichkeiten zur Beeinflussung der Außenpolitik bestehen vor allem durch die im Bundestag geführten Plenardebatten, die mit ihren außenpolitischen und internationalen Themen einen beträchtlichen Anteil ausmachen. Besonders bei wichtigen außenpolitischen Entscheidungen, wie die Entsendung der Bundeswehr ins Ausland, üben Debatten im Parlament dadurch Einfluss auf die Regierung aus, indem die öffentliche Meinungsbildung durch die Abgeordneten in das Parlament getragen und gegenüber der Exekutive zur Wirkung gebracht wird. „Alle außenpolitischen Richtungsentscheidungen in der Geschichte der Bundesrepublik Deutschland waren von heftigen parteipolitischen Auseinandersetzungen begleitet."[107] Wobei sich grundsätzlich alle Parteien zum Frieden und dem in dieser Hinsicht institutionellen internationalen Garanten, den Vereinten Nationen, bekennen und dadurch in grundlegenden Fragen ein prinzipieller Konsens zwischen den politischen Lagern besteht. Lediglich die PDS später die Linke weichen geringfügig von den normativen Grundlagen deutscher Außenpolitik ab.[108]

Gleichwohl treten parteipolitische Unterschiede besonders in der Haltung der Parteien zu Militäreinsätzen auf. Während das eher konservative Unionslager seit der Wiedervereinigung auf Deutschlands Verantwortung im internationalen System und die damit verbundenen Auslandseinsätze der Bundeswehr, zu denen auch Kampfeinsätze zählen, hinweist, herrscht im mittleren und linken Spektrum der Parteien eine pazifistische Grundeinstellung gegenüber den internationalen Interventionen. Insgesamt aber führte das vermehrte Aufkommen an Auslandseinsätzen der Bundeswehr seit der Wiedervereinigung im parteipolitischen Umfeld zu einer Art »Gewöhnung« an eine zunehmend konfliktträchtigere internationale Politik.[109]

---

[105] Vgl. Bartsch, Sebastian: Außenpolitischer Einfluss und Außenbeziehungen der Parteien. In: Eberwein, Wolf-Dieter / Kaiser, Karl: Deutschlands neue Außenpolitik. Band 4 Institutionen und Ressourcen. München. 1998. S.169ff; vgl. Oppermann, 2011: S.67.
[106] Decker, Frank / Neu, Viola: Handbuch der deutschen Parteien. Wiesbaden 2007. S.131.
[107] Oppelland, 2007: S.269.
[108] Vgl. Brettschneider, 1998: S.214f; vgl. Oppelland, 2007: S.269ff.
[109] Vgl. Oppelland, 2007: S.274ff.

2.2.3. Öffentliche Meinung in Deutschland

Die außenpolitische Meinungsbildung in Deutschland gründet, wie in den meisten westlich geprägten Staaten vor allem auf den Medien als Vermittlungsorgan von Außenpolitik und Indikator der öffentlichen Meinung.[110] Besonders vor dem Hintergrund des Informationszeitalters durch neue Technologien, wie das Internet, war es möglich, außenpolitische Themen unproblematisch für die Öffentlichkeit zugänglich zu machen.[111] Es sind drei Kategorien auszumachen, die den außenpolitischen Entscheidungsprozess beeinflussen können.

Erstens beschreibt die Salienz eines außenpolitischen Themas die Dringlichkeit, die die Öffentlichkeit dem Thema beimisst. Ohne diese Dringlichkeit werden außenpolitischen Themen von der Öffentlichkeit weitgehend ignoriert. Im Gegensatz zu innenpolitischen Themen besteht in der deutschen Öffentlichkeit ein geringeres Interesse an Außenpolitik. Dies ändert sich allerdings dann schlagartig, wenn „die Salienz außenpolitischer Fragen hochgradig variabel ist und sich die Mobilisierung der öffentlichen Meinung an konkreten Ereignissen der internationalen Agenda festmacht“[112]. So entfachen herausragende Ereignisse, wie Kriege oder Terroranschläge, in kürzester Zeit ein großes außenpolitisches Interesse, dass jedoch auch relativ schnell wieder abnimmt. Das zweite Kriterium kann als inhaltliche Ausprägung bezeichnet werden. Ergibt sich zu einem außenpolitischen Thema ein besonders nachhaltiger öffentlicher Konsens, entsteht ein Einflussfaktor, dem sich die Regierung kaum entziehen kann. Solche Übereinstimmungen in der deutschen Öffentlichkeit ergeben sich meist bei Themen, wie dem Einsatz militärischer Mittel, politische Alleingänge oder Sonderwege.[113] Drittens bilden institutionalisierte Einflusschancen ein weiteres Kriterium zur Restriktion von Außenpolitik. Da in Deutschland Referenden für den außenpolitischen Entscheidungsprozess bisher nicht von Bedeutung sind, hat die Bevölkerung nur die Möglichkeit, die Außenpolitik im Rahmen einer Bundestagswahl zu beeinflussen. Dies ist besonders dann der Fall, wenn die Salienz außerpolitischer Themen unmittelbar vor der Wahl groß ist und die politische Opposition eine Alternative zur vorherigen Politik anzubieten hat. Denn besonders im Bereich der Sicherheitspolitik besteht in Deutschland aufgrund der außenpolitischen Kultur eine hohe politische Sensibilität[114], so etwa bei Auslandseinsätzen der Bundeswehr, die eine hohe öffentliche Zustimmung erfahren, wenn es dabei um friedensschaffende Maßnahmen und humanitäre Hilfe geht. Sobald es sich aber Kampfeinsätze handelt, kann sich das öffentliche Meinungsbild komplett umkeh-

---

[110] Vgl. Sacrinelli, Ulrich / Menzel, Marcus: Medien. In: Schmidt, Sigmar / Hellmann, Gunther / Wolf, Reinhard: Handbuch zur deutschen Außenpolitik. Wiesbaden. 2007. S.328; vgl. Oppermann, 2011: S.61.
[111] Vgl. Hellmann, 2006: S.174; vgl. Sacrinelli, 2007: S.326.
[112] Oppermann, 2011: S.62.
[113] Ebd. S.64ff.
[114] Vgl. Biehl, 2009: S.243f.

ren.[115] Insgesamt ist der Anteil derjenigen, die das internationale Engagement Deutschlands befürworteten, international Verantwortung im Rahmen multilateraler Einsätze zu zeigen, seit der Wiedervereinigung gesunken. Der ehemalige Bundespräsident Horst Köhler sprach in diesem Zusammenhang von einem „wohlwollenden Desinteresse" der Bevölkerung gegenüber der Bundeswehr. Gleichwohl genießt die Bundeswehr als öffentliche Einrichtung innerhalb der deutschen Gesellschaft einen ungewöhnlich guten Ruf.[116] Welche Rolle die öffentliche Meinung bzw. die Medien bei der nationalen Außenpolitik spielen, ist insgesamt eher schwer zu ermitteln. Meinungsumfragen und die Titelthemen der Zeitungen bilden dabei die einfachste Möglichkeit, Tendenzen eines richtungsweisenden Einflusses aufzuspüren.[117]

2.3. Individuelle Ebene der Entscheidungsträger

Neben der innerstaatlichen Ebene wurde in der Politikwissenschaft eine weitere Ebene für die Außenpolitikanalyse generiert, in der sich die Analyse auf die Individuelle Ebene der Entscheidungsträger konzentrierte; also auf beteiligte Personen oder kollektive Akteure, die innerhalb eines Staates Entscheidungsbefugnisse besitzen und damit letztlich die Außenpolitik eines Staates festlegen und bestimmen.[118] Im Folgenden werden in Zusammenhang mit der Theorie die wichtigsten Entscheidungsträger der Außenpolitik in Bezug auf Deutschland herausgearbeitet.

Dabei konzentrieren sich vor allem liberale Akteurs-orientierte Ansätze auf das Individuum als Entscheidungsträger von Außenpolitik.[119] Denn internationale und innerstaatliche Faktoren gewinnen erst Einfluss auf die Außenpolitik, wenn „sie von menschlichen Akteuren aufgenommen und verarbeitet werden"[120]. So sehen sich Außenpolitiker zahlreichen Einflüssen auf internationaler und innerstaatlicher Ebene ausgesetzt, die ihre Entscheidungen wesentlich beeinflussen.[121]

In Deutschland sind in *letzter* Instanz, bei einer Entscheidung zur Entsendung von Streitkräften ins Ausland, der Bundeskanzler, der Außenminister und der Bundestag verantwortlich. So zählen die ersten beiden Akteure zur klassischen Exekutive eines Staates, ausgestattet mit einer relativ starken Machtposition innerhalb der Regierung.[122] Während das Parlament als Legislative innerhalb von Demokratien Mitspracherechte bei der Entscheidungsfindung besitzt. Diese drei Akteure bestimmen bzw. beeinflussen die Außenpolitik eines Staates und treffen schließlich außenpolitische Entscheidungen. Die zuvor genannten Faktoren wirken sich dabei auf die Entscheidungsfindungs-

---

[115] Vgl. Rattinger, Hans: Öffentliche Meinung. In: Schmidt, Sigmar / Hellmann, Gunther / Wolf, Reinhard: Handbuch zur deutschen Außenpolitik. Wiesbaden. 2007. S.269f; vgl. Biehl, 2009: S.243.
[116] Vgl. Varwick, 2007. S.269f; vgl. Biehl, 2009. S.239ff.
[117] Vgl. Rattinger, 2007: S.322ff.; vgl. Sacrinelli, 2007: S.330ff.
[118] Vgl. Peters, 2007: S.827.
[119] Vgl. Harnisch, 2003: S.325ff; vgl. Carlsnaes, 2004: S.337ff; vgl. Peters, 2007: S.827ff.
[120] Peters, 2007: S.827.
[121] Vgl. Wilhelm, 2006: S.60.
[122] Ebd. S.86.

prozesse der individuellen Akteure bzw. des kollektiven Akteurs – dem Bundestag – aus, sind aber nicht so dominant, dass sich daraus weitreichende Abhängigkeiten ergeben. Aus diesem Grund stellen die ausgewählten Entscheidungsträger die maßgeblichen Akteure der letzten Entscheidungsinstanzen im Falle interventionistischer Streitkräfteeinsätze dar. Daher gehören sie selbst zu den letzten drei Einflussfaktoren, die sich auf die staatliche Außenpolitik auswirken.

2.3.1. Bundeskanzler

Die Außenpolitik der Bundesrepublik Deutschland wird hauptsächlich vom Bund bzw. der Bundesregierung betrieben und kann als Domäne der Exekutive beschrieben werden. Laut Art. 32 Abs.1 GG ist es die Sache des Bundes, Beziehungen zu auswärtigen Staaten zu pflegen. Der Bundeskanzler als oberstes Führungsmitglied der Bundesregierung besitzt durch das im deutschen Regierungssystem bestehende Kanzlerprinzip besondere außenpolitische Kompetenzen. Laut Art. 65 S.1 GG (Kanzlerprinzip) bestimmt der Bundeskanzler „die Richtlinien der Politik und trägt dafür die Verantwortung“[123]. Damit gilt der Bundeskanzler als politischer Richtungsgeber für die Außenpolitik der Bundesrepublik Deutschland.

Seine Richtlinienkompetenz wird lediglich durch das Ressort-, Kabinetts- und Koalitionsprinzip eingeschränkt. Laut Art. 65 S.2 GG (Ressortprinzip) leitet jeder Bundesminister „seinen Geschäftsbereich selbständig und unter eigener Verantwortung“. Das bedeutet, dass den Ministern in ihrem Bereich ein gewisser politischer Freiraum eingeräumt wird. Laut Art. 65 S. 3 GG (Kabinettsprinzip) entscheidet die Bundesregierung über Meinungsverschiedenheiten zwischen den Bundesministern. Das bedeutet, dass im Rahmen der Geschäftsordnung der Bundesregierung §24 Abs. 2 die Bundesregierung diesbezüglich ihre Beschlüsse mit Stimmenmehrheit fast. „Bei Stimmengleichheit entscheidet die Stimme des Vorsitzenden.“[124]

Das Koalitionsprinzip bezeichnet die Rückbindung der Regierungspolitik an den Koalitionspartner. Dabei stellt die Führungspartei den Bundeskanzler, während der Koalitionspartner i.d.R. das Amt des Außenministers besetzt. Bei parteipolitischen Differenzen kann dieses Prinzip zur Restriktion in der Außenpolitik führen. Wie stark das Kanzlerprinzip einer Regierung zur Geltung kommt, hängt vor allem vom Bundeskanzler selbst ab. Durchsetzungsschwachen Bundeskanzlern standen meistens politische aktive Außenminister gegenüber, die dadurch in der Außenpolitik größere Handlungsfreiheit genossen.[125] Dabei steht dem Bundeskanzler das Bundeskanzleramt als Regierungszentrale zur Verfügung, das für den Regierungschef eine Art Vermittlungsfunktion zwischen

[123] Bundesministerium der Justiz: Grundgesetz der Bundesrepublik Deutschland. Berlin. 2011. Art. 65 S.1.
[124] Bundesregierung: Geschäftsordnung der Bundesregierung. Berlin. 2011. §24 Abs.2.
[125] Vgl. Hellmann, 2006: S.46f.

den Ministerien und Ämtern einnimmt.[126] Diese leisten zwar auf verschiedenste Weise ihren Beitrag zu außenpolitischen Entscheidungen, sind aber in ihren Auswirkungen vor allem aufgrund von informellen Treffen und Gesprächen forschungspraktisch schwer erfassbar und sollen daher hier nicht weiter analysiert werden.[127]

2.3.2. Außenminister

Die Koordinierung sämtlicher außenpolitischer Abläufe findet in Deutschland durch das Auswärtige Amt mit dem Außenminister an der Spitze statt. Durch das Ressortprinzip verfügt der Außenminister neben dem Bundeskanzler als Regierungsmitglied über eine breite politische Handlungskompetenz, auch wenn der Bundeskanzler im Rahmen des Kanzlerprinzips die politische Richtung angibt und außenpolitische Maßnahmen durch die fortschreitende Internationalisierung und Globalisierung mittlerweile durch fast alle anderen Ministerien der Regierung durchgeführt werden. Dennoch behält sich das Auswärtige Amt bestimmte Kernbereiche der Außenpolitik, wie die Friedens-, Sicherheits-, Völkerrechts- und UN-Politik als eigene Zuständigkeit vor.

Der Außenminister kann daher als bedeutender Akteur, zumeist traditionell als Vizekanzler, im außenpolitischen Entscheidungsprozess und als eine Art politisches Gegengewicht im Rahmen des Koalitionsprinzips gegenüber dem Bundeskanzler angesehen werden.[128] „Grundsätzlich kann gesagt werden, dass der Handlungsspielraum eines Außenministers umso größer ist, je mehr außenpolitische Erfahrung er gegenüber dem Kanzler einbringen kann, und je stärker seine persönliche Position innerhalb der eigenen Partei sowie sein Ansehen beim Koalitionspartner und in der Öffentlichkeit ausgeprägt sind."[129]

2.3.3. Konsens im Bundestag

Der Deutsche Bundestag besitzt u.a. bei der Entsendung von Streitkräften außerhalb deutschen Territoriums politische Kontroll- und Mitwirkungsrechte.[130] Damit besteht für das Parlament die Möglichkeit, außenpolitische Entscheidungsprozesse, die eine Kriegsbeteiligung enthalten, maßgeblich zu beeinflussen. Die zuvor genannten Rechte äußern sich darin, dass eine Entscheidung zur Teilnahme an kriegerischen Konflikten eine Ratifikation des Bundestages bedarf.[131] Das Zustimmungserfordernis des Bundestages gilt seit dem Streitkräfteurteil des Bundesverfassungsgerichtes (BVerfGE) von 1994. Danach muss eine Mehrheit der Abgeordneten einer Konfliktbeteiligung zu-

[126] Vgl. Korte, Karl-Rudolf: Bundeskanzleramt. In: Schmidt, Sigmar / Hellmann, Gunther / Wolf, Reinhard: Handbuch zur deutschen Außenpolitik. Wiesbaden. 2007. S.204-209.
[127] Vgl. Oppermann, 2011: S.52.
[128] Vgl. Hellmann, 2006: S.47; Vgl. Maull, 2006. S.435.
[129] Gareis, 2006: S.38.
[130] Vgl. Krause, Joachim: Die Rolle des Bundestages in der Außenpolitik. In: Eberwein, Wolf-Dieter / Kaiser, Karl: Deutschlands neue Außenpolitik. Band 4 Institutionen und Ressourcen. München. 1998. S.157ff.
[131] Vgl. Oppermann, 2011: S.55f.

stimmen, bevor eine Truppenentsendung möglich wird. So heißt es im BVerfGE-Urteil: Die „auf die Streitkräfte bezogenen Regelungen des Grundgesetzes sind – in den verschiedenen Stufen ihrer Ausformung – stets darauf angelegt, die Bundeswehr nicht als Machtpotential allein der Exekutive zu überlassen, sondern als "Parlamentsheer" in die demokratisch rechtsstaatliche Verfassungsordnung einzufügen, d.h. dem Parlament einen rechtserheblichen Einfluß auf Aufbau und Verwendung der Streitkräfte zu sichern“[132]. Das Urteil bezog sich dabei auf die Auslegung des Art. 24. Abs. 2 GG. Danach ist festzustellen, dass der Einsatz der Bundeswehr im Rahmen „alle[r] friedensbewahrenden Systeme gegenseitiger kollektiver Sicherheit zulässig sei, wobei der Begriff des „Systems kollektiver Sicherheit“ so ausgelegt wurde, dass dieser universelle Institutionen wie die Vereinten Nationen ebenso einschloss wie stärker exklusive Sicherheitssysteme wie das militärische Bündnis der NATO“[133]. Das BVerfGE entschied damals aufgrund der zunehmenden Teilnahme deutscher Streitkräfte an internationalen »out-of-area«-Einsätze. Die parlamentarische Mitwirkung an der Entsendung von Streitkräften in Auslandseinsätze wurde 2005 in das sogenannte „Parlamentsbeteiligungsgesetz“ aufgenommen und konkretisiert. Die Bundesregierung ist jetzt gesetzlich verpflichtet, das Parlament über einen geplanten Einsatz grundlegend zu informieren, das dann den Antrag der Regierung annehmen oder ablehnen kann.[134] Aufgrund der in dem Gesetz vorkommenden Ausnahmenregeln entschied das BVerfGE 2008, dass das Parlamentsbeteiligungsgesetz stets zugunsten des parlamentarischen Vorbehaltes auszulegen ist.[135]

2.4. Zusammenfassung des theoretischen Teils

Das für diese Untersuchung entwickelte »Drei-Ebenen-Modell« soll eine möglichst *umfassende* Erklärung für das außenpolitische Verhalten Deutschlands im Hinblick auf Kriegsbeteiligungen und -verweigerungen gewährleisten. „Wenn wir Theorien größerer Reichweite gewinnen wollen, ist es notwendig, mehrere Ebenen in eine Untersuchung zu integrieren.“[136] Mit Hilfe der verschiedenen Sichtweisen theoretischer Denkschulen zu den internationalen Beziehungen wird daher ein integrierender Ansatz gewählt, der nicht die einzelnen Theorien zum Schwerpunkt hat, sondern die aus der Theorie als wichtig angesehenen Einflüsse auf staatliche Außenpolitik in ihrer Gesamtheit.

Die Wahl und der Detailierungsgrad der Einflussfaktoren basiert zum Einen auf der theoretischen Grundlage. Zum Anderen wurden die Faktoren im Rahmen der drei Ebenen aus pragmatischen Gründen auf jeweils drei pro Ebene reduziert. So wären durch eine weitere Differenzierung

[132] Entscheidung des Bundesverfassungsgerichtes vom 12.Juli 1994 (BVerfGE 90, 286).
[133] Bundesministerium der Justiz: Grundgesetz der Bundesrepublik Deutschland. Berlin. 2011. Art. 24 Abs. 2; vgl. Hellmann, 2006: S.55.
[134] Vgl. Gesetz über die parlamentarische Beteiligung bei der Entscheidung über den Einsatz bewaffneter Streitkräfte im Ausland (Parlamentsbeteiligungsgesetz) vom 18. März 2005.
[135] Vgl. Entscheidung des Bundesverfassungsgerichtes vom 7. Mai 2008 (BVerfGE, 2 BvE 1/03).
[136] Haftendorn, 1990: S.417.

beispielsweise auf der internationalen Ebene etwa nichtstaatliche Regierungsorganisation oder transnationale Unternehmen als weitere einflussnehmende Akteure ermittelbar. Auf den innerstaatlichen Ebenen ließen sich die Parteien einzeln analysieren oder die öffentliche Meinung in verschiedene Interessengruppen (Medien, Verbände, Kirche etc.) aufgliedern. Auf der individuellen Ebene der Entscheidungsträger könnten weitere Minister oder die einzelnen Ministerien und Ämter mit in die Analyse einbezogen werden. Bei einer derartigen Vorgehensweise droht jedoch ein Abgleiten in Einzelbetrachtungen, die mit Blick auf die Ziele der Untersuchung eher kontraproduktiv sind. Vielmehr soll Ziel dieser Untersuchung sein, eine Aussage über möglichst *zentrale Einflüsse* zu machen. „Der Zweck von Theorie besteht nicht darin, einzelne Prozesse möglichst vollständig zu erklären, sondern vielmehr darin, eine vergleichbare Klasse von Ergebnissen im Hinblick auf einige wenige, aber zentrale Variablen hinreichend interpretieren zu können. „Elegante" Erklärungsansätze zeichnen sich dadurch aus, daß mit einem Minimum an Erklärungsvariablen ein Maximum an Erklärungswert über ein möglichst breites Spektrum von Phänomenen erzielt wird."[137]

Innerhalb der politischen Strukturen Deutschlands erfassen alle zuvor genannten Einflussfaktoren die wesentlichen politischen Entscheidungen bei der Entsendung deutscher Streitkräfte in internationale Einsätze und die dazugehörigen Entscheidungsfindungsprozesse. Für die weitere Analyse der ausgewählten Fälle ist besonders zu beachten, dass in der Untersuchung keine ahistorischen Gegebenheiten aufgegriffen werden, sondern berücksichtigt wird, dass sich die Außenpolitik eines Staates stets weiterentwickelt und verändert.[138] In den folgenden Abschnitten wird der Einfluss der einzelnen Faktoren auf die jeweilige Entscheidung der Bundesregierung zum jeweiligen Krieg analysiert.

3. Kosovo-Krieg

Im Frühjahr 1998 schlug die systematische Unterdrückung der Kosovo-albanischen Bevölkerung durch serbische Sonderpolizei und Militär in einen gewaltsamen Krieg um. Mit der Aufhebung der jugoslawischen Verfassung und des kosovarischen Autonomiestatus in den vorausgegangenen Jugoslawien-Kriegen Anfang der 90iger Jahre war der Konflikt um die kleine serbische Teilrepublik die letzte Auseinandersetzung dieser Ära. Ziel der Bundesrepublik Jugoslawien war es, die nichtserbische Bevölkerung aus dieser serbischen Provinz zu vertreiben, um den Anspruch auf ein möglichst großes, serbisch beherrschtes Territorium zu untermauern. Dabei gingen die Serben mit äußerst brutaler Gewalt gegen die kosovo-albanische Bevölkerung vor und betrieben damit einen Vernichtungs- und Vertreibungskrieg. Der Krieg kann als ethnisch-territoriale Auseinandersetzung bezeichnet werden, deren Ursachen tief in der Geschichte der Region verwurzelt sind. Im Laufe des

[137] Haftendorn, 1990: S.418.
[138] Vgl. Hellmann, 2006: S.26.

Jahres wurde die Befreiungsarmee des Kosovo (UÇK) weitgehend aus dem Land vertrieben, jedoch nicht zerschlagen. Mit der Resolution 1199 forderte der UN-Sicherheitsrat im September den Rückzug der serbischen Truppen, konnte sich aber auf eine militärische Intervention aufgrund der russischen Blockadehaltung nicht einigen.[139] Gleichzeitig drohte die NATO mit Luftschlägen, sollte die serbische Regierung der Forderung der UN nicht nachkommen. Im Februar 1999 sollte mit der Konferenz von Rambouillet ein letzter Versuch unternommen werden, eine friedliche Konfliktlösung zu finden. Das dazu entwickelte Friedensabkommen sah eine autonome Verwaltung für das Kosovo vor. Diese Friedensinitiative wurde von der Bundesrepublik Jugoslawien aber nicht akzeptiert. Infolgedessen begann die NATO am 24. März – ohne UN-Mandat – Luftschläge gegen das serbische Militär und Infrastruktur zu fliegen. Nach 72 Tagen durchgehender Luftangriffe lenkte der serbische Präsident Slobodan Milošević ein und stimmte dem Abzug serbischer Truppen aus dem Kosovo zu.[140]

Deutschland beteiligte sich an der *Operation Allied Force* (OAF) im Rahmen der NATO mit Tornado-Kampfflugzeugen, die besonders dazu geeignet waren, die serbische Luftabwehr auszuschalten und Aufklärungsflüge durchzuführen. Aufgrund der geringen Stückzahl des speziellen RECCE-Systems (Reconnaissance) im Bündnis, drängten vor allem die USA Deutschland dazu, die vorhandenen deutschen RECCE-Tornados gegen die Bundesrepublik Jugoslawien einzusetzen. Allerdings kann der Beitrag der Bundesrepublik an den Luftschlägen mit 438 im Vergleich zu insgesamt über 38000 Einsätzen als relativ gering eingeschätzt werden.[141] „Für die Bundesrepublik war dies jedoch völliges Neuland."[142] Damit fand erstmals seit Bestehen der Bundesrepublik Deutschland der Krieg als Mittel der Politik Eingang in das Regierungshandeln einer Bundesregierung. Deutschlands Beteiligung am Kosovo-Krieg kann auch als Zeichen des Wandels und der Anpassung deutscher Außen- und Sicherheitspolitik an die weltweit veränderten politischen Rahmenbedingungen verstanden werden.

3.1. Deutsche Macht und Interessen im internationalen System

Mit dem Wandel von einem bi- zu einem in den 90igern als unipolar zu bezeichnenden internationalen System, in dem die USA eine hegemoniale Position einnahmen, erfuhr auch Deutschland

[139] The Security Council of the United Nations: Resolution 1199. New York. 1998.

[140] Vgl. Reuter, Jens: Serbien und Kosovo – Das Ende eines Mythos. In: Clewing, Konrad / Reuter, Jens: Der Kosovo-Konflikt. Ursachen, Akteure, Verlauf. München. 2000. S.150-155; vgl. Loquai, Heinz: Der Kosovo-Konflikt – Wege in einen vermeidbaren Krieg. Baden-Baden. 2000. S.21-45; vgl. Schmierer, Joscha: Der Kosovo-Krieg 1999. In: Melčić, Dunja: Der Jugosslawien-Krieg. Handbuch zur Vorgeschichte, Verlauf und Konsequenzen. 2.Auflage. Wiesbaden. 2007. S.475-485.

[141] Vgl. Overhaus, Marco: Die deutsche NATO-Politik. Vom Ende des Kalten Krieges bis zum Kampf gegen den Terrorismus. Baden-Baden. 2009. S.224ff; vgl. Friedrich, 2005. S.93; Vgl. Lehmann, Kai: Der Luftkrieg der NATO und die deutsche Beteiligung am Einmarsch in das Kosovo 1999. In: Chiari, Bernhard: Kosovo. Wegweiser zur Geschichte. 3. Auflage. Potsdam. 2008. S.85-94.

[142] Friedrich, 2005: S.10.

durch die Wiedervereinigung auf ökonomischer als auch auf militärischer Ebene einen *moderaten* Machtzuwachs. Doch vor allem mit dem weitgehenden Wegfall der Schutzbedürftigkeit der Bundesrepublik, hervorgerufen durch das Ende des Ost-West-Konflikts, ergaben sich für Deutschland neue politische Handlungsmöglichkeiten.[143] Als Mitglied der EU nutzte die wiedervereinigte und souveräne Bundesrepublik Deutschland den Zeitpunkt aus, der eigenen Außenpolitik ein neues Profil zu verleihen, indem die Regierung im Jahr 1991 im Alleingang Slowenien und Kroatien als eigenständige Staaten anerkannte. Die heftige Kritik am deutschen Vorpreschen durch die europäischen Partner veranlasste Deutschland in den darauffolgenden Jahren, erneut an eine eher zurückhaltende und kontinuierliche Außenpolitik in der Region anzuknüpfen.[144]

Dagegen wurde die gegenüber der EU herausragende Machtposition der USA auf dem Balkan während der 90iger Jahre besonders deutlich. Als einzige auf der Welt verbliebene Supermacht orientierten sich sowohl die Konfliktparteien als auch die beteiligten europäischen Verhandlungspartner während der Kriege in der Region stets an den USA. Der EU, durch ihre geographische Nähe unmittelbar an ihrer Peripherie von den Kriegen betroffen, gelang es zwar, ihre internen Differenzen zugunsten politischer Handlungsfähigkeit weitgehend beizulegen. Jedoch brachte sie nicht die politische Kraft auf, einen eigenen politischen Willen während der Konflikte zu entwickeln. Federführend blieben weitgehend die USA.[145]

Mit Ausbruch der Krise und der ersten Kämpfe im Kosovo entstand 1998 eine internationale Kontaktgruppe, die umgehend Verhandlungen zwischen den Konfliktparteien einleiten sollte.[146] Deutschland richtete sich auf den Sitzungen der Kontaktgruppe zwar an der Haltung der USA aus, war aber auch bestrebt, zusätzlich das Serbien-orientierte Russland mit in eine gemeinsame Strategie einzubinden. Die deutsche Haltung war jedoch mit der serbischen Verweigerung, die UN-Resolution 1160 zu akzeptieren und die Drohungen der NATO zu ignorieren, immer schwieriger aufrecht zu halten. Als sich Russland schließlich weigerte, Maßnahmen gegen Belgrad zuzustimmen, ruderte die Bundesrepublik zurück und ließ zu, dass die Kontaktgruppe fortan ohne Russland verhandelte. Der folgende Vorschlag der deutschen Regierung für eine Konklave-Lösung nach dem Vorbild der Daytoner-Friedensverhandlungen in Bosnien-Herzegowina stieß bei den USA auf Ablehnung und wurde deshalb aufgegeben.[147]

---

[143] Vgl. Baumann, Reiner / Ritterberger, Volker / Wagner, Wolfgang: Macht und Machtpolitik. Neorealistische Außenpolitiktheorie und Prognosen über die deutsche Außenpolitik nach der Vereinigung. Zeitschrift für internationale Beziehungen. 6. Jg. Heft 2. Baden-Baden. 1999. S.273-277; vgl. Link, Werner: Die Neuordnung der Weltpolitik. Grundprobleme globaler Politik an der Schwelle zum 21. Jahrhundert. 3. Auflage. München. 2001. S.128-132.

[144] Vgl. Friedrich, 2005: S.25. & S.33.

[145] Vgl. Rupnik, Jacques: Die Welt im Balkanspiegel: das Agieren der Großmächte. In: Melčić, Dunja: Der Jugosslawien-Krieg. Handbuch zur Vorgeschichte, Verlauf und Konsequenzen. 2.Auflage. Wiesbaden. 2007. S.470; vgl. Hilz, Wolfgang: Europas verhindertes Führungstrio. Die Sicherheitspolitik Deutschlands, Frankreichs und Großbritanniens in den Neunzigern. München, 2005. S.372ff.

[146] Zur Balkan-Kontaktgruppe zählten: die USA, Russland, Großbritannien, Frankreich, Italien und Deutschland.

[147] Vgl. Friedrich, 2005: S.36ff.

Mit dem Regierungswechsel im Herbst 1998 forderten die USA von der neuen deutschen Regierung, sich bezüglich eines möglichen militärischen Einsatzes schnell zu entscheiden. In der daraufhin anberaumten außerordentlichen Bundestagssitzung vom 16. Oktober stimmten die Abgeordneten des deutschen Bundestages für einen NATO-Einsatz.[148] Damit wurde deutlich, dass sich die Bundesrepublik den sicherheitspolitischen Forderungen der USA außenpolitisch unterordnete. Es bestand für die neue noch unerfahrene rot-grüne Bundesregierung das Interesse, gegenüber den USA als ein glaubwürdiger handlungsfähiger Partner aufzutreten.[149] Für Deutschlands Außenpolitik während der diplomatischen Verhandlungen im Vorfeld des Kosovo-Konfliktes kann also festgehalten werden, dass Deutschland zwar versuchte, Einfluss auf die Gespräche zu nehmen, dabei jedoch kaum über eine unterstützende Rolle hinaus kam.[150]

Nach der Ende 1998 gescheiterten Verhandlungsinitiative zwischen US-Botschafters Richard Holbrooke und Präsident Slobodan Milošević begannen im Februar 1999 in Rambouillet auf Druck der Bundesregierung, die letzten internationalen Verhandlungen zur Lösung der Krise. Den Vorsitz der Konferenz übernahmen jedoch Frankreich und Großbritannien, während Deutschland „keinerlei maßgebliche Rolle zugedacht war“[151]. „Der weitgehende Ausschluss der Deutschen, die immerhin die europäische Ratspräsidentschaft innehatten und somit im Sinne der gemeinsamen Außen- und Sicherheitspolitik (GASP) eigentlich an führender Stelle hätten stehen müssen, wurde in Bonn als brüskierend empfunden.“[152] Die deutsche Politik wurde damit zum Zuhören und Abnicken »verdonnert«, worin noch das internationale Misstrauen gegenüber der deutschen rot-grünen und als eher friedenspolitisch orientierten Bundesregierung zum Ausdruck kam.[153]

Aber auch diese letzte Diplomatie-Initiative konnte den Krieg Ende März 1999 nicht mehr verhindern. Die Ausgrenzung Deutschlands während der Verhandlungen hatte zur Folge, dass Außenminister Joschka Fischer bereits während des Luftkriegs der NATO, nun als Vorsitzender der EU-Ratspräsidentschaft, entschlossen war, die EU in eine politische Lösung, dem sogenannten »Fischer-Plan«, in Zusammenhang mit einem 5-Punkte-Plan der NATO-Außenminister zur Beendigung der Gewalt und Abzug der serbischen Truppen aus dem Kosovo auf gesamteuropäischer Ebene einzubinden.[154] Dabei nutzte Fischer die Gelegenheit, die mit dem Friedensplan verbundenen Forderungen an die Bundesrepublik Jugoslawien auf Ebene der acht führenden Industrie-Staaten

[148] Vgl. Hofmann, Gunther: Wie Deutschland in den Krieg geriet. ZEIT-Dossier. In: Die Zeit. Hamburg. 1999; vgl. Haftendorn, 2001: S.416.
[149] Vgl. Hofmann, 1999.
[150] Vgl. Hofmann, 1999; vgl. Friedrich, 2005: S.48.
[151] Friedrich, 2005: S.71.
[152] Krause, 2000(a): S.113.
[153] Vgl. Haftendorn, 2001: S.417.
[154] Der »Fischer-Plan« sah in der ersten Stufe ein G8 – Treffen zur Vorbereitung einer UN-Resolution vor, die einen klaren Zeitplan für den Rückzug der serbischen Truppen im Kosovo regeln sollte. In der zweiten Stufe sollte sich dann der UN-Sicherheitsrat konkret mit der Kosovo-Problematik beschäftigen und in Stufe drei die getroffenen Beschlüsse umsetzen. Vgl. Krause, 2000(b): S.412-416; vgl. Overhaus, 2009: S.226ff.

(G8) zu heben, in der Deutschland zu diesem Zeitpunkt ebenfalls die Präsidentschaft inne hatte, um das von den westlichen Mächten ausgeschlossene Russland wieder in die Verhandlungen einzubinden und auf breiter multilateraler Ebene politisch Druck auf Milošević auszuüben. Am 3. Juni willigte die Bundesrepublik Jugoslawien ein, die Forderungen der G8 zu akzeptierten, woraufhin die NATO-Luftschläge eingestellt wurden.[155]

Das Bemühen der deutschen Regierung um eine diplomatische Lösung vor und während des Krieges war mit bestimmten deutschen Interessen verknüpft. So bestand aus Sicht Deutschlands die Befürchtung, dass sich mit der Eskalation des Konfliktes die gesamte Region destabilisiert und sich möglicherweise negativ auf die bevorstehende Osterweiterung der EU-Integrationspolitik ausgewirkt hätte. Innenpolitisch hätte man die Folgen eines großen Flüchtlingsstroms zu bewältigen gehabt. Das multilaterale Vorgehen der deutschen Außenpolitik diente aber auch dazu, die innenpolitische Legitimation einer militärischen Intervention zu erleichtern, zumal ein UN-Mandat für den Luftkrieg nicht durchsetzbar war. Darüber hinaus wollte man ein Großmachtstreben der Serben auf dem Balkan nicht zuzulassen und das bestehende Ordnungsmodell in Europa konsolidieren.[156]

Das deutsche diplomatische Vorgehen für eine friedliche Lösung im Kosovo steht damit auch in Übereinstimmung mit dem Rollenkonzept einer Zivilmacht. So lagen Deutschlands außenpolitische Schwerpunkte vor dem Krieg in einer zivilen Konfliktbeherrschung, um eine Eskalation hin zu einem Krieg zu verhindern. Aber auch nach Ausbruch des Krieges war es die Bundesrepublik, die entscheidende Impulse für die Beendigung des Krieges einleitete.[157] Damit brachte Deutschland klar zum Ausdruck, dass es bei den internationalen Verhandlungen mit mehr politischem Gewicht teilnehmen wollte, um seiner neu gewonnenen Verantwortung auch gerecht zu werden.[158] Gleichwohl muss man konstatieren, dass die Bundesrepublik Deutschland im Vorfeld des Krieges nur geringen Einfluss auf die Bewältigung der Krise nehmen konnte, weil die Vertrauensbasis der noch jungen rot-grünen Bundesregierung innerhalb der EU und zu den USA in Rambouillet noch nicht gefestigt war.[159]

---

155 Vgl. Krause, 2000(a): 115ff; vgl. Krause, Joachim: Deutschland und die Kosovo-Krise. In: Clewing, Konrad / Reuter, Jens: Der Kosovo-Konflikt. Ursachen, Akteure, Verlauf. München. 2000(b). S.412-416; Vgl. Friedrich, 2005: S.102.

156 Vgl. Kaiser, Karl /Krause Joachim: Deutsche Politik gegenüber dem Balkan. In: Kaiser, Karl /Krause Joachim: Deutschlands neue Außenpolitik. Band 3 Interessen und Strategien. Oldenbourg. 1996. S.177f; vgl. Krause, 2000(b): S.400; vgl. Busse, Nikolas: Die Entfremdung vom wichtigsten Verbündeten. Rot-Grün und Amerika. In: Maull, Hans / Harnisch, Sebastian / Grund, Constantin: Deutschland im Abseits. Rotgrüne Außenpolitik 1998 – 2003. Baden-Baden. 2003. S.22; vgl. Friedrich, 2005: S.89 & S.125f; vgl. Mahnke, Hans-Christian: Deutsche Außenpolitik zwischen Intervention und Nicht-Intervention. Die Erfahrungen im Kosovo und beim Entscheidungsprozeß zum Irak-Krieg. Saarbrücken. 2008. S.59; vgl. Sedlmayr: Die aktive Außen- und Sicherheitspolitik der rot-grünen Bundesregierung 1998-2005. Wiesbaden. 2008. S.168.

157 Vgl. Overhaus, Marco: Zwischen kooperativer Sicherheit und militärischer Interventionsfähigkeit. Rot-grüne Sicherheitspolitik im Rahmen von ESVP und NATO. In: Maull, Hans / Harnisch, Sebastian / Grund, Constantin: Deutschlands im Abseits. Rotgrüne Außenpolitik 1998 – 2003. Baden-Baden. 2003.S.53.

158 Vgl. Friedrich, 2005: S.128.

159 Vgl. Mahnke, 2008: S.56f.

Trotz »Ausgrenzung« vermied es Deutschland, den verbündeten Partnern bei der Konfliktbewältigung Steine in den Weg zu legen. Wichtig aber war die Aufgabe der »Scheckbuchdiplomatie«, die das Vertrauen und Verlässlichkeit in die Bundesrepublik als international glaubwürdiger Akteur noch während des 2. Golfkrieges erheblich gedämpft hatte. So gelang es der Bundesrepublik Deutschland durch diplomatisches Engagement und die Teilnahme an den NATO-Luftschlägen eine Vertrauensgrundlage zu schaffen.[160] Das wiedervereinigte und mächtigere Deutschland nutzte damit die Gelegenheit, durch eine Politik der Beständig- und Zuverlässigkeit zu verdeutlichen, dass man von nun an als ein gleichwertiger internationaler Partner auf Augenhöhe zu gelten habe. Dies auch besonders vor dem Hintergrund der als zivil- und friedensorientiert wahrgenommenen neuen rot-grünen Bundesregierung, die sich trotz des politischen Drucks der USA nicht davon abhalten ließ, kriegsbegrenzende Maßnahmen zu initiieren und die damit international zu einem neuen Profil gelangte.[161] „Um seinen eigenen Einfluss auf die Entwicklung im Bündnis und in der EU zu bewahren oder sogar weiter auszubauen zu können, sah sich die Bonner Regierung gezwungen, mehr internationale Verantwortung zu übernehmen und sich in diesem Sinne stärker militärpolitisch beim Krisenmanagement der NATO zu engagieren."[162] Diese Politik der zurückhaltenden Kontinuität enthielt die Möglichkeit international an Einfluss zu gewinnen, indem man sich zunächst unterordnete, um dann wahrgenommen zu werden und sein Ansehen zu verbessern.[163] Die deutsche Regierung verstand es dabei, eine nicht zu dominante Rolle in den Verhandlungen zum Kosovo-Konflikt einzunehmen, um international keine Gegenkräfte zu mobilisieren. Durch die dann mit den Bündnispartnern in Einklang gebrachte deutsche Außenpolitik bewies Deutschland während des Kosovo-Krieges, dass es als eine aufgeklärte Ordnungsmacht in Europa auftreten kann.[164]

3.2. Multilaterale Einbindung Deutschlands

Die Bundesrepublik Deutschland profilierte sich „in den neunziger Jahren, also zur Zeit ihres wachsenden außen- und sicherheitspolitischen Engagements, als die wohl entschiedenste Befürworterin der sogenannten Osterweiterung sowohl der Atlantischen als auch der europäischen Gemeinschaften"[165]. Während der Ausbau der EU auf ziviler Ebene Richtung Osten voranschritt, handelte die NATO gleichsam auf militärischer Ebene und behielt für Deutschland eine zentrale Stellung als Sicherheitsinstitution, „sowohl im Bereich der kollektiven Verteidigung als auch beim militärischen

[160] Vgl. Hacke, Christian: Die Außenpolitik der Bundesrepublik Deutschland. Von Konrad Adenauer bis Gerhard Schröder. 2.Auflage. Berlin. 2004(a). S.398; vgl. Schöllgen, Gregor: Der Auftritt. Deutschlands Rückkehr auf die Weltbühne. Berlin. 2004(a). S.80.
[161] Vgl. Haftendorn, 2001: S.388; vgl. Friedrich, 2005: 127.
[162] Theiler, Olaf: Die NATO im Umbruch. Bündnisreform im Spannungsfeld konkurrierender Nationalinteressen. Baden-Baden. 2003. S.284.
[163] Vgl. Harnisch, Sebastian / Maull, Hans: Germany as a Civilian Power? The foreign policy of the Berlin Republic. Manchester. 2001. S.110; vgl. Mahnke, 2008: S.50 & S.57.
[164] Vgl. Haftendorn, 2001: S.444f.
[165] Vgl. Schöllgen, 1999: S.218.

Krisenmanagement“[166]. Daraus ließ sich auch das multilaterale Vorgehen der Bundesrepublik während der Kosovo-Krise bis zum Kriegsende erklären, „d.h. hauptsächlich im Rahmen der Balkan-Kontaktgruppe, der Gemeinsamen Außenpolitik der EU (GASP) sowie zunehmend in der NATO“[167].

Denn das Krisenmanagement der westlichen Verhandlungspartner verlagerte sich aufgrund der eskalierenden Lage im Kosovo Anfang 1998 mehr und mehr in die NATO, die am 28. Mai auf dem NATO-Außenministerrats-Treffen in Luxemburg dazu beriet. Bereits zu diesem Zeitpunkt war es die Bundesrepublik Deutschland, die schon früh innerhalb des Bündnisses dazu aufforderte, etwaige Pläne für eine mögliche Intervention zu entwerfen.[168] Aber die NATO blieb nicht die einzige Institution, in der sich Deutschland zu Beginn der Krise engagierte. Auch innerhalb der Kontaktgruppe war es die Bundesrepublik, die stets versuchte, Russland an den Verhandlungstisch zu bringen und zu halten, das sich aufgrund guter Beziehungen zu Serbien als schwieriger Verhandlungspartner hervortat.[169] Darüber hinaus ergriff die Bundesregierung früh eine diplomatische Initiative und stellte in der Kontaktgruppe eine Konklave-Lösung hinsichtlich der Kosovo-Problematik vor, die jedoch aufgrund der ablehnenden Haltung der USA nicht durchsetzbar war.[170]

Die Bundesrepublik beharrte bis kurz nach dem Regierungswechsel auf einer militärischen Intervention der NATO im Kosovo mit UN-Mandat, um den Einsatz völkerrechtlich zu legitimieren.[171] Der UN-Sicherheitsrat verabschiedete zwar Ende September die UN-Resolution 1199, in der die Bedrohung für den Frieden und die Sicherheit in der Region festgestellt wurde. Als jedoch die Bundesregierung daraufhin eine klar formulierte Folgeresolution für eine militärische Intervention forderte, scheiterte diese Initiative an der ablehnenden Haltung der Vetomächte China und Russland.[172] Anfang Oktober, spätestens aber mit dem von Deutschland gegenüber den USA erbetenen und von diesen abgelehnten Entscheidungsaufschub, gab die gerade ins Amt gewählte neue Bundesregierung ihre Haltung auf, eine Militärintervention von einem UN-Mandat abhängig zu machen. Maßgebliche Begründung dafür war die Bekundung der Bündnissolidarität und die voraussichtliche Schwächung der Handlungsfähigkeit der NATO durch eine deutsche Enthaltung bzw. Nicht-Beteiligung.[173] Vor allem aber auch, weil Serbien damit gedroht hatte, eine deutsche Unentschlossenheit politisch ausnutzen zu wollen, was möglicherweise dazu geführt hätte, dass weitere NATO-Staaten von einer Intervention abgesehen hätten.[174]

---

[166] Overhaus, 2003: S.55.
[167] Krause, 2000(b): S.400.
[168] Vgl. Friedrich, 2005: S.40.
[169] Vgl. Hofmann, 1999; vgl. Haftendorn, 2001: S.414.
[170] Vgl. Friedrich, 2005: S.67.
[171] Vgl. Haftendorn, 2001: S.415; vgl. Friedrich, 2005: S.51.
[172] The Security Council of the United Nations: Resolution 1199. New York. 1998; vgl. Overhaus, 2009: S.232.
[173] Vgl. Friedrich, 2005: S.56.
[174] Vgl. Overhaus,. 2009. S.217.

Im folgenden Jahr war es wiederum die Bundesrepublik Deutschland, die den Anstoß für die Rambouillet-Konferenz gegeben hatte, auch wenn die Bundesregierung in den folgenden Gesprächen dann nur eine eher unterstützende Rolle einnahm. Insgesamt aber kann »Rambouillet« als letzter Versuch deutscher Diplomatie gewertet werden, eine friedliche Lösung im Kosovo-Konflikt herbeizuführen.[175] Als die Verhandlungen scheiterten, setzten Mitte März besonders die USA ihre europäischen Partner erfolgreich unter Entscheidungsdruck, woraufhin die NATO am 24. März mit Kampfflugzeugen die Bundesrepublik Jugoslawien angriffen.[176] Aber auch das Ende des Krieges wurde von deutscher Seite aus initiiert. So war der »Fischer-Plan«, eine Diplomatie-Initiative auf europäischer Ebene mit dem Ziel, ein Friedensabkommen mit Belgrad unter Einbeziehung Russlands zu erreichen.[177]

Damit entwickelte sich Deutschland während der Krise und besonders während des Krieges zum »diplomatischen Schrittmacher«, der stets auf multilateraler Ebene versucht hatte, auf dem Verhandlungswege eine friedliche Konfliktlösung zu finden, auch wenn der deutsche internationale Einfluss bei den Partnern nicht immer Gehör fand.[178] „Es hatte deutlich gemacht, dass Deutschland über den Machtwechsel hinweg zu seinen wesentlichen Verbündeten stehe, es hatte erstmals in größerem Umfang auch Kampfeinsätzen der Bundeswehr im Rahmen der NATO-Intervention zur Friedenserzwingung zugestimmt und dadurch mitgeholfen, eine neue Welle ethnischer Säuberungen in Ex-Jugoslawien zu verhindern; und es hatte wesentlich dazu beigetragen, Russland für einen Plan zur politischer Beendigung der Kampfhandlungen zu gewinnen und damit Voraussetzungen für die Kapitulation Serbiens zu schaffen."[179] Der Versuch Russland so oft wie möglich politisch einzubinden, galt auch immer dem Ziel über den UN-Sicherheitsrat eine Möglichkeit der Streitbeilegung oder einer Legitimierung durch ein UN-Mandat zu ermöglichen. Die Bundesrepublik ließ jedoch trotz aller Vermittlungsversuche eine nicht völkerrechtlich legitimierte Intervention zu. Damit war ihr die Handlungsfähigkeit der NATO wichtiger als die Einbindung der UN, obwohl der Bundesregierung daran gelegen war, den Einfluss der UN zu stärken.[180] Prinzipiell aber eröffnete erst die deutsche Interventionsteilnahme und die dadurch gewonnene Einflussmöglichkeiten einen gangbaren Weg auf internationaler Ebene eine Konfliktlösung unter Einbeziehung der EU und der G8 herbei zu führen.[181] So konnte die Bundesrepublik Deutschland sowohl die EU und die G8 als multilaterale Institutionen in die politische Geschehnisse mit einbinden und damit zur Entwicklung der

[175] Vgl. Hofmann, 1999; vgl. Friedrich, 2005: S.78.
[176] Vgl. Freidrich, 2005: S.82ff.
[177] Vgl. Haftendorn, 2001: S.418; vgl. Krause, 2000(b): S.412ff; vgl. Friedrich, 2005: S.101ff.
[178] Vgl. Hacke, 2004(a): S.470.
[179] Maull, Hans: Editorial: Deutschland auf Abwegen? In: Maull, Hans / Harnisch, Sebastian / Grund, Constantin: Deutschland im Abseits. Rotgrüne Außenpolitik 1998 – 2003. Baden-Baden. 2003. S.8.
[180] Vgl. Hacke, 2004(a): S.485; vgl. Harnisch, 2004: S.19.
[181] Vgl. Overhaus, 2009: S.251.

GASP beitragen als auch Russland zu Zugeständnissen zu bewegen, auch wenn dies erst während des Krieges gelang.[182]

Die Grundsatzentscheidung der neuen Bundesregierung an außenpolitischer Kontinuität festzuhalten, innerhalb multilateraler Institutionen Konfliktmanagement zu betreiben, diplomatische Mittel auszuschöpfen, schließlich jedoch im Rahmen der NATO, ohne UN-Mandat, an einem Krieg gegen Serbien teilzunehmen, wog zwar schwer, eröffnete aber auch Einflussmöglichkeiten, die bei einer Interventionsverweigerung nicht möglich gewesen wären.[183] „Der strikte Multilateralismus war weiterhin das charakteristische Element, wobei die anhaltende Schwerpunktverlagerung weg vom EU-Rahmen hin zur Ad-hoc Kontaktgruppe für die traditionelle deutsche Politik der Selbsteinbindung in *dauerhafte* multilaterale Strukturen Neuland war."[184] Trotz zurückhaltender Politik gegenüber den Bündnispartnern, traten die Bundesregierungen während der Krise und des Krieges im Kosovo stets (multilateral) vermittelnd auf.[185]

3.3. Deutsche Wirtschaftsinteressen

Noch während des 2. Golfkrieges konzentrierte sich die deutsche Politik vorwiegend auf den Wiedervereinigungsprozess und den Abschluss des 2+4-Vertrages. Zwar beteiligte sich Deutschland nicht aktiv an der militärischen Intervention im Irak, leistete aber, wie schon oft in der Vergangenheit, einen »deutschen Beitrag« in Form von finanzieller Unterstützung.[186] Diese sogenannte »Scheckbuchdiplomatie« führte zu erheblich höheren Kosten als jene, die im Falle einer Interventionsbeteiligung aufzubringen gewesen wären. Aufwendungen, denen sich die Bundesrepublik durch eine Beteiligung am NATO-Einsatz im Kosovo entziehen konnte. Aus wirtschaftlicher Sicht kann unter diesem Gesichtspunkt festgehalten werden, dass die multilateral eingebundene Bundesrepublik Deutschland durch Verweigerung militärischer Mittel nicht aus den Bündnisverpflichtungen entlassen ist. Vielmehr wird dann sofort an die Bündnissolidarität der Deutschen appelliert und zur finanziellen Unterstützung aufgerufen. Insgesamt ist aus ökonomischer Hinsicht durchaus abzuwägen, auf welche Weise Deutschland den Bündnisverpflichtungen nachkommt. „Aus rein rationaler Sicht einer Kostenminimierung war demnach eine Beteiligung am Kosovo-Krieg für Deutschland günstiger als eine Nichtbeteiligung."[187]

Weitere wirtschaftliche Kosten, die es abzuwenden galt, konnten in der Ausweitung von Krisen und Kriegen auf dem Balkan gesehen werden. Der Zerfall des ehemaligen Jugoslawiens destabili-

---

[182] Vgl. Krause, 2000(a): S.119; vgl. Harnisch, 2001. S.109f.
[183] Vgl. Friedrich, 2005: S.127.
[184] Hilz, 2005: S.366.
[185] Vgl. Overhaus, 2009: S.246.
[186] Vgl. Schöllgen, 1999. S.202-208; vgl. Staack, Michael: Handelsstaat Deutschland. Deutsche Außenpolitik in einem internationalen System. Paderborn. 2000. S.468-476.
[187] Mahnke, 2008: S.64.

sierte eine ganze Region innerhalb Europas. Vom wirtschaftlichen Standpunkt aus betrachtet, bildet der Balkan als Teil Europas damit einen Schlüssel für wirtschaftliche Stabilität der EU an ihrer Peripherie.[188] Deutschland als Antreiber der europäischen Integration besaß daher auch aufgrund geographischer Nähe das Interesse, politischen und wirtschaftlichen Instabilitäten entgegen zu wirken, um den Integrationsprozess der EU und die eigene Wohlfahrt nicht zu gefährden. In diesem Zusammenhang war auch die vom Krieg ausgehende Flüchtlingsproblematik zu betrachten. Deutschland, ein damals von Flüchtlingen favorisierter Staat, musste befürchten, dass aufgrund der von den Serben ausgehenden Vertreibungen der Kosovo-Albaner, massive Flüchtlingsströme zu bewältigen gewesen wären, ebenfalls verbunden mit erheblichen Kosten.[189] „Aus dem einfachen Grund der Kosten im eigenen Land liegt demnach die Stabilität der Region im deutschen Interesse und somit auch das Engagement einer politischen Lösung."[190]

Insgesamt kann festgestellt werden, dass wirtschaftliche Erwägungen Deutschlands bei der Entscheidung zur Teilnahme am Kosovo-Krieg durchaus eine Rolle gespielt haben können, insbesondere vor dem Hintergrund der europäischen Integration und dem weiteren Ausbau der EU in Richtung Osten. Denn die Bundesrepublik als Motor der europäischen Integration war bereit, mehr internationale Verantwortung zu übernehmen und die im GG verankerte Präambel zur Umsetzung einer europäischen und weltweiten Friedensordnung in die Tat umzusetzen. In diesem Zusammenhang kann von einer Anpassung deutscher Außenwirtschaftspolitik gesprochen werden, die einer friedenspolitischen Grundordnung als Voraussetzung für eine florierende Wirtschaft in Europa, zu Grunde liegt.[191] „Nicht nur politisch, sondern auch die zukünftige Wirtschaftsordnung sollte so durch deutsche Hand auch im Sinne deutscher Interessen geformt werden."[192] So sollte beispielsweise der in diesem Zusammenhang für Südosteuropa vorgesehene Stabilitätspakt, der auf politische Stabilität und wirtschaftlichen Wohlstand abzielte, die Balkanregion enger an EU-Strukturen anbinden und damit dazu beitragen, die allgemeine Wirtschaftskraft Europas zu stärken.[193]

---

[188] Vgl. Daalder, Ivo / O'Hanlon: Winning Ugly. NATO's War to Save Kosovo. Washington D.C. 2000. S.12; vgl. Thiele, Ralph: Winning War and Peace. In: AICGS German Issues. Baltimore. 2002. S.244.

[189] Vgl. Friedrich, Wolfgang: Kosovo and the Evolution of German Foreign Policy in the Balkans. In: Friedrich, Wolfgang / Ischinger, Wolfgang, Scharping, Rudolf: Legacy of Kosovo: German Politics and Policies in the Balkan. German Issues 22. American Institute for Contemporary German Studies. Baltimore. 2000. S.3ff.

[190] Mahnke, 2008: S.66.

[191] Vgl. Staack, 2000: S.463ff.

[192] Mahnke, 2008: S.62.

[193] Vgl. Stability Pact for South Eastern Europe. Constitutent Document. Köln. 1999. http://www.stabilitypact.org/constituent/990610-cologne.asp (20.10.11); vgl. Riedel, Sabine: Stabilitätspakt für Südosteuropa? In: Albrecht, Ulrich / Schäfer, Paul: Der Kosovo-Krieg. Fakten – Hintergründe – Alternativen. 2. Auflage. Köln. 1999. S.202; vgl. Wittkowsky, Andreas: Der Stabilitätspakt für Südosteuropa und die „führende Rolle" der Europäischen Union. In: Aus Politik und Zeitgeschichte: EU – Südosteuropa. B 29-30. Bonn. 2000; vgl. Calic, Marie-Janine: Der Stabilitätspakt für Südosteuropa. Eine erste Bilanz. In: Aus Politik und Zeitgeschichte: Südosteuropa – Türkei – Naher Osten. B 13-14. Bonn. 2001. S16.

3.4. Deutsche außenpolitische Kultur

Die deutsche außenpolitische Kultur durchlief während des Kosovo-Kriegs, vor allem im Bereich der Sicherheitspolitik, einen deutlichen Wandel.[194] Trotz umfassender multilateraler Einbindung zur Konfliktbewältigung durch die internationale Kontaktgruppe, der NATO und der EU herrschte zwar grundsätzlich Zurückhaltung in der deutschen Diplomatie, was den aktiven Einsatz militärischer Mittel anbelangt.[195] Mit der Auflösung der Blockkonfrontation des Kalten Krieges waren jedoch die damit verbundenen außenpolitischen Restriktionen der Bundesrepublik Deutschland prinzipiell weggefallen. Dadurch entwickelte sich Anfang der 90iger Jahre nach der Wiedervereinigung eine kontroverse Debatte über den Einsatz von Streitkräften außerhalb des eigenen Territoriums, mit dem Verfassungsgerichtsurteil von 1994 als Höhepunkt dieser außenpolitischen Neuausrichtung. „Eine wichtige Änderung war die deutsche Bereitschaft, sich verstärkt außerhalb des NATO-Bereichs zur Friedenssicherung und Friedenserzwingung militärisch zu engagieren."[196] So hielten es die Deutschen für richtig, dass ihr eigenes Land in der Welt mehr Einfluss haben und mehr Verantwortung übernehmen sollte, wodurch die Bereitschaft zum Einsatz von Militär in Deutschland gestiegen war.[197]

Daher kann die Grundsatzentscheidung zur Beteiligung an den Luftschlägen der NATO einerseits als »Kontinuität« deutscher Außenpolitik gewertet werden. Denn Deutschland hatte stets multilateral versucht, auf diplomatischem Wege den Konflikt zu lösen, war jedoch auch bereit, im Rahmen der Bündnissolidarität einen Teil der internationalen Verantwortung zu übernehmen.[198] In der strategischen Kultur aber überwog andererseits während der gesamten Krise die grundsätzliche Skepsis gegenüber einem Militäreinsatz, was letztlich, auf dem Hintergrund einer auf außenpolitische Zurückhaltung ausgerichteten Nachkriegsgesellschaft, ebenfalls als ein Element der »Kontinuität« wahrgenommen werden kann.[199]

Die deutsche Teilnahme an der OAF kann andererseits aber auch als Prüfstein deutscher Außenpolitik im Sinne des Wandels hin zur »Normalität« gesehen werden. „[T]his war was a "coming of age" for a Germany ready and anxious to finally put the burdens of the past behind it."[200] So galt die übernommene Verantwortung und aktive Teilnahme als das Abstreifen der durch die Vergangenheit belasteten Politik der Zurückhaltung. Zwar geriet Deutschland während der Rambouillet-Verhandlungen ins politische Hintertreffen und wurde daher von Frankreich, Großbritannien und

---

[194] Vgl. Maull, 2001: S.658.
[195] Vgl. Friedrich, 2005: S.70.
[196] Haftendorn, Helga: Deutsche Außenpolitik zwischen Selbstbeschränkung und Selbstbehauptung. 1945 – 2000. Stuttgart. 2001. S.443.
[197] Vgl. Maull, 2001: S.655f.
[198] Vgl. Maull, 2001: S.659f & S.661; vgl. Friedrich, 2005: S.125ff.
[199] Vgl. Maull, 2001: S.660.
[200] Daalder, 2002: S.163.

den USA politisch ein wenig außen vorgelassen. Aber bereits die deutsche Diplomatie-Initiative während der EU-Ratspräsidentschaft mit dem »Fischer-Friedensplan« hingegen verdeutlichte die Konzentration auf die europäische Integration innerhalb der deutschen außenpolitischen Kultur und wies damit auf einen selbstbewussten Wandel in der eigenen Politik hin.[201]

„Die außenpolitische »Kultur der Zurückhaltung« als eines der kennzeichnenden Merkmale des außenpolitischen Stils der »Zivilmacht« Bundesrepublik wurde insofern abgeschwächt, ohne dass dieser sich jedoch im Kern wirklich verändert hätte."[202] Bundeskanzler Schröder kommentierte diesen Sachverhalt während des Krieges wie folgt: „Ich würde in Zusammenhang mit militärischer Gewalt nie von Normalität sprechen. Es ist schon eine fundamentale Veränderung der deutschen Außenpolitik, aber die hat auch etwas mit einer erwachsener gewordenen Nation zu tun."[203] Nach dem Krieg stellte er fest, „daß die Entscheidung zum Krieg eine fundamentale Veränderung der deutschen Außen- und Sicherheitspolitik bedeutet hat."[204] Zusammenfassend lässt sich festhalten: Die politischen Akteure auf der Bühne deutscher Außenpolitik waren bestrebt, den Anforderungen einer weltweit dynamischer ablaufenden Außenpolitik zu genügen, ohne dabei das Spannungsfeld zwischen politischen Erfordernissen, Erwartungshaltung der Bündnispartner und gesellschaftlicher Neuorientierung aus den Augen zu verlieren. Damit wurde der Grundstein für eine Neuausrichtung der außenpolitischen Kultur gelegt.

3.5. Politische Konkurrenz innerhalb Deutschlands

Mit der aufkommenden politischen Debatte über die (Neu)Ausrichtung der deutsche Außen- und Sicherheitspolitik nach der Wiedervereinigung formulierten die verschiedenen großen deutschen Parteien unterschiedliche Standpunkte. Besonders deutlich wurde dies in Hinblick auf einen erweiterten Sicherheitsbegriff, die damit verbundene Einbindung in internationale Institutionen und die sich daraus ergebende höhere Einsatzwahrscheinlichkeit der Bundeswehr im Ausland. Während die CDU, die FDP und auch teilweise die SPD einen erweiterten Sicherheitsbegriff, der auch militärische Interventionen im Rahmen von internationalen Institutionen miteinschloss, in ihre Positionen aufnahmen, setzten die Bündnis90/die Grünen eher auf politische Prävention als Instrument zur Erzeugung von Sicherheit. Die damalige PDS vertrat den Standpunkt, dass Sicherheit nur durch internationale Gleichberechtigung zu erreichen sei. Bezüglich der internationalen Institutionen nahm die NATO als Sicherheitsgarant bei der CDU einen hohen Stellenwert ein, während die UN nur wenig Beachtung fanden. Die SPD bekannte sich zwar auch zur NATO, betonte dabei jedoch den Multilateralismus im Rahmen der UN. Die FDP wiederum setzte ihren Fokus auf den Ausbau

[201] Vgl. Maull, 2001: S.656f.
[202] Ebd. S.659.
[203] Schröder, Gerhard: Ich bin kein Kriegskanzler. Interview in Der Spiegel. Heft 15. Hamburg. 1999. S.34.
[204] Schröder, Gerhard: Ohne freudige Gefühle. Interview in Der Spiegel. Heft 23. 1999. S.33.

der EU als Sicherheitsinstitution, sah es aber als zwingend erforderlich, dass sicherheitspolitische Maßnahmen auf internationaler Ebene stets rechtlich durch die UN abgesichert sein müssen. Die Grünen nahmen bis zum Regierungswechsel 1998 eher eine skeptische bis ablehnende Haltung zur NATO ein und hoben die UN als die wichtigste internationale Institution hervor. Auch die PDS stellten die UN als einzige Sicherheitsinstitution heraus und lehnte die NATO strikt ab. Befürworter von Auslandseinsätzen der Bundeswehr waren in den Reihen der CDU und FDP zu finden. In der SPD hingegen fand sich ein breites Spektrum vom Befürworter bis hin zum Gegner. Die Grünen lehnten Auslandeinsätze für Deutschland eher ab, während die PDS dies strikt tat.[205]

Vor der Krise im Kosovo proklamierte die damalige Opposition und spätere Bundesregierung eine Außen- und Sicherheitspolitik der Kontinuität, wobei die SPD als berechenbarer und zuverlässiger Partner im Rahmen internationaler Institutionen gelten wollte und die Grünen eine Politik der Kontinuität mit Verweis auf die deutsche Vergangenheit als Priorität für das eigene Land ansahen.[206] Während der Kosovo-Krise 1998 sollte dann jedoch vor allem die damalige Opposition und künftige Regierung einen Wandel ihrer sicherheitspolitischen Grundhaltung durchmachen. Dabei machte besonders die SPD den Weg frei für deutsche Auslandseinsätze im Rahmen von UN-Friedensmissionen, obwohl sie wie die Grünen noch Mitte der 90iger Jahre die Auslandseinsätze, wie beispielsweise in Bosnien, mit Verweis auf die deutsche Vergangenheit eher ablehnten.[207] So wurde von Seiten der SPD, trotz intensiver Diskussion über die rechtliche Grundlage eines Einsatzes, im August bekannt gegeben, dass man sich wie die CDU und FDP zu einer militärischen Intervention im Kosovo durchringen könnte, aber nur, wenn dies im Rahmen der UN geschehe.[208] Als es dann zum Regierungswechsel kam, erhob die neue Regierungskoalition zwischen SPD und Grünen einen hohen Anspruch an ihre Außen- und Sicherheitspolitik: Friedenspolitik, zivile Krisenprävention, internationale Rechtsordnung und das Bekenntnis zu den UN sollten die Leitlinien der neuen Regierung darstellen.[209] Als dann aber in Übereinstimmung mit der neuen Regierung das alte Kabinett kurz nach der Wahl über einen Antrag für eine mögliche deutsche Beteiligung an einem NATO-Einsatz im Kosovo im Bundestag stellte, wurde schnell klar, dass eine solche Politik nicht zu verwirklichen war. Zudem waren die Parteien seinerzeit zerstritten, wer in diesem Fall eine Entscheidung zu fällen bzw. zu verantworten habe.[210] Erklärbar wird diese scheinbar sprunghafte Politik dadurch, dass man sich während des Wahlkampfes kaum mit der Kosovo-Krise beschäftigt hatte und nicht auf die Ergebnisse einer vorher intensiv geführten Strategiedebatte zurückgreifen konn-

---

[205] Vgl. Katsioulis, Christos: Deutsche Sicherheitspolitik im Parteiendiskurs: Alter Wein in neuen Schläuchen. In: Harnisch, Sebastian / Katsioulis, Christos / Overhaus, Marco: Deutsche Sicherheitspolitik. Eine Bilanz der Regierung Schröder. Baden-Baden. 2004. S.227-252.

[206] Vgl. Sedlmayr,2008: S.44f.

[207] Vgl. Schöllgen, 2004(a): S.80f; vgl. Mahnke, 2008: S.68.

[208] Vgl. Krause, 2000(b): S.406; vgl. Friedrich, 2005: S.47.

[209] Vgl. Krause, 2000(a): S.109; vgl. Friedrich, 2005: S.49f.

[210] Vgl. Friedrich, 2005: S.52.

te.[211] Kurze Zeit später, am 16. Oktober, bestätigte der Bundestag den Schwenk der einstigen Oppositionsparteien, in dem einer deutschen Beteiligung an einem NATO-Luftangriff zugestimmt und, mit Ausnahme der PDS, eine hohe Zustimmung in allen Parteien hindurch erlangt wurde.[212]

Diese wandlungsfähige Politik der neu gewählten rot-grünen Bundesregierung ist auch auf eine gewisse Aufbruchsstimmung zurückzuführen. Denn beide Parteien standen sowohl auf internationaler als auch auf innenpolitischer Ebene unter enormen Druck. Auf beiden Ebenen galten SPD und die Grünen als unerfahren und kompetenzlos. Die neue Bundesregierung hatte einer deutschen Beteiligung auch deshalb zugestimmt, um außenpolitische Akzeptanz zu gewinnen, innenpolitische Handlungsfähigkeit zu beweisen und sich nicht der Kritik der Opposition auszusetzen.[213] Die neue Bundesregierung musste daher die zurückhaltende und verzögernde Balkanpolitik der 90iger Jahren zugunsten einer auf der Bündnissolidarität ausgerichteten Politik aufgeben und hatte sich damit schnell an die aktuelle außenpolitische Lage angepasst.[214] „Wohl kaum zuvor in der jüngeren Geschichte der Bundesrepublik haben Parteien ihre außen- und sicherheitspolitischen Positionen innerhalb so kurzer Zeit grundlegend geändert.“[215]

Als die Lage im Kosovo eskalierte und es dann zum Krieg kam, spielte, mit Ausnahme der PDS, die Opposition eine konstruktive Rolle im politischen Tagesgeschäft, stellte sich hinter die Bundesregierung und begründete auf breiter politischer Ebene, dass die militärische Intervention zur Abwendung einer humanitären Katastrophe diene.[216] Während die SPD vorerst auf dem eingeschlagenen Kurs der militärischen Intervention blieb, war es besonders für Joschka Fischer als Außenminister und Parteichef nicht einfach, die eigene Partei mit ihren pazifistischen Wurzeln weiterhin für den NATO-Angriff zu gewinnen, zumal immer wieder die Rede davon war, auch Bodentruppen einzusetzen und der Krieg länger währte als vorausgesehen. Diese Lageverschärfungen entfachten in der deutschen Parteienlandschaft zum Teil heftige Kritik, die bei den Gründen besonders deutlich zum Ausdruck kam.[217] Eng mit der deutschen Friedensbewegung verbunden, gingen die Grünen während der gesamten Krise den weitaus schwierigsten Weg. Ohne Regierungsverantwortung hätten sie wohl gegen einen Militäreinsatz gestimmt und so war es Fischer, als Außenminister und Parteichef, der die pazifistischen Teile seiner Partei von der neuen Realpolitik überzeugen musste. Auf

[211] Vgl. Maull, 2003: S.7; vgl. Friedrich, S.47ff; in umfangreichen Analysen zum Bundestagswahlkampf im Jahr 1998 wird das Thema Kosovo-Krise nicht explizit benannt. vgl. hierzu Bergmann, Knut: Der Bundestagswahlkampf 1998. Vorgeschichte, Strategien, Ergebnis. Wiesbaden. 2002; vgl. Klingelmann, Hans-Dieter / Kaase, Max: Wahlen und Wähler. Analysen aus Anlass der Bundestagswahl 1998. Wiesbaden. 2001.

[212] Vgl. Friedrich, 2005: S.55.

[213] Vgl. Schwab-Trapp, Michael: Kriegsdiskurse. Die politische Kultur des Krieges im Wandel. 1991-1999. Opladen. 2002. S.280; vgl. Hacke, 2004(a): S.436ff;

[214] Vgl. Hacke, 2004(a): S.469; Vgl. Kleemann, Benjamin: Auslandseinsätze im Parteienstreit. In: Kleinwächter, Lutz / Krämer, Raimund: Militärmacht Deutschland? Zur aktuellen Debatte um Auslandseinsätze. WeltTrends-Papiere | 5. Potsdam. 2007. S.69.

[215] Friedrich, 2005: S.56.

[216] Vgl. Harnisch, 2001: S.113f; vgl. Friedrich, 2005: S.87f; vgl. Kleemann, 2007: S.70.

[217] Vgl. Krause, 2000(b): S.415, vgl. Friedrich, 2005: S.97 & S.113ff.

dem während des Krieges stattfindenden Parteitag konnte sich Fischer mit moralisierenden Argumenten gegenüber den Großteil seiner Partei durchsetzen und punktete anschließend mit dem »Fischer-Plan« zur Kriegsbeendigung[218]: „Ein ganzes Volk zum Kriegsziel zu nehmen [...]. Dies bezeichne ich als eine verbrecherische Politik. [...] Wir haben die fünf Punkte vorgeschlagen und durchgesetzt. Wir haben einen Friedensplan, [...] der mittlerweile [...] die Grundlage der G 8 ist, durchgesetzt. Wir haben darauf gesetzt, den Vereinten Nationen endlich wieder eine entscheidende Rolle zukommen zu lassen."[219]

Die politische Konkurrenz, hier besonders die beiden neu gewählten Regierungsparteien, stand während der gesamten Krise vor dem Dilemma, Ideale, wie z.B. Menschenrechte, zu verteidigen, dabei aber am liebsten auf militärische Mittel verzichten zu wollen.[220] Zusammenfassend lässt sich feststellen: Mit der Übernahme von Regierungsverantwortung vermied die neue rot-grüne Bundesregierung eine innerpolitische Zerreißprobe, indem 1998 im Bundestag für eine mögliche militärische Beteiligung geworben und bei Kriegsbeginn der politische Kurs gehalten wurde. Die moralische Verpflichtung zur Vermeidung eines Völkermordes trug in den Parteien erheblich dazu bei, das Militär zum Instrument der Politik zu machen.[221] Gleichzeitig boten die Regierungsparteien der Opposition kaum Angriffsfläche, da ihre Position für eine militärische Intervention, mit Ausnahme der PDS, parteiübergreifend war und damit eine kritische innerpolitische Debatte über eine Nicht-Beteiligung vermieden wurde. Der damit geschaffene überparteiliche Konsens ermöglichte der Regierung, eine militärische Beteiligung an der NATO-Intervention politisch durchzusetzen.[222]

3.6. Öffentliche Meinung in Deutschland

Schon zu Beginn der 90iger Jahre, während des Golf-Kriegs und der Kriege in Jugoslawien, durchlief die deutsche Öffentlichkeit im Hinblick auf Auslandseinsätze der Bundeswehr einen Lernprozess, der in einem eher zustimmenden öffentlichen Meinungsbild mündete. Eine bemerkenswerte Entwicklung war dies auch deshalb, weil die Bundeswehr bis zum Kosovo-Krieg keine aktiven Militäreinsätze durchgeführt hatte und sich dieses militärische Spektrum deutscher Außenpolitik im Bewusstsein der Öffentlichkeit noch nicht verankern konnte. „Die Meinungsprofile der Elite und der Bevölkerung insgesamt zeigen [jedoch], dass durch [...] Diskussions- und Konsensbildungsprozesse die Veränderungen der deutschen Sicherheitspolitik vom demokratischen Souverän verstanden, nachvollzogen und mehrheitlich gebilligt wurde."[223] Dieser öffentliche Konsens

[218] Vgl. Joetze, Günter: Der letzte Krieg in Europa? Das Kosovo und die deutsche Politik. München 2001: S.133ff; vgl. Harnisch, 2001. S.112f; vgl. Hacke, 2004(a): S.470; vgl. Mahnke, 2008: S.69f.
[219] Frischer, 2008: S.228.
[220] Vgl. Hilz, 2005: S.367.
[221] Vgl. Maull, 2003: S.21f; vgl. Hacke, 2004(a): S.471; vgl. Friedrich, 2005: S.128.
[222] Vgl. Schwab-Trapp, 2002: S.347.
[223] Maull, 2001: S.658.

bestätigte sich während der Eskalation des Kosovo-Krieges und führte zu einer Zustimmung zur NATO-Intervention.[224]

Als ein Grund hierfür kann die intensive Pressearbeit der Regierung gesehen werden. Die Bundesregierung war bemüht, den Krieg als humanitäre Katastrophe zu moralisieren und versuchte, mit Hinweis auf die deutsche Vergangenheit an das Verantwortungsgefühl der Deutschen zu appellieren. Besonders während der täglichen Pressekonferenzen des Verteidigungsministers Rudolf Scharping wurde das Erfordernis des Einsatzes herausgestellt und zum großen Teil mit moralischen Argumenten untermauert.[225] „Die Folge dieser moralisierenden Argumentation war, daß das Gesamtbild der deutschen Motivlage, bei der die Bündnissolidarität und die Flüchtlingsfrage eine mindestens ebenso wichtige Rolle spielten wie der humanitäre Aspekt, bisweilen aus den Blick geriet."[226] So war eine Mehrheit der deutschen Bundesbürger der Auffassung, „daß die Intervention der NATO aus humanitären Gründen gerechtfertigt sei"[227]. Weitere Meinungsumfragen im April 1999 bestätigten dieses Bild.[228]

Die hohe Salienz, basierend auf moralischen Appellen zur Übernahme von Verantwortung, führte zu einer intensiveren Auseinandersetzung mit dem Krieg. Gleichzeitig bildete sich ein gegenüber dem Einsatz positiv eingestimmter hoher öffentlicher Konsens, der für die Politik als unterstützendes Element zur Umsetzung ihrer Außenpolitik gewertet werden konnte. Die Regierung hatte gegenüber der Bevölkerung keine Schwierigkeiten, die grundlegende Legitimation des Einsatzes zu verdeutlichen. Dadurch erweiterte sich ihr politischer Handlungsspielraum. Zudem besaß die neue rot-grüne Regierung einen gewissen Legitimitätsbonus in der Öffentlichkeit, die sich bisher stets gegen den aktiven Einsatz von Militär ausgesprochen hatte. Eine erstaunliche Entwicklung, zumal sich beide Regierungsparteien vor Aufnahme der Regierungsgeschäfte vehement gegen den Einsatz der Bundeswehr im Ausland ausgesprochen hatten.[229] Obwohl eine Bundestagswahl als institutionalisierte Einflusschance unmittelbar während der Eskalation des Krieges stattfand, spielte das Thema Kosovo im Wahlkampf für die Bundestagswahl 1998 kaum eine Rolle.[230]

3.7. Bundeskanzler

Für die Analyse der Entscheidung zur Entsendung deutscher Streitkräfte in den Kosovo-Krieg und den Einfluss des Bundeskanzlers darauf, müssen, wie auch im folgenden Abschnitt über den

[224] Vgl. Harnisch, 2001. S.115; vgl. Maull, Hans: German foreign policy, Post-Kosovo: Still a 'civilian power?' In: Germany Politics. International Association for the Study of German Politics. Volume 9. Issue 2. Potsdam. 2000. S.10.
[225] Vgl. Schwab-Trapp, 2002: S.292; vgl. Friedrich, 2005: S.94.
[226] Friedrich, 2005: S.129.
[227] Ebd. S.88.
[228] Der Spiegel: Ernstfall für Schröder. Heft 13. Hamburg. 1999. S.26; Der Spiegel: Popularität in Zeiten des Krieges. Heft 21. Hamburg. 1999. S.28; vgl. Friedrich, 2005: S.95f.
[229] Vgl. Schwab-Trapp, 2002: S.291.
[230] Vgl. Friedrich, 2005: S.47ff.

Außenminister, zwei Personen betrachtet werden, da aufgrund des Regierungswechsels 1998 Helmut Kohl wie auch Gerhard Schröder mit dem Konflikt im Kosovo als Bundeskanzler konfrontiert wurden. Der Schwerpunkt soll hier jedoch auf Schröder liegen, der letztendlich die Entscheidung für den Einsatz deutscher Streitkräfte als Bundeskanzler mitentschied und verantwortete.

Kohl hielt sich während der Krise bedeckt, schloss jedoch, nachdem er noch im Juni eine UN-Resolution des Sicherheitsrates für ein Eingreifen forderte, im August 1998 auch nicht mehr aus, dass ein militärisches Vorgehen der NATO gegen die Bundesrepublik Jugoslawien auch ohne UN-Mandat notwendig sein könnte und unterstrich damit die allgemeine politische Meinung der noch bestehenden Regierungsparteien zu diesem Thema. So kann die Krisen-Politik Kohls gegenüber den Bündnispartnern der Kontaktgruppe als eher reaktiv bezeichnet werden und soll hier daher nicht weiter erläutert werden.[231]

Auf Schröder hingegen kam die undankbare Aufgabe zu, auf Druck der USA noch während des Regierungswechsels eine Entscheidung zu treffen, ob Deutschland sich an einem möglichen Luftschlag beteiligt oder nicht. Vom designierten Kanzler wurde nach Gesprächen in Washington gefordert, noch im Oktober zu entscheiden. Schröders Bitte um etwas Zeitaufschub, um die neue Regierung zu vereidigen und das neue Parlament über eine Konfliktbeteiligung beraten zu lassen, wurde seitens der USA mit der Begründung abgelehnt, dass damit die Glaubwürdigkeit der angedrohten Militärmaßnahmen beeinträchtigt werden könnte.[232] Mitten in einem Regierungswechsel entwarf damit das Kabinett Kohl, in Einverständnis mit Schröder und dem künftigen Außenminister Joschka Fischer, den Antrag für eine Beteiligung deutscher Truppen, über den dann am 16. Oktober im Bundestag entschieden wurde.[233]

Zu diesem Zeitpunkt vertrat der neue Bundeskanzler die Auffassung, dass eine ablehnende Haltung die Bündnissolidarität innerhalb der NATO schwer schädigen würde und dass Deutschland im Falle einer Verweigerung einen außenpolitischen Bedeutungsverlust zu verkraften hätte.[234] Darüber hinaus ging es Schröder darum, mit seiner neuen noch unerfahrenen Regierung außenpolitische Handlungsfähigkeit zu beweisen: „Mir war völlig klar, dass diese Frage mit darüber entscheiden würde, ob Rot und Grün regierungsfähig sein oder ob wir nur eine kurze Gastrolle auf der Regierungsbank übernähmen."[235] Gleichwohl plagten den Bundeskanzler damals Zweifel, ob eine deutsche Konfliktbeteiligung die richtige Entscheidung gewesen sei.[236] Daher untermauerte er seine Entscheidung mit moralischen und historischen Argumenten und stellte die Einbindung Deutsch-

---

[231] Vgl. Krause, 2000(b): S.404; Vgl. Friedrich, 2005: S.47. & S.127.
[232] Vgl. Friedrich, 2005: S.53.
[233] Bundesregierung: Antrag der Bundesregierung. Deutsche Beteiligung an den von der NATO geplanten begrenzten und in Phasen durchzuführenden Luftoperationen zur Abwendung einer humanitären Katastrophe im Kosovo-Konflikt. Deutscher Bundestag. Drucksache 13/11469. Berlin. 1998; vgl. Krause, 2000(b): S.406.
[234] Vgl. Friedrich, 2005: S.56.
[235] Schröder, Gerhard: Entscheidungen. Mein Leben in der Politik. Hamburg. 2007. S.84.
[236] Ebd. S.114.

lands in die westliche Staatengemeinschaft als Staatsräson heraus. Deutschland hätte die Verpflichtung, Verantwortung zu übernehmen und konnte sich daher nicht raushalten.[237] „Ich denke, die Tatsache, daß Deutschland unter einer verbrecherischen Führung auf dem Balkan schuldig geworden ist, erlaubt es dem demokratischen Deutschland von heute nicht, in diesem Teil Europas Verbrechen geschehen zu lassen – eher umgekehrt."[238]

Mit Beginn der Rambouillet-Verhandlungen 1999 erklärte Schröder erstmals öffentlich, dass sich die Bundesrepublik zur Durchsetzung eines möglichen Friedensabkommens an Luftschlägen beteiligen und damit seinen Partnern beistehen werde.[239] Auf einem Sonderparteitag am 12. April 1999 wollte er keine Zweifel aufkommen lassen, dass ein deutscher Beitrag notwendig sei, um eine humanitäre Katastrophe zu verhindern. Er schaffte es zwar, die Mehrheit der SPD für seine Entscheidung zu gewinnen, musste sich dabei aber mit heftiger Kritik abfinden.[240]

Mit Blick zurück auf den Krieg sieht Schröder die Notwendigkeit einer Außenpolitik der Kontinuität in der Begegnung von Krisen und Konflikten und unterstreicht damit nochmal die Verlässlich- und Berechenbarkeit Deutschlands im internationalen System.[241] Allerdings engagierte sich Schröder, ähnlich wie Kohl, während der sich zuspitzenden Kosovo-Krise zwischen 1998 und 1999 politisch nur wenig in dieser Krisenregion.[242] Insgesamt hatte Schröder jedoch eine schwierige außenpolitische Entscheidung zu treffen: Das erste Mal seit dem 2.Weltkrieg deutsche Soldaten in einem Kampfeinsatz zu senden. Eine Entscheidung, die von den beiden Regierungsparteien zu tragen war, die immer großen Wert auf ihre pazifistischen Fundamente gelegt hatten. Dazu kamen die schwierigen Rahmenbedingungen eines Regierungswechsels und der externe Entscheidungsdruck aus den USA. Auf dieser Grundlage ergaben sich für Schröder die Hauptargumente zur Rechtfertigung einer Kriegsbeteiligung: die Bündnissolidarität und die damit verbundene Kontinuität deutscher Politik, die Profilierung einer neuen Regierung auf internationaler Ebene und die moralische Verantwortung als Verpflichtung zum Eingreifen.

3.8. Außenminister

Bereits 1996 sendete der damalige deutsche Außenminister Klaus Kinkel eine Warnung an Slobodan Milošević, dass sich der innerstaatliche Konflikt internationalisieren würde und nun nicht mehr nur alleinige Angelegenheit der Bundesrepublik Jugoslawien sei. Auch auf den ersten Sitzungen des Außenministerrates der NATO im Frühjahr 1998 war es Kinkel, der ein mögliches Eingrei-

[237] Schröder, Gerhard: Ich bin kein Kriegskanzler. Spiegel Interview. In: Der Spiegel. Heft 15. Hamburg. 1999.
[238] Deutscher Bundestag: Plenarprotokoll. 13/284. Bonn. 1998. S.23137.
[239] Vgl. Friedrich, 2005: S.79.
[240] Vgl. Schröder, 2007: S.131ff; vgl. Mahnke, 2008: S.72.
[241] Vgl. Schröder, Gerhard: Eine Außenpolitik des dritten Weges. In: Gewerkschaftliche Monatshefte. Friedrich-Ebert-Stiftung. 50Jg. Bonn. 1999.
[242] Vgl. Friedrich, 2005: S.18.

fen der NATO im Kosovo nicht ausschloss und dafür eintrat, vorsorglich Pläne auszuarbeiten.[243] Auf einer Konferenz der EU-Außenminister Mitte des Jahres warb er für eine Intervention, die seiner Ansicht nach allerdings mit einem UN-Mandat verknüpft sein sollte, wenn die Lage nicht friedlich gelöst werden kann.[244]

Als sich die Bundesregierung jedoch auf Drängen der USA dazu entschloss, einen Antrag für die Beteiligung deutscher Streitkräfte an einer möglichen militärischen NATO-Intervention zuzustimmen, gab Kinkel seine Haltung zum UN-Mandat auf und betonte dagegen die Wichtigkeit einer handlungsfähigen NATO.[245] Für Kinkel ginge es „schließlich um die europäische Friedensverantwortung Deutschlands und um unsere Verläßlichkeit im Bündnis. Unsere Partner müssen sich auf die Solidarität des vereinten Deutschlands verlassen können"[246]. Seine Entscheidung gründete wohl auch auf der Mitteilung des russischen Außenminister Igor Ivanow, dass eine militärische Intervention seitens der NATO mit keinen Gegenmaßnahmen Russlands verknüpft sein würde.[247] Kinkels Einfluss auf die Entscheidung der Bundesregierung im Hinblick auf einen deutschen Militäreinsatz im Kosovo war bereits frühzeitig von der Bereitschaft zum Eingreifen gekennzeichnet. Allerdings dürfte der Druck, den die USA im Zusammenhang mit dieser außenpolitischen Ausrichtung ausübten, nicht zu unterschätzen sein. Deshalb spielte für Kinkel die Bündnissolidarität innerhalb der NATO und die darauf gründende Handlungsfähigkeit eine größere Rolle, als ein völkerrechtlich erlassenes Mandat durch die UN.

Bereits zu diesem Zeitpunkt wurde der designierte Außenminister Fischer, der Bundeskanzler Schröder nach Washington begleitet hatte, genau wie Schröder in puncto Kosovo-Entscheidung durch die USA unter Druck gesetzt. Schröder beschloss daher einvernehmlich mit der alten Bundesregierung, vor dem Bundestag einen Antrag für eine deutsche Beteiligung zu stellen.[248] Fischer erklärte daher in der Bundestagsitzung vom 16. Oktober, „daß es sich bei der Selbstmandatierung der NATO um einen Notfall handele"[249], es jedoch sonst eines UN-Mandats bedurft hätte. Diesen Notfall begründete Fischer damit, dass „von der Politik der Bundesrepublik Jugoslawien Gefahr für Frieden und Sicherheit in der Region ausgeht" und damit „eine dauerhafte Kriegsgefahr für Europa", die „Europa nicht zulassen kann und darf"[250]. Für Fischer war wichtig, dass Deutschland und die EU Handlungsfähigkeit beweisen und durch die europäische Integration eine gemeinschaftliche und friedliche Ordnungspolitik in Europa möglich wird.[251] Darüber hinaus hätte, nach Aussagen des

---

[243] Vgl. Haftendorn, 2001: S.414; vgl. Friedrich, 2005: S.35ff.
[244] Vgl. Krause, 2000(b); vgl. Friedrich, 2005: S.45.
[245] Vgl. Hofmann, 1999; vgl. Friedrich, 2005: S.54.
[246] Deutscher Bundestag: Plenarprotokoll. 13/284. Bonn. 1998. S.23129.
[247] Vgl. Hilz, 2005: S.350.
[248] Vgl. Hofmann, 1999; vgl. Krause, 2000(b): S.407.
[249] Friedrich, 2005: S.56.
[250] Deutscher Bundestag: Plenarprotokoll. 13/284. Bonn. 1998. S.23142.
[251] Ebd. S.23142.

US-Botschafter Richard Holbrooke, Belgrad auf die Nichtbeteiligung Deutschlands gesetzt, was auf eine Spaltung der NATO, hervorgerufen durch deutsche Verweigerungspolitik, hinausgelaufen wäre.[252] Somit konnte sich Deutschland nach Fischers Überzeugung „nicht mehr heraushalten und eine Spaltung des Bündnisses riskieren“[253].

Während der Rambouillet-Konferenz im Februar 1999 missfiel Fischer die untergeordnete Rolle, die Deutschland dabei einnahm, zumal der Anstoß dafür von Deutschland stammte.[254] Aufgrund dessen und aufgrund der Dominanz der USA bei den Verhandlungen startete er als Ratspräsident der EU parallel eine europäische Initiative über den EU-Ministerrat, um Belgrad Anreize zum einlenken zu geben. Darüber hinaus trat Fischer in direkten Kontakt mit Milošević und traf den Präsidenten Serbiens am 8. März, der jedoch im Gespräch mit dem deutschen Außenminister zu keiner Kompromissbereitschaft bereit war und sämtliche Diplomatie-Versuche für eine friedliche Lösung ablehnte.[255] Nach dem Scheitern der Rambouillet-Verhandlungen und mit Beginn des Krieges hob Fischer im Bundestag hervor, dass es von nun an „vor allen Dingen“ darum ginge, „einen Friedensvertrag durchzusetzen.“[256] So war es auch Fischer gewesen, der im Rahmen seiner EU-Ratspräsidentschaft und als Präsident der G8 eine politische Initiative zur diplomatischen Lösung des Kosovo-Krieges einleitete und damit schließlich den »Gordischen Knoten« des Konfliktes löste. Grundlage dafür war der sogenannte »Fischer-Plan«, der in einer UN-Resolution mündete mit dem Ziel, die Bedingungen gegenüber Bundesrepublik Jugoslawien herauszuarbeiten, unter denen es der NATO möglich wäre, die Luftangriffe einzustellen. Präsident Milošević ging daraufhin am 3. Juni auf das von den G8 vermittelte Angebot ein.[257]

Fischer beschrieb rückblickend, dass sein Ziel als deutscher Außenminister zu Beginn seiner Amtszeit eine Politik der Kontinuität sein sollte, um das Vertrauen der europäischen und transatlantischen Partner zu gewinnen.[258] Obwohl er sich noch Anfang der 90iger strikt gegen eine aktive deutsche Außenpolitik aussprach, änderte er während der Krise im Kosovo seine Meinung grundlegend.[259] Aus diesem außenpolitischen Abwägungsprozess heraus erachtete Fischer auch die Drohung der NATO gegenüber Serbien und die Zustimmung der Bundesregierung und des Bundestages am 16. Oktober 1998 zu einer möglichen deutschen Beteiligung an Luftschlägen der NATO als richtig und notwendig.[260] „Jetzt ging es nicht mehr um den Wahn, Europa vor deutscher Militanz zu retten, sondern nüchtern darum, daß er als Außenminister den Anspruch auf außenpolitische Ge-

[252] Vgl. Fischer, Joschka: Die rot-grünen Jahre. Deutsche Außenpolitik vom Kosovo bis zum 11. September. München. 2008. S.106f.
[253] Ebd. S.109.
[254] Vgl. Joetze, 2001: S.57; vgl. Fischer, 2008: S.133.
[255] Vgl. Friedrich, 2005: S.75 & S.81; vgl. Fischer, 2008: S.147f.
[256] Deutscher Bundestag: Plenarprotokoll. 14/31. Bonn. 1999. S.2585.
[257] Vgl. Krause, 2000(b): S.412; vgl. Joetze, 2001: S.106-113; vgl. Friedrich, 2000: S103.
[258] Vgl. Fischer, 2008: S.86
[259] Vgl. Hacke, 2004(a): S.449f.
[260] Vgl. Fischer, 2008: S.109.

meinsamkeit mit den westlichen Verbündeten im Kampf gegen den serbischen Diktator einlösen mußte.“[261] Auch wenn für Fischer eine von Deutschland ausgehende traditionelle Machtpolitik weiter nicht in Frage kommen konnte. Deshalb schien es ihm auch erforderlich, die anstehenden Entscheidungen mit einem Diktum zu untermauern: „Nie wieder Krieg! Nie wieder Völkermord, nie wieder Ausschwitz!“[262] Und um die Beteiligung an einen Krieg zu rechtfertigen, argumentierte er: „Wir führen keinen Krieg, wir leisten Widerstand, verteidigen Menschenrechte, Freiheit und Demokratie.“[263]

Die Entscheidung für einen Kriegseinsatz war daher „ein radikaler Bruch mit dem bisher für die deutsche Außenpolitik geltenden Kontinuitätssatz. Ganz offensichtlich hatte sich eine nicht mehr zu überbrückende Kluft zwischen humanitären Grundsätzen, historisch begründeten Beschränkungen und Bündnisverpflichtungen einerseits, [...] und der Realität im auseinanderbrechenden Jugoslawien nach dem Ende des Kalten Krieges andererseits aufgetan, die den bisher gültigen Rahmen deutscher Außenpolitik gesprengt hatte“[264]. Allerdings gab Fischer auch zu, dass er vor dem Hintergrund vieler ablaufender politischer Ereignisse auch ein wenig zum Spielball dieser Kräfte geworden war und sich davon treiben ließ. Insgesamt aber, so Fischer, sei die entscheidende Weichenstellung für die Beteiligung der Deutschen am Kosovo-Krieg am 12. Oktober gestellt worden, nachdem sich die Bundesregierung dazu entschloss, die NATO zu unterstützen.[265]

3.9. Konsens im Bundestag

Eine der ersten Bundestagssitzungen zum Thema Kosovo-Konflikt fand am 19. Juni 1998 statt, in der jedoch die eskalierende Lage zwischen der UÇK und dem serbischen Militär nicht Schwerpunktthema war, sondern die deutsche Beteiligung an der *Stabilisation Force* (SFOR) in Bosnien-Herzegowina. Aufgrund der Vorbereitungen der NATO auf eine militärische Intervention, die zu diesem Zeitpunkt in vollem Gange war, verlagerte sich die parlamentarische Debatte im Laufe der Sitzung thematisch auf den Kosovo-Konflikt. Der damalige Außenminister Klaus Kinkel wies daraufhin, dass man innerhalb der internationalen Kontaktgruppe bereit sei, die zwischen den Konfliktparteien ausufernde Gewalt notfalls auch mit militärischen Mitteln zu beenden: „Wir werden alles tun, um der Gewalt im Kosovo ein Ende zu bereiten.“[266] Als Reaktion darauf entwickelte sich eine Debatte über die Rechtsgrundlage eines solchen Einsatzes im Rahmen der UN und für die Bundeswehr außerhalb deutschen Territoriums.

---

[261] Hacke, 2004(a): S.453.
[262] Fischer, 2008: S.214.
[263] Fischer, Joschka: Milosevic wird der Verlierer sein. Interview in Der Spiegel. Heft 16. Hamburg 1999. S.36.
[264] Fischer, 2008: S.114.
[265] Ebd. S.209.
[266] Deutscher Bundestag: Plenarprotokoll. 13/284. Bonn. 1998. S.22419.

Die entscheidende Sitzung des Bundestages über die Teilnahme an einem Krieg gegen die Bundesrepublik Jugoslawien fand jedoch am 16. Oktober 1998 statt. Diese Sitzung war insofern von besonderer Bedeutung, weil inzwischen ein Regierungswechsel stattgefunden hatte, der neue Bundestag aber erst gegen Ende Oktober konstituiert werden sollte. Aber bereits Anfang Oktober eskalierte die Lage im Kosovo und aufgrund der Lagezuspitzung hatte die alte Regierung bereits einen Antrag an das Parlament gerichtet, einer deutschen Beteiligung an einer möglichen NATO-Intervention zuzustimmen. Deutschland befand sich damit in einer schwierigen politischen Übergangsphase. Zudem drängten die USA innerhalb der NATO darauf, die für eine Intervention vorgesehenen Einsatzkräfte in ständigem Alarmzustand zu halten, um jederzeit losschlagen zu können. Sowohl Bundeskanzler Schröder als auch Außenminister Fischer hatten die US-Regierung gebeten, auf die im deutschen Bundestag noch ausstehende Entscheidung zur Beteiligung deutscher Streitkräfte Rücksicht zu nehmen, was bei den Amerikanern aber auf wenig Verständnis stieß. Die neue Regierung und Opposition einigten sich daher auf eine außerordentliche Sitzung des Bundestags in alter Zusammensetzung.[267]

Sowohl der alte Außenminister Kinkel (CDU) als auch der alte Verteidigungsminister Rühe (CDU) erklärten den Abgeordneten den Zweck der Sitzung mit eindringlichen Worten. „Wenn Sie Ihre Stimme abgeben, müssen Sie das in dem Bewußtsein tun, daß dieser Einsatz durchgeführt und von uns abverlangt werden kann."[268] Auch der zukünftiger Außenminister Fischer (die Grünen) knüpfte an die besondere Bedeutung der anstehenden Entscheidung: „Wir entscheiden heute über die Beteiligung der Bundeswehr an einem Militäreinsatz der NATO, von dem wir alle hoffen und Gott sei Dank begründet hoffen können, daß er niemals stattfinden muß und niemals stattfinden wird."[269] Er fuhr fort, „dass wir .[...] hier über nichts Geringeres zu entscheiden hätten als über einen Krieg gegen Serbien"[270].

Das Ziel der geplanten Luftangriffe auf Serbien, so der Beschlussantrag der Bundesregierung, war die Verhinderung einer humanitären Katastrophe und die Unterbindung von Menschenrechtsverletzungen. Diese Zielsetzung wurde von den Rednern der Regierungsparteien in ihren Beiträgen unterstrichen.[271] Fischer ging dabei noch einen Schritt weiter und erklärte, dass nicht nur eine humanitäre Katastrophe das Problem sei. „Das Problem ist, daß von der Politik der Bundesrepublik Jugoslawien [...] eine dauerhafte Kriegsgefahr in Europa ausgeht. Diese Kriegsgefahr können wir nicht akzeptieren. Das ist der entscheidende Punkt."[272] Daher sollte sich Deutschland aus bündnis-

[267] Vgl. Krause, 2000(b): S.408; vgl. Loquai, 2000: S.113f; eine weitere detailierte Analyse der Sitzung des deutschen Bundestages in Schwab-Trapp, 2002: S.255-284.
[268] Deutscher Bundestag: Plenarprotokoll. 13/284. Bonn. 1998. S.23133.
[269] Ebd. S.23141.
[270] Ebd. S.23141.
[271] Vgl. Loquai, 2000: S.117f.
[272] Deutscher Bundestag: Plenarprotokoll. 13/284. Bonn. 1998. S.23142.

politischen Gründen an einer militärischen Intervention beteiligen. Kinkel erklärte: „Deutschland darf nicht abseits stehen, wenn das Bündnis die sich abzeichnende humanitäre Katastrophe in dieser außergewöhnlichen Lage notfalls durch den Einsatz von Streitkräften zu verhindern sucht."[273] Mitglieder der neuen Regierung stimmten dieser Ansicht zu, wie Rudolf Scharping (SPD): „Wir wollen unseren Beitrag dazu leisten, weil er nach draußen, zu unseren Freunden und Partnern etwas signalisiert, nämlich Verläßlichkeit, Festigkeit und Stetigkeit in den auswärtigen Beziehungen der Bundesrepublik Deutschland und in der Wahrnehmung des Teils der Verantwortung, der sich für Deutschland daraus ergibt."[274] Und mit Blick auf die im Sommer geführten Debatten über die rechtlichen Grundlagen eines Einsatzes wiesen die Redner auf eine Ausnahmeentscheidung hin, bei der eine NATO-Intervention auch ohne UN-Mandat denkbar sei.[275] Kinkel stellte allerdings hierzu fest: „Wir dürfen nicht auf eine schiefe Bahn kommen, was das Gewaltmonopol des Sicherheitsrates anbelangt."[276] Schröder und Fischer unterstützten zwar die Position, wonach ein UN-Mandat notwendig sei, befürchteten aber, dass in der politisch angespannten Situation eine UN-Mandatierung nicht mehr rechtzeitig erreichbar wäre.[277]

Insgesamt lässt sich feststellen, dass, bis auf die PDS, größtenteils alle anderen Parteien des damaligen deutschen Bundestages für einen möglichen NATO-Einsatz auch ohne UN-Mandat stimmten.[278] „Der Wandel der neuen Regierungsparteien von der Haltung einer Opposition hin zu derjenigen einer Regierung wird an der völkerrechtlichen Beurteilung von bewaffneten Einsätzen der Bundeswehr ohne UN-Sicherheitsratsmandat in besonderem Maße deutlich."[279] Der Antrag der Bundesregierung zur Beteiligung an möglichen NATO-Luftoperationen wurde mit großer Mehrheit des Bundestages angenommen.[280] Weitere Sitzungen zu diesem Thema folgten, vor allem in der Sitzungswoche unmittelbar vor Kriegsbeginn. Es lässt sich jedoch feststellen, dass die deutsche Beteiligung an NATO-Luftangriffen auf die Bundesrepublik Jugoslawien auf der Legitimierungsgrundlage des Bundestagsbeschlusses vom 16. Oktober 1998 basierte.[281]

[273] Deutscher Bundestag: Plenarprotokoll. 13/284. Bonn. 1998. S.23138.
[274] Ebd. S.23124.
[275] Vgl. Kreidl, Jacob: Der Kosovo-Konflikt. Vorgeschichte, Verlauf und Perspektiven. Zur Stabilisierung einer Krisenregion. Frankfurt am Main. 2006. S.147.
[276] Deutscher Bundestag: Plenarprotokoll. 13/284. Bonn. 1998. S.23129.
[277] Vgl. Loquai, 2000: S.120.
[278] Vgl. Friedrich, 2005: S.56.
[279] Loquai, 2000: S.121.
[280] Abgegebene Stimmen: 584, Ja-Stimmen: 503, Nein-Stimmen: 63, Enthaltungen: 18.; vgl. Loquai, 2000: S.115; vgl. Friedrich, 2005: S.55.
[281] Vgl. Loquai, 2000: S.136;

3.10. Zwischenfazit

Kosovo-Krieg	**Grad des Einflusses**		
Einflussfaktoren	Geringer Einfluss	Deutlicher Einfluss	Großer Einfluss
Macht und Interesse			X
Multilaterale Einbindung			X
Wirtschaft	X		
Außenpolitische Kultur		X	
Politische Konkurrenz			X
Öffentliche Meinung			X
Bundeskanzler		X	
Außenminister			X
Bundestag			X

Es zeigt sich, dass der Einflussfaktor »Deutsche Macht und Interesse im internationalen System« als groß einzustufen ist. Die Ursache ist erstens darin zu sehen, dass das deutsche Engagement bei Diplomatie-Initiativen zur Lösung des Konfliktes im Kosovo einerseits als Interesse gewertet werden kann, den eigenen Einfluss durch Mitsprache zu erweitern und andererseits in dem Streben, das Rollenkonzept der Zivilmacht auszufüllen und dabei die Verhinderung von Menschenrechtsverletzungen und ziviles Konfliktmanagement in den Vordergrund zu stellen. Zweitens lag es im Interesse der neu gewählten Bundesregierung, während der Eskalation des Konfliktes eine schnelle Entscheidung zu treffen, um sich auf internationaler Ebene, besonders gegenüber den USA, auf außenpolitischem Parkett zu profilieren. Darüber hinaus galt es der Interventions-befürwortenden Opposition auf innerstaatlicher Ebene keine Angriffsfläche zu bieten. Drittens unterstützten allgemeine deutsche Interessen die Entscheidung für eine militärische Intervention im Kosovo, wie die Vermeidung der Destabilisierung einer ganzen Region im europäischen Raum, den daraus resultierenden Flüchtlingsbewegungen und die damit insgesamt negativen Folgen für die europäische Integration.[282] Hier wird aber auch deutlich, dass mit Beteiligung deutscher Streitkräfte im Kosovo-Krieg die Aufweichung des Rollenkonzepts als »Zivilmacht Deutschland« einsetzt, wenngleich noch nicht von einer Aufgabe dieser Konzeption gesprochen werden kann. Moralische Aspekte und politisches Interesse fanden in dieser Konstellation einen gemeinsamen Nenner.[283] Die politische Kurskorrektur stellte lediglich eine Modifikation zur Anpassung an neue Gegebenheiten im internationalen System und zur Übernahme von Verantwortung dar, ohne von den eigentlichen Kontinuitäten deutscher Außenpolitik großartig abzuweichen.[284]

[282] Vgl. Harnisch, 2001: S.117.
[283] Vgl. Gareis, 2006: S.87.
[284] Vgl. Maull, 2007: S.79f.

Der Einflussfaktor der »Multilateralen Einbindung Deutschlands« in internationale Institutionen hatte sich wohl noch ausschlaggebender auf die Entscheidung der Bundesregierung ausgewirkt, als der Faktor der deutschen Macht und Interessen im internationalen System. Ob nun durch die internationale Kontaktgruppe, die NATO, die EU, die G8 oder über die deutschen Anstrengungen, stets die UN (und damit auch Russland) in das Konfliktmanagement einzubinden. Die multilateralen Einflüsse prägten das deutsche Vorgehen während Kosovo-Konfliktes. „Die Ziele der deutschen Politik in der Kosovo-Krise ebenso wie ihr Handlungsmuster – das multilaterale Vorgehen in einem breiten und mit Konsultationen versehenen Rahmen – waren dabei über den gesamten Betrachtungszeitraum hinweg von hoher Kontinuität."[285] Aber auch der internationale Druck, voran der der USA, führten dazu, dass sich Deutschland gezwungen sah, sich für eine Beteiligung zu entscheiden, um die Bündnissolidarität innerhalb der NATO zu wahren.[286] Die multilaterale Einbindung erlaubte es der Bundesrepublik kaum, sich aus kollektiven Missionen internationaler Institutionen herauszuhalten oder sich dem Drängen der Verbündeten zu verweigern.[287] Obwohl die Bundesrepublik Deutschland bisher immer bestrebt war, Konfliktbewältigung nur im Rahmen der UN durchzuführen, besaß der Erhalt der Handlungsfähigkeit der NATO in diesem Fall eine größere politische Bedeutung. Deshalb hatte die grundsätzliche Ausrichtung auf ein UN-legitimiertes Handeln zurückzustehen. „Dass Deutschland sich an der NATO-Intervention im Kosovo-Konflikt schließlich auch ohne Mandat des Sicherheitsrates beteiligte, geschah erkennbar mit schlechtem Gewissen, wurde immer wieder zur Ausnahme ohne Präzedenzwirkung erklärt und vor allem durch entschlossene – und erfolgreiche – diplomatische Initiativen zur Einbindung Russlands und damit zur Legitimierung der westlichen Politik durch den UN-Sicherheitsrat kompensiert."[288]

Wirtschaftliche Zusammenhänge waren für die Entscheidung, trotz der Vermeidung von wirtschaftlichen Kosten und einer Ausbreitung des Konfliktes auf die Balkan-Region und den europäischen Raum, von nur geringem Belang. Sie spielten weder in der politischen Entwicklung der Krise im Kosovo noch in der deutschen politischen Debatte eine größere Rolle und fanden kaum bis gar keine Erwähnung. Der nach dem Krieg für Südosteuropa vorgesehene Stabilitätspakt steht zwar in Zusammenhang mit der Absicht der EU und den damit verbundenen deutschen wirtschaftlichen Interessen, ein integriertes Wirtschaftsmodell in Europa durchzusetzen.[289] Dennoch lassen sich keine direkten Einflüsse wirtschaftlicher Faktoren ermitteln, die die Entscheidung der Bundesregierung begünstigt hätten, sich an einer militärischen Intervention im Kosovo zu beteiligen. Damit lässt sich

[285] Friedrich, 2005: S.125.
[286] Vgl. Harnisch, 2001: S. 63; vgl. Friedrich, 2005: S.127.
[287] Vgl. Gießmann, Hans: Auslandseinsätze der Bundeswehr. In: Aus Politik und Zeitgeschichte: Bundeswehr. B 43. Bonn. 2000. S.7.
[288] Maull, 2001: S.666.
[289] Vgl. Mahnke, 2008: S.62ff.

ein nur geringer Einfluss der wirtschaftlichen Situation auf die Entscheidung der Bundesregierung konstatieren.

Mit der deutschen Beteiligung am Kosovo-Krieg hatte die außenpolitische Kultur, speziell im strategischen Bereich, einen weiteren Schritt hin zu einem Wandel erfahren.[290] „Es gab [...] etliche Akzentverschiebungen und Modifikationen, aber nur eine wirklich substanzielle Veränderung, nämlich im Bereich der Sicherheitspolitik und hier speziell mit dem Einsatz der Bundeswehr in Missionen außerhalb der traditionellen Kontexte der Bündnisverteidigung."[291] Durch die stetig zunehmenden Auslandseinsätze der Bundeswehr in der 90iger Jahren, die auch auf die Forderungen der Bündnispartner und UN, mehr Verantwortung zu übernehmen, zurückzuführen waren, war die Grundlage für eine aktive militärische Beteiligung geschaffen, die schließlich mit der Kosovo-Entscheidung umgesetzt wurde.[292] Aufgrund der bisherigen »Kultur der Zurückhaltung« wurde dieser Schritt durch die Bundesregierung sehr skeptisch und zögernd eingeleitet. Spätestens im Laufe des Krieges gewann die pazifistisch eingestellte Gesellschaft und Politik wieder ihr ursprüngliches Profil zurück. Die negative Einstellung gegenüber einer länger anhaltenden militärischen Intervention nahm zu. Es kann also von einem Wandel hin zur »Normalisierung« hinsichtlich des Einsatzes militärischer Mittel gesprochen werden, der trotzdem unter dem Zeichen der zurückhaltenden »Kontinuität«, zu dem beispielsweise der Versuch zählt, die Intervention völkerrechtlich zu legitimieren, verstanden werden muss. Daher schuf der langsame Wandel der deutsche außenpolitischen Kultur zwar eine Ausgangslage für eine deutsche Kriegs-Beteiligung, war aber immer noch geprägt von der traditionellen Zurückhaltung die mehr Engagement verhinderte und die damit zwar keinen großen, aber immerhin noch einen deutlichen Einfluss auf die Entscheidung hatte.

Der Faktor »Politische Konkurrenz« hatte auf die Entscheidung der Bundesregierung einen großen Einfluss, da sich die SPD als auch Bündnis90/die Grünen, trotz friedensorientierter Politikausrichtung für einen Militäreinsatz aussprachen und damit, abgesehen von der PDS, einen überparteilichen Konsens für eine Beteiligung schufen. „Das heißt, der Wechsel zu Rot-Grün befestigte ein wichtiges Element der Außenpolitik der ehemaligen Regierung."[293] Damit wurde während der Kosovo-Krise die politische Konkurrenz quasi ausgehebelt, die sonst das politische Tagesgeschäft bestimmte. Ohne eine alternative Politik innerhalb der einsatzbefürwortenden Opposition und mit der schweren Entscheidung, sich gegen die eigenen pazifistischen Grundsätze zu stellen, gelang es der Bundesregierung, den Weg für eine Beteiligung an den NATO-Luftschlägen im Kosovo zu ebnen.

Auch die auf einen Einsatz eingestellte »Öffentliche Meinung« wirkte in diesem breiten parteipolitischen Konsens auf die Entscheidungsfindung aus. Durch die hohe Salienz in den Medien und

---

[290] Vgl. Hellmann, 2006: S.200.
[291] Maull, 2001: S.663.
[292] Ebd. S.665.
[293] Vgl. Loquai, 2000: S.127.

die Moralisierung des Kosovo-Konfliktes konnte die Auslandseinsätze gegenüber skeptisch eingestellte deutsche Öffentlichkeit dazu überzeugt werden, eine militärische Intervention im Kosovo als erforderlich und notwendig anzusehen, um eine humanitäre Katastrophe zu verhindern.[294] Somit war ein deutlicher öffentlicher Konsens erreicht, der es den Akteuren in der Politik erlaubte, den internationalen Forderungen nach einer deutschen Beteiligung nachzugeben, ohne dabei Gefahr zu laufen, Wählerstimmen zu verlieren. Obwohl während der Krise eine Bundestagswahl stattfand, es also eine institutionalisierte Einflusschance für die Bevölkerung gab, spielte die Kosovo-Problematik bei der Wahl kaum eine Rolle. Allerdings bleibt es fraglich, ob es ohne den Regierungswechsel hin zu Rot-Grün möglich gewesen wäre, eine Entscheidung für eine Kriegs-Beteiligung im Bundestag zu erhalten, weil kaum anzunehmen ist, dass sich Rot-Grün als Oppositionsparteien zu einem derart grundlegenden Politikwechsel durchgerungen hätten.[295] Die Unterstützung der öffentlichen Meinung für einen militärischen Einsatz im Kosovo hatte daher einen großen Einfluss auf die Entscheidung der Bundesregierung.

Der Einfluss Helmut Kohls ist für die Entscheidung zur Entsendung von deutschen Streitkräften in den Kosovo-Krieg zu vernachlässigen. Gerhard Schröder hingegen übte einen deutlichen Einfluss auf die Entscheidung aus. So war es er selbst, der aufgrund des Drucks der USA, entgegen eigener Grundsätze und zum Wohle der Bündnissolidarität der NATO eine schnelle Entscheidung fällte und diese mit moralischen Argumenten untermauerte. Allerdings blieb ihm in diesem Moment auch kaum eine andere Möglichkeit, ohne sein Amt und seine Politik zu schädigen. Eine Ablehnung hätte sowohl auf internationaler Ebene als auch innerstaatlicher Ebene einen Machtverlust zur Folge, den der gerade ins Amt gewählte Bundeskanzler sich nicht leisten wollte, auch wenn er prinzipiell einen Aufschub für die Entscheidung zur militärischen Beteiligung deutscher Streitkräfte an NATO-Luftschlägen gern gesehen hätte. Mit einer ablehnenden Haltung zum Militäreinsatz hätte die Bundesregierung ihre Mitspracherechte auf der internationalen Ebene verloren und sich innerstaatlich gegen den überparteilichen Konsens sowie die öffentliche Meinung gestellt. Zwar ebnete Schröder den Weg für eine deutsche Beteiligung, indem er dafür entschied. Dies geschah aber auch aufgrund fehlender Alternativmöglichkeiten, weswegen dem »Bundeskanzler« ein deutlicher nicht aber ein großer Einfluss zugesprochen werden kann, zumal sein Engagement zur Krisenbewältigung nach Ausbruch des Krieges nur dürftig ausfiel.

Als »Außenminister« war es zunächst Klaus Kinkel, der auf dem Außenministertreffen der NATO in Luxemburg den Grundstein für eine mögliche NATO-Intervention legte. Joschka Fischer dagegen stand in einer ähnlichen Lage wie Schröder. Auch er musste, ohne großartig überlegen zu können, eine Entscheidung treffen, die dann zwar für einen Einsatz ausfiel, jedoch gegen seine poli-

---

[294] Vgl. Friedrich, 2005: S.129.
[295] Vgl. Loquai, 2000: S.127.

tischen Grundsätze sprach und ihm insbesondere gegenüber seiner Partei ein äußerst hohes Maß an Überzeugungskraft abverlangte. Fischer kompensierte diese schwierige Entscheidung, indem er als Außenminister aktiv versuchte, die Kosovo-Krise durch verschiedenste Diplomatie-Initiativen aus der militärischen Umklammerung zu lösen und dabei ein möglichst breites multilaterales Vorgehen zu schaffen. Fischer trat während der Krise wesentlich deutlicher in Erscheinung als Schröder. Ohne den Überzeugungswandel des Außenministers und dessen aktive Außenpolitik beim Konfliktmanagement der Kosovo-Krise wäre der deutsche Militäreinsatz vermutlich wesentlich schwieriger durchzusetzen gewesen. Deshalb kann Fischer für die deutsche Beteiligung ein großer Einfluss zugesprochen werden.

Der »Konsens im Bundestag« besaß für die Entscheidung einen großen Einfluss. So entschieden die Abgeordneten parteiübergreifend, mit Ausnahme der PDS, auf der außerordentlichen Sitzung am 16. Oktober 1998 mit großer Mehrheit für eine deutsche Beteiligung. Sämtliche Zweifel bezüglich der fehlenden UN-Legitimierung des Militäreinsatzes waren damit zunächst aus dem Wege geräumt. Diese Abstimmung, in der u.a. mit der Vermeidung einer humanitären Katastrophe, mit Bündnissolidarität und der Verhinderung einer Ausbreitung des Konfliktes auf die Region argumentiert wurde, stellte eine Grundvoraussetzung dafür dar, dass sich Deutschland an den NATO-Luftschlägen Ende März 1999 beteiligen konnte.[296] Die Parlamentarier hatten daher zugunsten der deutschen Handlungsfähigkeit auf internationaler Ebene entschieden und die skeptische innerpolitische Haltung gegenüber dem Einsatz von Militär ohne UN-Mandat aufgegeben.[297]

Insgesamt lässt sich feststellen, dass sich deutsche Macht und Interessen auf der internationalen Ebene als großer Einflussfaktor gezeigt haben und dass die multilaterale Einbindung Deutschlands mit einer eher noch größeren Auswirkung einzuordnen ist. Für den Faktor Wirtschaft lassen sich zwar Zusammenhänge zum Krieg ermitteln, jedoch keine direkten Einflüsse auf eine Kriegsbeteiligung herausstellen. Auf der innerstaatlichen Ebene konnten für alle drei Faktoren ein deutlicher (außenpolitische Kultur) oder großer Einfluss (Politische Konkurrenz & öffentliche Meinung) festgestellt werden. Auf der Ebene der individuellen Entscheidungsträger hatten der Bundeskanzler einen deutlichen und der Außenminister großen Einfluss auf die Entscheidung. Beide waren in ihrer Entscheidungsfindung durch externen und internen Druck beeinflusst und damit in ihrer politischen Ausrichtung durch die Umstände festgelegt. Der Außenminister hatte allerdings aufgrund der parteipolitischen Ausrichtung der eigenen Partei größere Widerstände zu überwinden und trat zudem engagierter auf der internationalen Ebene in Erscheinung. Der breite Konsens und die positiv ausgefallene Entscheidung des Bundestages über den Antrag der Bundesregierung für eine deutsche Be-

---

[296] Vgl. Loquai, 2000: S.125f.
[297] Vgl. Friedrich, 2005: S.127.

teiligung an NATO-Luftschlägen im Kosovo-Krieg kann jedoch als die wichtigste politische Abstimmung dieser Ebene mit großem Einfluss angesehen werden.

4. Afghanistan

Mit den Terroranschlägen des 11. September in New York und Washington eröffnete sich für die demokratisch geprägte, westliche Welt eine Bedrohung bislang unbekannten Ausmaßes. Der Schock in der US-amerikanischen Bevölkerung saß tief. Die Unverwundbarkeit des Festlandes der USA war damit Geschichte. Dieser Anschlag auf US-amerikanisches Territorium wurde denn auch von den US-Amerikanern vielmehr als Kriegserklärung und weniger als ein terroristischer Akt empfunden. „Von einem Tag auf den anderen wandelten sich die Vereinigten Staaten von einem »zurückhaltenden Sheriff«, der die weltweiten Herausforderungen nur zögernd annahm, zu einem entschlossenen Akteur, der seine gesamte Außenpolitik dem Ziel der Bekämpfung des internationalen Terrorismus unterordnete."[298] Der damalige Präsident George W. Bush erklärte: „On September the 11th, enemies of freedom committed an act of war against our country."[299] Unterstützung und Solidaritätsbekundungen erhielten die USA weltweit durch die Staaten der EU und die Generalversammlung der Vereinten Nationen. Mit den UN-Resolutionen 1368 und 1373 eröffnete die UN den USA die Möglichkeit, den Terroranschlag als bewaffneten Angriff auf die USA zu deklarieren, um so von ihrem Selbstverteidigungsrecht Gebrauch machen zu können. Dies trug maßgeblich dazu bei, den zukünftigen *war on terror* nach den politischen »Spielregeln« der USA zu ermöglichen.[300]

Nur kurze Zeit nach den Anschlägen von 9/11 drohten die USA dem Taliban-Regime in Afghanistan und verlangten, die für die Anschläge in New York verantwortlichen Terroristen unverzüglich auszuliefern. Der geheimdienstliche Nachweis terroristischer Verbindungen nach Afghanistan blieb gegenüber den Taliban wirkungslos und erzielte nicht die erhoffte Einschüchterung. Die auf Anordnung von Bush im Herbst 2001 zusammen mit der Nordallianz durchgeführte Intervention im Rahmen der OEF, führte zwar zum zeitweiligen Sturz des Taliban-Regimes, nicht aber zur Zerschlagung von Al-Qaida.[301] Deutschland beteiligte sich an der OEF ab dem 16. November, nachdem der Luftkrieg fast vorbei war. Eine Teilnahme deutscher Kräfte an Bodenoperationen in Afghanistan erfolgte in nur geringem Maße durch das Kommando Spezialkräfte (KSK).[302] Die inter-

---

[298] Bierling, Stephan: Geschichte der amerikanischen Außenpolitik. Von 1917 bis zur Gegenwart. München. 2007. S.239.

[299] Bush, George W.: President George W. Bush's address to the congress and the nation on terrorism. Washington. 2001.

[300] The Security Council of the United Nations: Resolution 1368. New York. 2001 & The Security Council of the United Nations: Resolution 1373. New York. 2001.

[301] Vgl. Bierling, 2007: S.241f; vgl. Schetter, Conrad: Die Taliban und die Neuordnung Afghanistans. In: Chiari, Bernhard: Afghanistan. Wegweiser zur Geschichte. Potsdam. 2007. S.80f; vgl. Rashid, Ahmed: Taliban. Afghanistans Gotteskämpfer und der neue Krieg am Hindukusch. München. 2010. S.329ff.

[302] Vgl. Hacke, 2004(a): S.478; vgl. Wölfle, Markus: Die Auslandseinsätze der Bundeswehr und ihre Auswirkungen auf die Rolle der Bundesrepublik Deutschland im internationalen System. Bonn. 2005. S.92; vgl. Sedlmayr, 2008: S.82;

nationale Gemeinschaft setzte daraufhin mit Schwerpunkt auf den Wiederaufbau des von Kriegen zerrütteten Landes. Auf der in Deutschland stattfindenden Petersberger-Konferenz wurde durch die internationale Gemeinschaft und Vertretern der afghanischen Nordallianz beschlossen, Afghanistan zu einer marktwirtschaftlichen Demokratie zu entwickeln. Zur Sicherung des *Nation-Building* wurde die ISAF ins Leben gerufen, an der sich Deutschland ab dem 20. Dezember 2001 mit 1200 Soldaten beteiligte. Damit befand sich die Bundesrepublik im Rahmen zweier Mandate, fernab der Heimat, mit einem großen Truppenkontingent in einem sich entwickelnden Krieg, dessen Ende bis heute aussteht.[303]

4.1. Deutsche Macht und Interessen im internationalen System

Nach den Terroranschlägen vom 11. September stand die von ihren eher friedensorientierten Prinzipien geleitete rot-grüne Koalition erneut vor der Entscheidung, deutsche Soldaten, diesmal in den Kampf gegen den Terror, besser gesagt, in den Krieg u.a. nach Afghanistan fernab der Heimat zu entsenden. Wiederum war es die Regierungsverantwortung, aus der heraus die Regierungskoalition „zur Hinnahme realpolitischer Notwendigkeiten, vor allem zur zweimaligen Kriegführung im Kosovo und in Afghanistan“[304], gezwungen war. Abermals waren es die USA, von denen der Druck auf Deutschland ausging, sich an der Bekämpfung des internationalen Terrorismus zu beteiligen. Ziel dabei war es, Solidarität zu bekunden und als verlässlicher Partner auf internationaler Ebene wahrgenommen zu werden.[305]

Etwa zwei Monate nach den Anschlägen kam die Bundesregierung den Forderungen der USA nach und stellte im Bundestag den Antrag für die deutsche Beteiligung an der OEF, um einen militärischen Beitrag zu leisten.[306] Als die Kämpfe in Afghanistan nachließen und die USA zusammen mit der Nordallianz das Taliban-Regime zeitweilig stark schwächten und ins pakistanisch-afghanische Grenzgebiet abdrängen konnten, erbaten die Vereinten Nationen von der Bundesrepublik eine Konferenz abzuhalten, um den Wiederaufbau Afghanistans international zu organisieren. Die Bitte der UN hing auch damit zusammen, dass Deutschland seinerzeit den Vorsitz in der *Afghanistan Support Group* (ASG) inne hatte, eine von der UN eingerichtete Institution zur humanitären und wirtschaftlichen Unterstützung Afghanistans. Die ASG hatte bisher keine große politische Rolle gespielt, sollte aber später politischer Ausgangspunkt für die Petersberger Konferenz darstel-

---

Deutschland stellte für die OEF 3900 Soldaten weltweit zur Verfügung, die jedoch in großer Anzahl nur unterstützende Aufgaben innerhalb der OEF wahrnahmen.

[303] Vgl. Wölfle, 2005: S.93; vgl. Schetter, 2007: S.82; vgl. Ehrhart, Hans-Georg / Kaestner, Roland: Afghanistan: Scheitern oder Strategiewechsel? Hamburger Informationen zur Friedensforschung und Sicherheitspolitik. Ausgabe 43. Hamburg. 2008. S.3; vgl. Sedlmayer, 2008: S.81f.

[304] Vgl. Hacke, 2004(a): S.480.

[305] Vgl. Von Krause, Ulf: Die Afghanistaneinsätze der Bundeswehr. Politischer Entscheidungsprozess mit Eskalationsdynamik. Wiesbaden. 2011. S.138.

[306] Vgl. Busse, 2003: S.26.

len. Die Ausrichtung der Konferenz in Petersberg und die deutsche Initiative für eine internationale Friedensmission kann international als Prestigegewinn für die Bundesrepublik angesehen werden und baute damit auf dem Rollenkonzept der Zivilmacht auf.[307] Schon während der Debatten im Bundestag zur Beteiligung an der OEF dominierten, neben den Solidaritätsbekundungen gegenüber den USA, humanitäre und zivile Aspekte für den Wiederaufbau Afghanistans als Grundlage und Legitimation eines deutschen Militäreinsatzes.[308] Mit der strikten Trennung der Mandate zwischen OEF und der aus der Petersberger-Konferenz resultierenden ISAF-Schutztruppe machte Deutschland bezüglich Afghanistan schließlich klar, dass deutsche Außenpolitik zivile Mittel und Instrumente den militärischen Mitteln vorzog.[309] Die deutsche Politik hatte die ISAF-Mission stets der OEF vorgezogen, da es sich eben zu dieser Zeit noch nicht um Kampfeinsätze handelte.[310] Auch in den folgenden Jahren des Afghanistan-Einsatzes hielt die Bundesrepublik Deutschland an dem zivil-militärischen Ansatz fest.[311] „Deutschland hatte sich wie kaum ein anderes Land dafür eingesetzt, nach dem Sturz des Regimes der Taliban ein ziviles Wiederaufbauprogramm in Gang zu setzen“[312]. Insgesamt nahm die Bundesrepublik mit dem damals drittgrößten Truppenkontingent an der ISAF-Mission Ende 2001 eine politisch sehr engagierte Rolle beim Wiederaufbau von Afghanistan ein und unterstrich damit seine Rolle als »Zivilmacht«.[313]

Obwohl die Thematisierung deutscher Interessen an einer militärischen Beteiligung während der Entscheidungen für die OEF und ISAF kaum Eingang in die politische Tagesordnung fanden, konnten dennoch verschiedene Aspekte ausgemacht werden, die für den Einsatz militärischer Mittel sprachen.[314] So bestand das Interesse, dem internationalen Terrorismus weltweit Einhalt zu gebieten, auch wenn sich diese neue, damals noch schwer zu fassende Bedrohung in Afghanistan, fernab von Deutschland, im politischen Bewusstsein noch nicht voll entfaltet hatte. Neben der Bekämpfung des internationalen Terrorismus stand die Absicht Deutschlands, Menschenrechtsverletzungen in Afghanistan zu verhindern, den Frieden zu wahren und den Wiederaufbau zu fördern. Auch die Bemühungen der Bundesrepublik um einen ständigen Sitz im UN-Sicherheitsrat sind auf diesem

[307] Vgl. Hacke, Christian: Die Außenpolitik der Regierung Schröder/Fischer: Zwischenbilanz und Perspektiven. In: Aus Politik und Zeitgeschichte: Außenpolitik der Bundesrepublik. B 48. Bonn. 2002. S.11.
Auf der Petersberger-Konferenz wurde im Wesentlichen der Ablauf einer Regierungsbildung von der Interimsverwaltung bis hin zu einer verfassungsgebenden Loya Jirga und freien Wahlen sowie die Festlegung der ISAF-Schutztruppe auf Grundlage eines UN-Mandates beschlossen. Vgl. Auswärtiges Amt: Übereinkommen über vorläufige Regelungen in Afghanistan bis zur Wiederherstellung dauerhafter staatlicher Institutionen. Berlin. 2001.

[308] Vgl. Buras, Piotr / Longhurst, Kerry: The Berlin Republic, Iraq, and the Use of Force. In: European Security. Volume 13. Issue 3. London. 2004. S.235.

[309] Vgl. Von Krause, 2011: S.280.

[310] Vgl. Dettke, Dieter: Deutschland als europäische Macht und Bündnispartner. In: Aus Politik und Zeitgeschichte: NATO. B 15-16. Bonn. 2009. S.44.

[311] Vgl. Weiss, 2008: S.7.

[312] Gießmann, Hans / Wagner, Armin: Auslandseinsätze der Bundeswehr. In: Aus Politik und Zeitgeschichte: Bundeswehr. B 48. Bonn. 2009. S.6.

[313] Vgl. Sedlmayr, 2008: S.180.

[314] Vgl. Von Krause, 2011: S.210.

Hintergrund einzuordnen. Das deutsche Engagement in der Ausrichtung der Petersberger-Konferenz und die Beteiligung an ISAF unterstrichen die deutschen Anstrengungen, insgesamt eine UN-freundliche Politik zu implementieren.[315] Eine spezifisch deutsche Interessenperspektive ließ sich für Afghanistan im traditionellen Machtverständnis nicht finden. Grundsätzlich reagierte Deutschland nach den Terroranschlägen nur auf die Anfragen der USA im Falle der OEF und auf die Anfragen der UN im Falle der Petersberger-Konferenz und ließ damit eine eigenständige strategische Politik zum internationalen Terrorismus und zu Afghanistan vermissen.[316]

Insgesamt lag die Ursache des politischen Engagements der Bundesrepublik Deutschland nach 9/11 mehr in der Bündnistreue gegenüber den USA und weniger in einer interessengeleiteten Politik.[317] Große Freiheiten blieben der deutschen Politik ohnehin nicht, da die US-amerikanische Außenpolitik unilateralistische Tendenzen annahm, indem nicht über internationale Organisationen der Kampf gegen den internationalen Terrorismus geführt, sondern lediglich durch die UN legitimiert wurde und sich damit die Bildung der US-geführten und dominierten Ad hoc-Koalition im Rahmen der OEF einer institutionellen multilateralen Konfliktbewältigung entzog.[318] Deutschland konnte daher nach dem Kosovo-Krieg nur erneut zeigen, dass es in Krisen und Konflikten international Verantwortung übernehmen kann und verlässlich an der Seite der Bündnispartner steht. So auch Bundeskanzler Gerhard Schröder im Bundestag am 8. November 2001: „Der Beitrag, den wir leisten wollen, ist auch Ausdruck unserer Bereitschaft, der gewachsenen Verantwortung Deutschlands in der Welt durch konkretes Handeln Rechnung zu tragen. Es muss deutlich werden: Es geht nicht um irgendeine außenpolitische Strategie“[319]. Trotz allen Engagements kann dennoch feststellt werden, dass sich das internationale Engagement der Bundesregierung doch in Grenzen hielt und eine eher minimalistische reaktive Außen- und Sicherheitspolitik betrieben wurde.[320] Diese Politik trug zwar der gewachsenen Verantwortung Deutschlands Rechnung, unterließ es aber, die politische Verlässlichkeit durch ein in eine Strategie gebettetes Interessenspektrum zu stärken, um auch für die politischen Partner berechenbarer zu werden.

---

[315] Vgl. Risse, Thomas: Kontinuität durch Wandel: Eine „neue“ deutsche Außenpolitik? In: Aus Politik und Zeitgeschichte: Deutsche Außenpolitik. B 11. Bonn. 2004. S.29; vgl. Sedlmayr, 2008: S.176; vgl. Naumann, 2010: S.29; vgl. Von Krause, 2011: S.212.

[316] Vgl. Hacke, 2002: S.11.

[317] Vgl. Naumann, 2010: S.25f.

[318] Die USA waren nachdem Kosovo-Krieg aufgrund der mangelnden militärischen Kapazitäten und einen politisch durchsetzungsschwachen politischen Willen über die europäischen Verbündeten unzufrieden. Diese Unzufriedenheit äußerte sich nochmal verstärkt nach den Anschlägen vom 11. September, als die USA es ablehnten im Rahmen der NATO gegen den internationalen Terrorismus vorzugehen. vgl. Hacke, 2002: S.11; vgl. Kagan, Robert: Macht und Ohnmacht. Amerika und Europa in der neuen Weltordnung. Berlin. 2003. S.60f; vgl. Müller, Harald: Supermacht in der Sackgasse. Die Weltordnung nach dem 11. September. Frankfurt am Main. 2003. S.129f.

[319] Deutscher Bundestag: Plenarprotokoll. 14/198. Berlin. 2001. S.19285.

[320] Vgl. Hacke, Christian: Die transatlantischen Beziehungen im Zeichen des Krieges gegen den Terrorismus. In: Bundesakademie für Sicherheitspolitik: Sicherheitspolitik in neuen Dimensionen. Ergänzungsband 1. Berlin. 2004(b). S.453.

4.2. Multilaterale Einbindung Deutschlands

Nach den Terroranschlägen vom 11. September verabschiedeten die UN die Sicherheitsrats-Resolutionen 1368 und 1373. Sie standen den USA das Recht auf Selbstverteidigung nach der Charta der Vereinten Nationen zu. Damit erhielten auch Mitgliedstaaten der UN die völkerrechtliche Legitimation, international gegen den Terrorismus vorzugehen. Auf dieser Grundlage war ebenso für die deutsche Außen- und Sicherheitspolitik die rechtliche Grundlage geschaffen, sich legitim an den Maßnahmen u.a. in Afghanistan militärisch zu beteiligen und damit den vorangegangenen Solidaritätsbekundungen gegenüber den USA auch Taten folgen zu lassen.

Neben den UN hatte die NATO den Beschluss gefasst, den Angriff auf die USA unter Art. 5 des NATO-Vertrages einzuordnen, und hatte damit zum ersten Mal in ihrer Geschichte den Bündnisfall ausgerufen.[321] Dieser Schritt blieb jedoch militärisch weitgehend folgenlos, „er war vor allem eine Geste der Solidarität."[322] Es folgten daher keine konkreten Kampfeinsätze im Rahmen der NATO. Die Bundesrepublik unterstützte das Vorgehen der NATO zwar, äußerte allerdings innerhalb des Bündnisses Bedenken gegenüber einem Automatismus von militärischen Interventionen.[323] Insofern wurde die OEF militärisch nicht durch die NATO, sondern durch die USA angeführt und durch eine internationale Ad hoc-Koalition unterstützt. Demzufolge spielte die NATO für die OEF, aber auch für die spätere ISAF-Mission im Jahr 2001 noch keine besondere Rolle.[324]

Die Reaktion der EU auf die Terroranschläge erfolgte nicht so zügig wie bei den Vereinten Nationen und der NATO, fanden aber schließlich doch Anschluss an die Linie gegen den internationalen Terrorismus. Allerdings gingen die politischen Maßnahmen mehrheitlich eher von den Hauptstädten der europäischen Staaten aus als von Brüssel. Aufgrund der noch in der Entwicklung stehenden GASP und ESVP besaß die EU zu diesem Zeitpunkt keine Kompetenzen, um etwaige militärische Maßnahmen gegen den internationalen Terrorismus vorzunehmen.[325] Als „Ganzes schien Europa nach dem 11. September 2001 als sicherheitspolitischer Machtfaktor weiter an Bedeutung zu verlieren, ja die EU und auch die NATO versanken fast zur völligen Bedeutungslosigkeit"[326].

[321] Vgl. Bundesregierung: Deutschland leistet USA Beistand auf der Grundlage des NATO-Vertrages. Berlin. 2001; vgl. Heydemann, Günther / Gülzau Jan: Konsens, Krise und Konflikt. Die deutsch-amerikanischen Beziehungen im Zeichen von Terror und Irak-Krieg. Bundeszentrale für politische Bildung. Bonn. 2010. S.39.

[322] Haftendorn, Helga: Die Krise der transatlantischen Beziehungen und die Transformation der NATO. In: Kubbig, Bernd: Brandherd Irak. US-Hegemonieanspruch. Die UNO und die Rolle Europas. Frankfurt am Main. 2003. S.218.

[323] Vgl. Overhaus, 2009: S.259.

[324] Kaiser, Karl: German Perspectives on the new strategic Landscape after September 11. American Institute for Contemporary German Studies. Washington. 2002. S.2-3; vgl. Theiler, 2003: S.265f; vgl. Varwick, Johannes: Deutsche Sicherheits- und Verteidigungspolitik in der Nordatlantischen Allianz: Die Politik der rot-grünen Bundesregierung 1998-2003. In: Harnisch, Sebastian / Katsioulis, Christos / Overhaus, Marco: Deutsche Sicherheitspolitik. Eine Bilanz der Regierung Schröder. Baden-Baden. 2004. S.20ff; vgl. Overhaus, 2009: S.267; vgl. Von Krause, 2011: S.122.

[325] Vgl. Kaiser, 2002: S.3-4; vgl. Regelsberger, Elfriede: Gemeinsame Außen- und Sicherheitspolitik. In: Weidenfeld, Werner / Wessels, Wolfgang: Jahrbuch der Europäischen Integration 2001/2002. Bonn. 2002. S.233; vgl. Müller, 2003: S.159ff; vgl. Fischer, 2008: S.22; vgl. Von Krause, 2011: S.127f.

[326] Hacke, 2004(a): S.480.

Damit blieben für Deutschland nur die UN-Resolutionen als legitime Grundlage und multilaterale Einbindung für den Kampf gegen den Terrorismus, der durch bilaterale Vereinbarungen auf multilateraler Ebene im Rahmen der OEF umgesetzt wurde.[327] Während die USA zusammen mit der Nordallianz in Afghanistan gegen die Taliban vorgingen, hielt sich die Bundesrepublik mit ihrem militärischen Anteil an der OEF zurück[328], konnte sich aber als verlässlicher Partner im Rahmen eines multilateralen Vorgehens beweisen.[329] Allerdings bekräftigte Bundeskanzler Schröder vor der Entscheidung zur deutschen Beteiligung an der OEF, „dass [zwar] alle Maßnahmen einschließlich der militärischen exakt auf dieser völkerrechtlich verbindlichen Basis getroffen worden sind, also durch die Staatengemeinschaft und durch das internationale Recht in vollem Umfang legitimiert sind“[330], stellte darüber hinaus neben den militärischen Aktionen jedoch eine „politische Lösung unter dem Dach der Vereinten Nationen“[331] als langfristiges Ziel heraus. Die Betonung des multilateralen Ansatzes gründete in der Befürchtung der Bundesregierung, die USA würden aufgrund der Anschläge überreagieren und durch unilaterale Maßnahmen einen globalen Konflikt besonders im Nahen und Mittleren Osten heraufbeschwören.[332]

Daher engagierte sich Deutschland auf multilateraler Ebene zunächst besonders in der ASG und dann Ende November in der Ausrichtung der Petersberger-Konferenz zur Wiederaufbauhilfe für Afghanistan.[333] Eine Vermittlungs- oder Führungsposition nahm die Bundesrepublik dabei jedoch nicht ein. Auch eine Bitte zur Einnahme einer politischen Führungsrolle für die geplante Friedens-Mission lehnte die Bundesregierung zwar ab, bewies aber insgesamt doch diplomatisches Engagement.[334] Darüber hinaus stand die deutsche Beteiligung unter der Voraussetzung einer strengen Trennung zwischen OEF- und ISAF-Mandat. Politisch und völkerrechtlich gründete die Friedens-Mission in Afghanistan auf den UN-Resolutionen, während die Umsetzung nach dem Beschluss auf dem EU-Gipfel in Laeken, Mitte Dezember, vorwiegend multinational im europäischen Rahmen erfolgen sollte.[335] Damit war für die Bundesrepublik einerseits eine breite multilaterale Einbindung geschaffen und andererseits die militärische Komponente durch die Mandats-Trennung relativiert. In diesem Sinne gelang es der Bundesrepublik Deutschland dem traditionellen deutschen außenpolitischen Prinzip des Multilateralismus Geltung zu verschaffen und in Afghanistan den zivilen Elementen der Konfliktlösung Vorrang zu geben.

---

[327] Vgl. Haftendorn, 2003: S.218f; vgl. Varwick, 2004: S.20.
[328] Vgl. Sedlmayr, 2008: S.177.
[329] Vgl. Buras, 2004: S.233.
[330] Deutscher Bundestag: Plenarprotokoll. 14/198. Berlin. 2001. S.19285.
[331] Bundesregierung: Regierungserklärung des Bundeskanzlers zur Beteiligung bewaffneter deutscher Streitkräfte an der Bekämpfung des internationalen Terrorismus. Berlin. 2001.
[332] Vgl. Buras, 2004: S.231f.
[333] Vgl. Heydemann, 2010. S.14.
[334] Vgl. Hacke, 2004(a): S.479f; vgl. Overhaus, 2009: S.268f.
[335] Vgl. Bundesregierung: Beteiligung Deutschlands an UN-Friedenstruppe in Afghanistan. Berlin. 2001.

Bei der Entscheidung Berlins über eine deutsche Beteiligung an der OEF und an ISAF spielte die multilaterale Einbindung in der Umsetzung der Maßnahmen somit eine herausgehobene Rolle.[336] „Bei OEF dominierte dabei die „uneingeschränkte Solidarität mit den USA“, die von der Bundesregierung und Parlament in der hochemotionalen Phase nach 9/11 erklärt worden war. Bei ISAF kam die Überzeugung der Entscheidungsträger hinzu, die VN unterstützen zu müssen.“[337] Während die UN für Deutschland legitimierenden Charakter besaß, erhielt im Fall Afghanistan eine Ad hoc-Koalition, wie schon während der Kosovo-Krise, besondere Bedeutung in der deutschen Außenpolitik.[338] „Die beiden Einsätze waren ein weiterer Schritt in der Entwicklung der deutschen Bereitschaft, den Einsatz militärischer Mittel in einem multilateralen Rahmen als legitimen Bestandteil außenpolitischen Handelns zu sehen.“[339]

4.3. Deutsche Wirtschaftsinteressen

Die wirtschaftlichen Folgen der Anschläge des 11. September in Form von Kurseinbrüchen an den Börsen hatten weltweite Folgen, von denen auch Deutschland als exportorientierte Industrienation besonders betroffen war. Die nach den Anschlägen getroffenen Sicherheitsmaßnahmen, zu denen auch militärische Interventionen zählten, wie die in Afghanistan, führten zusätzlich zu erhöhten staatlichen als auch gesellschaftlichen Transaktionskosten. Während die Kurseinbrüche kurzfristig die Weltwirtschaft beeinträchtigten, waren die erhöhten sicherheits-bedingten Transaktionskosten von Dauer. Insgesamt stand in diesem Zusammenhang ein ökonomischer Nachfragerückgang, hervorgerufen durch Ängste und Vertrauensverluste der Menschen vor allem in Europa und den USA.[340] Hieraus konnte ein allgemeines wirtschaftliches Interesse der Bundesrepublik Deutschland als Handelsmacht, die darüber hinaus im Jahr der Anschläge unter einer wirtschaftliche Rezession litt, abgeleitet werden, gegen den internationalen Terrorismus vorzugehen, um dadurch hervorgerufene Finanzkrisen zu verhindern.[341] Ein Bezug zu Afghanistan und deutschen wirtschaftlichen Interessen lässt sich nur im Zusammenhang mit dem internationalen Terrorismus und dem allgemeinen Engagement Deutschlands, weltweit Frieden und Stabilität zu fördern, herstellen. Während der Ko-

[336] Vgl. Buch, Heinrich: Die Irak-Debatte in Deutschland. In: Hubatschek, Gerhard: Irak-Krieg 2003. Folgerungen für Deutschland und Europa. Frankfurt am Main. 2003. S.100.

[337] Von Krause, 2011: S.289.

[338] Vgl. Hippler, Jochen: Afghanistan: Kurskorrektur oder Rückzug? Die politischen Folgen aus der Gewalteskalation. Policy Paper 29. Stiftung Entwicklung und Frieden. Bonn. 2008. S.4; vgl. Kornelius, Stefan: Der unerklärte Krieg. Deutschlands Selbstbetrug in Afghanistan. Hamburg. 2009. S.10; vgl. Von Krause, 2011: S.279.

[339] Baumann, Rainer: Der Wandel des deutschen Multilateralismus. Eine diskursanalytische Untersuchung deutscher Außenpolitik. Frankfurt am Main. 2006. S.177.

[340] Vgl. Brück, Tilman / Schumacher, Dieter: Die wirtschaftlichen Folgen des internationalen Terrorismus. In: Aus Politik und Zeitgeschichte: Globaler Terrorismus und seine Folgen für Politik und Wirtschaft. B 3-4. Bonn. 2004. S.41; vgl. Leibfritz, Willi: Auswirkungen des Terrorismus auf die Volkswirtschaften und die Wirtschaftspolitik. In: Aus Politik und Zeitgeschichte: Globaler Terrorismus und seine Folgen für Politik und Wirtschaft. B 3-4. Bonn. 2004. S.47ff; vgl. Klein, Adam: Die Kosten des Terrors. Wirtschaftliche Auswirkungen des internationalen Terrorismus. Analysen & Argumente. Konrad Adenauer Stiftung. Ausgabe 41. Berlin. 2007. S.3ff.

[341] Vgl. Müller, Markus / Sturm, Roland: Wirtschaftspolitik kompakt. Wiesbaden. 2010. S.113.

sovo-Krieg eine ganze Region, die geographisch dem Interessenbereich der Bundesrepublik zuzuordnen ist, zu destabilisieren drohte, spielte sich der Kampf gegen den Terror in mehreren tausend Kilometer entfernten Afghanistan ab. Eine unmittelbare Betroffenheit der Bundesrepublik Deutschland war damit zwar nicht unmittelbar gegeben, es war aber davon auszugehen, dass eine durch Terrorismus verunsicherte Weltwirtschaft im Rahmen der Globalisierung auch auf die Exportnation Deutschland durchschlagen würde. Derartige Entwicklungen alleine begründen aber immer noch nicht das Mittel der militärischen Intervention. Gleichwohl können terroristische Anschläge dazu führen, dass Märkte weltweit in Mitleidenschaft gezogen werden und sich dadurch die Absicht vor allem der führenden Industriestaaten verstärkt, Terroristen dort zu bekämpfen, wo ihnen Unterschlupf und Operationsfreiheit gewährt wird.

Wirtschaftliche Aspekte zur deutschen militärischen Beteiligung an der OEF und ISAF ließen sich in den Begründungen der Bundesregierung eher nur indirekt finden. Außenminister Fischer betonte zwar, dass eine offene Weltwirtschaft und die damit einhergehenden positiven Wirtschaftsaspekte dazu führen können, Terrorismus einzudämmen, stellte jedoch keinen direkten Zusammenhang zu militärischen Interventionen her.[342] Bundeskanzler Schröder hingegen sah militärische und wirtschaftliche Instrumente zur Bekämpfung des Terrorismus einem erweiterten Sicherheitsbegriff untergeordnet: „Sicherheit fördert Entwicklung, aber Entwicklung fördert auch Sicherheit."[343] Insgesamt sah aber auch er keine Gefahr für die deutsche Wirtschaft durch den internationalen Terrorismus oder durch die Militäreinsätze in Afghanistan.[344] Wirtschaftliche Gründe für eine deutsche militärische Beteiligung in Afghanistan lassen sich damit unter logischen Gesichtspunkten und mit Blick auf den internationalen Terrorismus zwar feststellen, sie spielten aber während des politischen Entscheidungsprozesses im Vorfeld des deutschen Afghanistan-Einsatzes nur am Rande eine Rolle.

4.4. Deutsche außenpolitische Kultur

Die deutsche Beteiligung an der OEF und ISAF in Afghanistan kann als nächster großer Schritt nach dem Wandel der außenpolitischen bzw. strategischen Kultur im Kosovo-Krieg verstanden werden, bei der die Zurückhaltung des Einsatzes von Militär als politisches Mittel zur Lösung von internationalen Konflikten langsam weiter aufgeweicht wurde.[345] Die in Folge der Terroranschläge vom 11. September festzustellende Erosion des Zivilmacht-Konzepts, entstand durch den auf Deutschland lastenden politischen Druck der USA, gemeinsam mit den atlantischen Verbündeten,

---

[342] Vgl. Bundesregierung: Rede des Bundesministers des Auswärtigen, Joschka Fischer, zur Neuausrichtung der Bundeswehr in der Debatte der 189. Sitzung des Deutschen Bundestages. Berlin. 2001.

[343] Bundesregierung: Rede von Bundeskanzler Gerhard Schröder beim Weltwirtschaftsforum 2002 in New York. Berlin 2002.

[344] Vgl. Frankfurter Allgemeine Zeitung: Schröder sieht keine Rezession durch Terror. Nr.41. Frankfurt am Main. 2001. S.2.

[345] Vgl. Buras, 2004: S.217; vgl. Hellmann, 2006: S.201.

gegen den internationalen Terrorismus vorzugehen. Aus diesem Einsatz militärischer Mittel heraus entwickelte sich schrittweise eine außenpolitische Normalität, in der deutsche Soldaten im Ausland ihren Beitrag zum internationalen Krisenmanagement beitrugen. Die Bundeswehr als traditionelle Verteidigungsarmee transformierte sich dadurch mehr und mehr zu einer Armee im Einsatz.[346] Die Bundesrepublik stand nach den Anschlägen vom 11. September und dem daraus entstehenden *war on terror* der USA vor der politischen Herausforderung, sich in der internationalen Konfliktlösung dem Trend hin zu vermehrten Militäreinsätzen anzupassen. Darüber hinaus galt es, sich auf das ebenso vermehrte unilaterale Vorgehen der USA im Kampf gegen den internationalen Terrorismus einzustellen und mit dazu beizutragen, den durch den Unilateralismus hervorgerufenen relativen Bedeutungsverlust internationaler Organisationen auszugleichen.[347]

Diesem Prozess begegnete die Bundesrepublik Deutschland mit dem Versuch, die ISAF-Mission auf traditionelle zivil-kulturelle Weise unter humanitären Gesichtspunkten zu betrachten und den Kampf gegen den Terrorismus nicht nur ausschließlich über eine militärische Komponente zu definieren. Obwohl Deutschland noch keine zivile Wiederaufbauhilfe in Afghanistan leistete und die deutsche Beteiligung für die OEF erst noch im Bundestag entschieden werden musste, merkte Schröder schon während der noch anhaltenden Kampfhandlungen zwischen dem US-Militär und den Taliban an: „Durch die militärischen Maßnahmen ist der Weg frei geworden für die humanitäre Versorgung der Not leidenden afghanischen Bevölkerung." Er fügte hinzu: „Wir haben stets betont, dass wir nicht allein und schon gar nicht ausschließlich auf militärische Maßnahmen setzen."[348] Auch Außenminister Fischer sah schon zu diesem Zeitpunkt die Notwendigkeit, aber auch die Chance, Afghanistan im Rahmen der UN und mithilfe von Nichtregierungs-Organisationen wieder aufzubauen.[349] Auch bekundeten viele Abgeordnete hinsichtlich des Einsatzes von Militär im Kampf gegen den internationalen Terrorismus große Skepsis.[350] Für die ISAF-Schutztruppe argumentierte Schröder, dass sowohl militärische als auch zivile Maßnahmen in Afghanistan zum Erfolg führen würden. „Beides zusammen – die Bereitschaft, Gegengewalt einzusetzen, und die Absicht, dabei immer auch politische Lösungen im Auge zu haben [...] hat den Erfolg gebracht."[351] Ferner betonte er die strikte Mandatstrennung zwischen OEF und ISAF, um den zivilen Charakter der ISAF-Mission hervorzuheben.[352] Auch Fischer stellte heraus, dass es bei ISAF vor allem „um eine Friedensmission"[353] ginge.

---

[346] Vgl. Buras, 2004: S.230; vgl. Hacke, 2004(a): S.480.
[347] Vgl. Buras, 2004: S.229f.
[348] Deutscher Bundestag: Plenarprotokoll. 14/202. Berlin. 2001. S.19856.
[349] Ebd. S.19878.
[350] Vgl. Dalgaard-Nielsen, Anja: Gulf War: The German Resistance. In: The Survival: The Pakistan Problem. The International Institute for Strategic Studies. Volume 45. Issue 1.London. 2003. S.108.
[351] Deutscher Bundestag: Plenarprotokoll. 14/210. Berlin. 2001. S.20822.
[352] Ebd. S.20823.
[353] Ebd. S.20826.

Während sich in der deutschen Außen- und Sicherheitspolitik die Bereitschaft zwar weiter entwickelte, Militär außerhalb des eigenen Territoriums gegen den internationalen Terrorismus einzusetzen, nahm gleichzeitig aber auch die Erkenntnis zu, dass die zivilen Komponenten der Konfliktbeherrschung im Rahmen einer politisch-gesamtheitlichen Konfliktlösung von großer Bedeutung seien. Damit wurde der grundlegende Charakter der deutschen außenpolitischen »Kultur der Zurückhaltung« gewahrt und eine Balance zwischen ziviler und militärischer Konfliktlösung hergestellt. Ein grundlegender Wandel der außenpolitischen Kultur war an der deutschen Beteiligung am Militäreinsatz in Afghanistan somit nicht festzumachen.[354] Deutschlands außenpolitische Kultur bewegte sich eher in einem Balanceakt zwischen einem Prozess der Anpassung, aufbauend auf den Verpflichtungen, die sich aus der multilateralen Einbindung Deutschlands ergaben und dem Versuch, die traditionell zivil-ausgerichtete Außenpolitik zu erhalten.[355]

4.5. Politische Konkurrenz innerhalb Deutschlands

Die von Bundeskanzler Schröder ausgesprochene uneingeschränkte Solidarität mit den USA nach den Terroranschlägen vom 11. September erfuhr in der deutschen Parteienlandschaft eine weitgehend parteiübergreifende Unterstützung. Tagespolitische Streitigkeiten gerieten infolge der Ereignisse völlig in den Hintergrund.[356] Nach den Anschlägen unterschieden sich die Parteien in Deutschland lediglich in der Mittelwahl zur Bekämpfung des internationalen Terrorismus. Während die CDU vor allem die Bundeswehr und die NATO im Kampf gegen den internationalen Terrorismus als Mittel der Politik befürwortete, forderten die SPD, Bündnis90/die Grünen sowie die FDP, dass dieser Weg nur über die UN erreichbar und legitim sei. Die PDS lehnte den Einsatz von Militär weiterhin grundsätzlich ab.[357]

Besonders die Oppositionsparteien vertraten seinerzeit den Standpunkt, dass Auslandseinsätze der Bundeswehr als ein notwendiges politisches Mittel in der deutschen Außenpolitik anzusehen seien. Die beiden Regierungsparteien taten sich demgegenüber, wie schon während der Kosovo-Krise, weitaus schwerer. Denn im gleichen Jahr erreichte die Bundesregierung für eine militärisch unterstützte Friedensmission in Mazedonien nur aufgrund der Zustimmung der Opposition eine Mehrheit im deutschen Bundestag.[358] Während der Tage vor der Abstimmung am 16. November gaben dann acht Abgeordnete des Bündnis90/die Grünen bekannt, gegen den Antrag der Bundesregierung für eine Beteiligung an der OEF zu stimmen. Daraufhin verkündete Bundeskanzler Schrö-

[354] Vgl. Baumann, 2006: S.177.
[355] Vgl. Buras, 2004: S.231.
[356] Vgl. Schwab-Trapp, Michael: Kampf dem Terror. Vom Anschlag auf das World Trade Center bis zum Beginn des Irakkrieges. Eine empirische Studie über die politische Kultur Deutschlands im zweiten Jahrzehnt nach der Wiedervereinigung. Köln. 2007. S.35f; vgl. Heydemann, 2010: S.14, vgl. Von Krause, 2011: S.107.
[357] Vgl. Katsioulis, 2004: S.227-248.
[358] Vgl. Hacke, 2004(a): S.478; vgl. Sedlmayr, 2008: S.81.

der, dass er die Abstimmung im Bundestag mit der Vertrauensfrage verknüpfen würde und warb in den Regierungs- als auch in den Oppositionsfraktionen für eine deutsche Beteiligung an der OEF. Obwohl die Opposition für einen militärischen Einsatz abstimmen wollte, teilten die Fraktionen der CDU und FDP daraufhin Schröder mit, dass sie in Verbindung mit der Vertrauensfrage mit »Nein« stimmen würden.[359]

Auch wenn sich für die Abstimmung im Bundestag zur deutschen Beteiligung an der OEF Abweichler in den Regierungsparteien angekündigt hatten, konnte immer noch von einem überparteilichen Konsens gesprochen werden, da sich die Oppositionsparteien vor der Abstimmung im Bundestag bereit erklärten hatten, den Antrag der Bundesregierung zu unterstützen.[360] Im Bundestag kam es daher zu einer paradoxen Situation. Mit der Verknüpfung der Vertrauensfrage und dem Antrag der Bundesregierung für die Beteiligung an der OEF wurden die Oppositionsparteien von ihrer eigenen politischen Linie abgebracht, in die Oppositionsrolle gedrängt und die Regierungsparteien auf Regierungslinie gezwungen, um nicht Gefahr zu laufen, Neuwahlen zu ermöglichen, die zu einem Machtverlust hätten führen können.[361]

Die politisch konkurrierenden Positionen innerhalb der im Bundestag vertretenen Parteien in der Frage einer deutschen OEF-Beteiligung waren also nicht wie sonst üblich zwischen Regierungsparteien und Opposition zu finden, sondern nur innerhalb der Regierungsparteien. In den Reihen der SPD konnten allerdings alle Abgeordnete für die Regierungslinie bei der Abstimmung im Bundestag überzeugt werden und auch auf einem späteren Parteitag unterstützte der Großteil der Mitglieder nochmals die Entscheidung der Bundesregierung.[362] In den Reihen der Grünen wurden hingegen nicht alle Abgeordnete umgestimmt. „Der grün-protestantische Nationalpazifismus erhob also auch diesmal wieder sein Haupt, und damit wurde zu einem recht frühen Zeitpunkt in diesem sich abzeichnenden Konflikt in Afghanistan erneut jene Bruchlinie in Fraktion und Partei sichtbar, die bereits in der Kosovo-Krise nur mit allergrößten Anstrengung überbrückt werden konnte."[363] Auf dem Parteitag der Grünen, nach der Abstimmung im Bundestag, musste sich die Spitze der Partei heftige Kritik gefallen lassen und Parteiaustritte hinnehmen. Letztlich gelang es der Parteiführung dann doch, die Partei auf eine Unterstützung der Entscheidung der Bundesregierung nachträglich einzustimmen.[364]

---

[359] Vgl. Sedlmayr, 2008: S.81f; vgl. Deutscher Bundestag, Homepage: Datenhandbuch. 6. Parlament und Regierung. 6.14 Vertrauensfrage des Bundeskanzlers. Chronik der Vertrauensfrage von Bundeskanzler Gerhard Schröder im November 2001. Berlin. 2011. http://www.bundestag.de/dokumente/datenhandbuch/06/06_14/06_14_01.html (20.10.11)

[360] Vgl. Deutscher Bundestag, Homepage: Chronik der Vertrauensfrage von Bundeskanzler Gerhard Schröder im November 2001. Berlin. 2010.

[361] Vgl Schwab-Trapp, 2007: S.92.

[362] Vgl. Von Krause, 2011: S.247.

[363] Fischer, 2011: S.18.

[364] Vgl. Von Krause, 2011: S.247f.

Wie schon während der Kosovo-Krise war der politische Wettbewerb zwischen den Regierungs- und Oppositionsparteien auch im Fall einer deutschen OEF-Beteiligung erneut ausgehebelt. Der überparteiliche Konsens blieb bis zum Ende des Jahres bestehen und kam dann nochmals bei der Entscheidung zur Beteiligung an der ISAF-Schutztruppe zur Geltung.[365] Die Bundesregierung war wiederum bemüht, die eigene Macht zu erhalten, was man am ehesten durch die Demonstration politischer Handlungsfähigkeit zu erreichen glaubte. Dazu war es notwendig, Widerspruch in den eigenen Reihen zu entkräften, um die Regierungslinie durchsetzen zu können. Erneut war es die Regierungsverantwortung, aus der heraus sich die rot-grüne Regierung gezwungen sah, einen sonst mit den eigenen Parteigrundsätzen kaum in Einklang zu bringenden sicherheitspolitischen Weg einzuschlagen.[366]

4.6. Öffentliche Meinung in Deutschland

Die Terroranschläge vom 11. September 2001 waren ein mediales Ereignis von enormem Ausmaß. Durch die Live-Berichterstattung aus New York waren die Menschen weltweit Zeugen, wie das zweite von Terroristen gesteuerte Flugzeug in den Süd-Turm der *Twin Towers* flog und im Anschluss beide Hochhäuser einstürzten. In den folgenden Monaten beherrschte 9/11 als Thema die Medienlandschaft.[367] Die deutsche öffentliche Meinung stimmte weitgehend mit der Auffassung der Bundesregierung überein, dass die Anschläge ein entscheidendes Ereignis in der Weltpolitik seien. Umfragen kurz nach den Anschlägen bestätigten, dass 100 Prozent der Befragten Kenntnis von den terroristischen Attacken in den USA hatten. Für die kommenden Einsätze der Bundeswehr in Afghanistan war die durch die Medien hervorgerufene Salienz in Deutschland also sehr hoch.[368]

Zwei Drittel der Bevölkerung vertrauten der Bundesregierung, angemessen mit dieser Lage umzugehen und unterstützten die durch den Bundeskanzler ausgesprochene uneingeschränkte Solidarität. Knapp die Hälfte der Deutschen erwartete gezielte Luftschläge gegen Terroristen, jedoch die wenigsten den Einsatz von Bodentruppen.[369] Als es Anfang November im Bundestag um die Abstimmung über die Beteiligung an der OEF ging, stimmten aber nur noch etwa die Hälfte der Bevölkerung für den Kurs der Bundesregierung, als bekannt wurde, dass deutsche Soldaten in Afgha-

---

[365] Vgl. Maaß, Citha: Die Afghanistan-Mission der Bundeswehr. In: Mair, Stefan: Auslandseinsätze der Bundeswehr. Leitfragen, Entscheidungsspielräume und Lehren. SWP-Studie. Stiftung Wissenschaft und Politik. Berlin. 2007. S.79.
Es stimmten 538 Abgeordnete für den Antrag der Bundesregierung, nur 35 waren dagegen und lediglich 8 enthielten sich. Vgl. Deutscher Bundestag: Plenarprotokoll. 14/210. Berlin. 2001. S.20850.

[366] Vgl. Hacke, 2002: S.11.

[367] Vgl. Weller, Christoph: Das Fernsehen und die politische Deutung der Ereignisse am 11. September. In: Löffelholz, Martin: Krieg als Medienereignis 2: Krisenkommunikation im 21. Jahrhundert. Wiesbaden. 2004. S.258; vgl. Schwab-Trapp, 2007: S.35.

[368] Vgl. Allensbacher Institut für Demoskopie: Terror in Amerika. Die Einschätzungen in Deutschland. Allensbacher Berichte. Nr. 21. Allensbach. S.1.

[369] Ebd. S.2.

nistan zum Einsatz kommen sollten.[370] Der Ende des Jahres 2001 beschlossene ISAF-Einsatz wurde ebenfalls nur von einer knappen Mehrheit der öffentlichen Meinung unterstützt und etwa von einem Drittel der Deutschen abgelehnt, ein deutliches Zeichen, das die strategische »Kultur der Zurückhaltung« im Einsatz militärischer Mittel zum Ausdruck brachte.[371] Während nach den Terroranschlägen vom 11. September zunächst noch ein hoher öffentlicher Konsens zu spüren war, nahm dieser mit jedem Schritt hin zur Militarisierung der Terrorbekämpfung in Afghanistan deutlich ab. Institutionalisierte Einflussmöglichkeiten der Bundesbürger, z.B. durch Wahlen, um die Außenpolitik der Bundesregierung zu beeinflussen, bestanden in diesem Zeitraum nicht.

Es lässt sich also feststellen, dass 9/11 zunächst von sehr hoher Salienz begleitet wurde. Die öffentliche Meinung unterstützte die von der Bundesregierung gegenüber den USA ausgesprochene uneingeschränkte Solidarität sehr deutlich. Aber mit der Zuspitzung hin zu einer Militarisierung des Kampfes gegen den Terror nahm die Bereitschaft der Deutschen spürbar ab, in der Konfliktbewältigung zu sehr auf das Militär zu setzen. Insofern kristallisierten sich schon damals klare Anzeichen heraus, die auf eine ablehnende Haltung der öffentlichen Meinung gegenüber der Beteiligung Deutschlands am Krieg in Afghanistan hindeuteten.

4.7. Bundeskanzler

Bundeskanzler Schröder sprach den USA als Reaktion auf die Terroranschläge vom 11. September die „uneingeschränkte Solidarität" aus. Er beschrieb den Anschlag als „eine Kriegserklärung gegen die gesamte zivilisierte Welt" und schloss damit Deutschland als von den Angriffen unmittelbar betroffen mit ein. Indem Schröder erklärte, Maßnahmen zu ergreifen, „um dem Terrorismus weltweit den Nährboden zu entziehen"[372], schaffte er für die Bundesrepublik in Verbindung mit der Solidaritätsbekundung zu USA eine Grundvoraussetzung, von der aus ein aktives deutsches Engagement zu erwarten war. Für ihn schien klar, „dass nur eine weltweite Koalition in der Lage sein würde, diejenigen, die hinter den Anschlägen standen, zu entlarven und schließlich dingfest zu machen"[373]. Allerdings verstand der Bundeskanzler „den 11. September [auch] als Chance, um Deutschlands Position in der internationalen Politik vor allem mit Blick auf die USA zu festigen"[374].

Das weitere deutsche Vorgehen gegen den internationalen Terrorismus sollte also auf multilateraler Basis durchgeführt werden und wurde früh von der Absicht des Bundeskanzlers getragen, auch

[370] Vgl. Der Spiegel: Abmarsch in die Realität. Heft 46. Hamburg. 2001. S.22; vgl. Noelle-Neumann, Elisabeth / Köcher, Renate: Allensbacher Jahrbuch für Demoskopie. 1998 – 2002. Allensbach. 2002. S.997.
[371] Vgl. Noelle-Neumann, 2002: S.990; vgl. Erb, Scott: German foreign policy. Navigating a new era. London. 2003. S.193ff.
[372] Schröder, Gerhard: Regierungserklärung von Bundeskanzler Gerhard Schröder zu den Anschlägen in den Vereinigten Staaten von Amerika vor dem Deutschen Bundestag am 12. September 2001 in Berlin. Berlin. 2001.
[373] Schröder, 2007: S.174.
[374] Hacke, 2004(a): S.476.

militärische Kapazitäten dafür einzusetzen.[375] Gleichwohl stellte Schröder fest, dass sich Deutschland, trotz anfänglicher Hinweise auf eine deutsche Beteiligung an einem Krieg gegen den Terror, zu diesem Zeitpunkt eben noch nicht im Krieg befände.[376] Schröder relativierte damit die uneingeschränkte Solidarität den Amerikanern gegenüber auf der Bundestagesdebatte am 19. September, in dem er folgende Formel festmachte: „Zu Risiken – auch im Militärischen – ist Deutschland bereit, aber nicht zu Abenteuern."[377] Mit der Feststellung der UN, dass durch 9/11 eine Bedrohung des Weltfriedens vorlag, ergab sich für ihn jedoch die völkerrechtliche Möglichkeit, militärische Schritte gegen den internationalen Terrorismus durchaus in Betracht zu ziehen. Dazu zählte auch die NATO, die ihre Solidarität gegenüber den USA im Rahmen der Art. 5 des NATO-Vertrages erklärt hatte, auch wenn zu diesem Zeitpunkt weder von den USA noch von der NATO eine Forderung nach militärischer Bekämpfung der Terroristen vorlag.[378] Neben den UN und der NATO versuchte Schröder auch die EU auf eine gemeinsame Linie zur Bekämpfung des internationalen Terrorismus zu bringen, scheiterte jedoch an den Regierungen der Mitgliedstaaten, die eher auf bilaterale Ebene mit den USA in Kontakt traten.[379]

Im Oktober untermauerte er seine Solidaritätsbekundung gegenüber den USA, stand zu den deutschen Beistands-Verpflichtungen und führte freiheitliche, humanitäre und sicherheitspolitische Aspekte als Begründung für die Bekämpfung von Terroristen an. Damit unterstrich er abermals, wie bereits vor und während des Kosovo-Konflikts, dass man bereit war, Verantwortung auf der internationale Ebene zu tragen. „Das schließt – und das sage ich ganz unmissverständlich – auch die Beteiligung an militärische Operationen zur Verteidigung von Freiheit und Menschenrechten, zur Herstellung von Stabilität und Sicherheit ausdrücklich ein."[380] Die Militarisierung deutscher Politik lehnte er aber ab, indem er feststellte, dass „unsere zivile Gesellschaft gegenüber der Notwendigkeit militärischer Optionen und ihrer Ausübung zurückhaltender als jemals in der deutschen Geschichte geworden ist. [Das] begreife ich als einen zivilisatorischen Fortschritt, auch wenn es die eigene Argumentation bezüglich bestimmter Notwendigkeiten schwerer macht. Mir ist [...] die Zurückhaltung einer Gesellschaft, die sich zu Recht etwas auf ihren zivilen Charakter einbildet, allemal lieber als jede Form von Hurrapatriotismus"[381]. Im November nahmen dann die Forderungen der USA für die OEF konkretere Formen an, woraufhin der Bundeskanzler am 7. November einen Antrag für

[375] Vgl. Schröder, 2007: S.176.
[376] Vgl. Bundesregierung: „Wir sind nicht im Krieg" – Interview mit dem Bundeskanzler in der ARD zu Anschlägen in den USA. München. 2001
[377] Deutscher Bundestag: Plenarprotokoll. 14/187. Berlin. 2001. S.18302.
[378] Ebd. S.18302.
[379] Vgl. Hacke, 2004(a): S.476f.
[380] Deutscher Bundestag: Plenarprotokoll. 14/192. Berlin. 2001. S.18682.
[381] Ebd. S.18683.

den Einsatz bewaffneter deutscher Streitkräfte zur Bekämpfung des internationalen Terrorismus an den Bundestag richtete.[382]

Nachdem Abgeordnete der Grünen-Fraktion öffentlich bekanntgegeben hatten, einem militärischen Einsatz deutscher Streitkräfte in einer Abstimmung des Bundestages nicht zuzustimmen, verknüpfte Schröder das Votum mit der Vertrauensfrage, um nach eigener Aussage die Abweichler auf Regierungslinie zu zwingen. Denn im Falle einer Neuwahl wäre vermutlich eine große Koalition zustande gekommen, was den Koalitionspartner Bündnis90/die Grünen in die Opposition gedrängt hätte.[383] In der Bundestagsdebatte betonte er: Es „gibt Situationen, in denen eine von allen gewollte politische Lösung militärisch vorbereitet, erzwungen und schließlich auch durchgesetzt werden muss“[384]. Um einen solchen militärischen Einsatz legitimieren zu können, so Schröder, bedurfte es einer großen Zustimmung im Bundestag. „Für eine Entscheidung von solcher Tragweite, auch für daraus vielleicht noch folgende Beschlussfassungen des Deutschen Bundestages ist es nach meiner festen Überzeugung unabdingbar, dass sich der Bundeskanzler und die Bundesregierung auf eine Mehrheit in der sie tragenden Koalition stützen können.“[385] Dabei unterstrich er nochmals neben der bekundeten Bündnissolidarität, dass „das vereinte und souveräne Deutschland seiner gewachsene Verantwortung in der Welt“[386] nachkomme. Durch diesen politischen Schachzug erzielte Schröder die »Kanzlermehrheit« und konnte gleichzeitig den Forderungen der USA nach militärischer Unterstützung nachgeben und schließlich als Bundesregierung zunächst gestärkt aus der Entscheidung hervorgehen.[387]

Mit Abschluss der Petersberger-Konferenz Ende des Jahres stimmte Schröder die deutsche Politik erneut auf die Entsendung deutscher Streitkräfte ins Ausland ein, indem die Bundesregierung zugestimmt hatte, sich an der ISAF zu beteiligen: „Wir, die Deutschen, wollen diesen Prozess gemeinsam mit unseren europäischen Partnern und der internationalen Staatengemeinschaft nach Kräften unterstützen.“[388] Um nicht erneut durch eine Abstimmung im Bundestag in die Bredouille zu geraten, forderte der Bundeskanzler kurz nach der Konferenz in Petersberg, dass eine Friedenstruppe für Afghanistan eine getrennte Kommandostruktur von den dort im Rahmen der OEF kriegführenden Parteien erhalten sollte.[389] Nachdem der Antrag der Bundesregierung für eine Beteili-

[382] Vgl. Busse, 2003: S.26; vgl. Bundesregierung: Antrag der Bundesregierung Einsatz bewaffneter deutscher Streitkräfte bei der Unterstützung der gemeinsamen Reaktion auf terroristische Angriffe gegen die USA auf Grundlage des Artikels 51 der Satzung der Vereinten Nationen und des Artikels 5 des Nordatlantikvertrags sowie der Resolution 1368 (2001) und 1373 (2001) des Sicherheitsrats der Vereinten Nationen. Drucksache 14/7296. Berlin. 2001.
[383] Vgl. Schröder, 2007: S.179; vgl. Sedlmayr, 2008: S.81.
[384] Deutscher Bundestag: Plenarprotokoll. 14/202. Berlin. 2001. S.19856.
[385] Ebd. S.19857.
[386] Ebd. S.19857.
[387] Vgl. Sedlmayr, 2008: S.81f; vgl. Von Krause, 2011: S.184.
[388] Bundesregierung: Rede von Bundeskanzler Gerhard Schröder zum Abschluss der Afghanistan-Konferenz am 5. Dezember 2001 auf dem Petersberg bei Bonn. Berlin. 2001.
[389] Vgl. Bundesregierung: Beteiligung Deutschlands an UN-Friedenstruppe in Afghanistan. Berlin. 2001

gung bewaffneter deutscher Streitkräfte an dem Einsatz einer internationalen Sicherheitsunterstützungstruppe in Afghanistan am 21. Dezember gestellt wurde, erklärte Schröder den weiteren militärischen Einsatz in Afghanistan als Folge diplomatischer Bemühungen und als Versuch, den Krieg dort zu beenden. „Die internationale Friedenstruppe ist also die Konsequenz politisch entschiedenen Handelns."[390] Um ein für den Einsatz positives Abstimmungsergebnis im Bundestag zu erreichen, betonte er die strikte Trennung zwischen dem friedvollen, von der UN legitimierten ISAF-Einsatz einerseits und andererseits dem kriegerischen OEF-Einsatz.[391]

Bundeskanzler Schröder betrieb nach den Terroranschlägen von 11. September und für die in diesem Zusammenhang stehende Entsendung deutscher Streitkräfte nach Afghanistan eine aktive auf die Bündnispartner ausgerichtete Außenpolitik. Seine Bekundung der uneingeschränkten Solidarität erwies sich als Grundlage für die Beteiligung deutscher Militärkräfte in Afghanistan. Die anschließende Abstimmung im Bundestag im Zusammenhang mit der OEF beeinflusste Schröder durch die Verknüpfung mit der Vertrauensfrage in die gewünschte politische Richtung. Die vom Bundeskanzler gewünschte formelle Trennung zwischen ISAF und OEF trug schließlich wesentlich dazu bei, den deutschen militärischen Einsatz in Afghanistan in der politischen Abstufung zwischen der eher defensiven Wiederaufbauhilfe (ISAF) und der offensiven Bekämpfung des Terrors (OEF) zu ermöglichen.

4.8. Außenminister

Außenminister Joschka Fischer unterstützte die Haltung der uneingeschränkten Solidarität Gerhard Schröders vorbehaltlos.[392] Für ihn war nach den Anschlägen des 11. September ebenfalls schnell klar, dass sich Deutschland aus dem Kampf gegen den Terrorismus nicht heraushalten konnte. Fischer begründete die Solidaritätsbekundung der Bundesregierung gegenüber den USA unter verschiedenen Gesichtspunkten. Dabei ging er gerade auf die Herkunft der Attentäter, die die Anschläge von Hamburg aus planten, ein und sprach von der Verpflichtung der Bundesrepublik gegenüber den Amerikanern, Solidarität zu bekunden.[393] Darüber hinaus ergäbe sich zusätzlich eine historische Verpflichtung. „Nach dem 11. September ging es für uns alle nicht nur allein um realpolitische Bündnisfragen und deren Konsequenzen, sondern gerade wir Deutsche hatten gegenüber den angegriffenen Vereinigten Staaten eine historische Dankesschuld abzutragen."[394] Diese internationale Verantwortung verknüpfte er wiederum mit den Zielen, weltweit Menschenrechte zu wahren und politische Stabilität und Sicherheit zu schaffen, wozu militärische Operationen eben notwendig

[390] Deutscher Bundestag: Plenarprotokoll. 14/210. Berlin. 2001. S.20822.
[391] Ebd. S.20823.
[392] Vgl. Fischer, Joschka: »I am not convinced«. Der Irak-Krieg und die rot-grünen Jahre. Köln. 2011. S.12.
[393] Vgl. Fischer, 2011: S.19f.
[394] Ebd. S.13.

seien. „Gerade wir Deutschen, die wir durch die Hilfe und Solidarität unserer amerikanischen und europäischen Freunde und Partner die Folgen zweier Weltkriege überwinden konnten, um zu Freiheit und Selbstbestimmung zu finden, haben nun auch eine Verpflichtung, unserer neuen Verantwortung umfassend gerecht zu werden. Das schließt – und das sage ich ganz unmissverständlich – auch die Beteiligung an militärischen Operationen zur Verteidigung von Freiheit und Menschenrechten, zur Herstellung von Stabilität und Sicherheit ausdrücklich ein."[395] Allerdings sah Fischer auch die eigene Regierungsfähigkeit gefährdet, sollte sich seine eigene Partei gegen eine solche Beteiligung entgegen stellen.[396]

Bereits Ende November versicherte der deutsche Außenminister der US-Administration, dass eine deutsche Teilnahme am Kampf gegen den internationalen Terrorismus sicher sei und durch die Bundesregierung keine alternativen Optionen in Betracht gezogen würden.[397] Um den Kurs der Bundesregierung weiter zu unterstützen, verwies Fischer mit Blick auf den Kosovo-Krieg auf die Notwendigkeit, in Konfliktlagen zu intervenieren, um die negativen Folgen ausufernder Kriege einzudämmen.[398] Nachdem sich der Fokus der USA auf Afghanistan richtete und deutlich wurde, dass es in dem zentralasiatischen Staat als Reaktion auf 9/11 zur militärischen Auseinandersetzung kommen würde, aktivierte der Außenminister die von der UN initiierte ASG. Deutschland besaß in diesem Jahr den Vorsitz, der es Fischer erlaubte, in dieser Richtung diplomatisch aktiv zu werden, um für die Bundesrepublik den Weg nach Afghanistan auf Basis humanitärer Hilfe zu ebnen.[399] Auf dem EU-Außenministertreffen Anfang Oktober betonte er aber auch die „Parallelität von militärischen und den notwendigen humanitären und politischen Maßnahmen"[400]. Dabei gehe es ihm um „nichts Geringeres als über den Entwurf einer Friedenspolitik im 21. Jahrhundert. Anders als zu Zeiten des Kalten Krieges bedeutet Friedenspolitik in der einen Welt im 21. Jahrhundert internationale Ordnungspolitik im Kampf gegen den internationalen Terrorismus. Das heißt, es geht darum, eine Weltordnung zu schaffen, die Zonen der Ordnungslosigkeit oder gar, wie es in weiten Teilen der Fall ist, des völligen politischen Ordnungsverlustes nicht mehr zulässt"[401].

Nach dem Antrag der Bundesregierung, deutsche Streitkräfte im Kampf gegen den Terrorismus einzusetzen, erklärte Fischer in der folgenden Bundestagsdebatte gegenüber den Abgeordneten des Bundestages, mit Verweis auf die Kosovo-Krise, dass die Intervention wiederum eine zentrale Ent-

---

395 Fischer, 2011 S.44.
396 Ebd. S.48f.
397 Vgl. Bundesregierung: Bundesaußenminister Fischer bei US-Präsident Bush und UN-Generalsekretär Annan. Berlin 2001.
398 Deutscher Bundestag: Plenarprotokoll. 14/189. Berlin. 2001. S.18396.
399 Vgl. Bundesregierung: Rede des Bundesministers des Auswärtigen Joschka Fischer zur Eröffnung der Sondersitzung der „Afghanistan Support Group" in Berlin. Berlin 2001.
400 Bundesregierung: Beratungen der EU-Außenminister über die Zukunft Afghanistans. Berlin. 2001.
401 Deutscher Bundestag: Plenarprotokoll. 14/192. Berlin. 2001. S.18693.

scheidung darstellt: „Krieg oder Frieden?“[402] Fischer begründete in dieser Debatte eine deutsche Beteiligung vor allem damit, dass andernfalls die USA zum Unilateralismus gezwungen werden. „Für mich ist eine der Lektionen des 11. Septembers, dass die USA nicht wieder in den Unilateralismus zurückgestoßen werden dürfen. Wer das nicht einsieht, der verkennt, dass die USA gemeinsam mit Europa eine große Chance haben, Konflikte zu lösen, und der begreift nicht, dass Friedenspolitik im 21. Jahrhundert vor allen Dingen multilaterale Verantwortungspolitik bedeutet.“[403] Der Außenminister sähe im Falle einer Nichtbeteiligung die UN, die Bündnisse, die EU und den deutschen Einfluss als geschwächt an.[404] „Die Entscheidung "Deutschland nimmt nicht teil" würde auch eine Schwächung Europas bedeuten und würde letztendlich bedeuten, dass wir keinen Einfluss auf die Gestaltung einer multilateralen Verantwortungspolitik hätten.“[405] Auf der Generalsversammlung der Vereinten Nation nutzte Fischer nochmal die Möglichkeit, deutlich zu machen, dass es nur multilateral über die UN möglich sei, den internationalen Terrorismus zu bekämpfen, da sich die Weltpolitik durch den 11. September als „defining moment“ grundlegend geändert hätte.[406] In Zusammenhang mit der an die OEF gekoppelten Vertrauensfrage des Bundeskanzlers und der Abstimmung des Bundestages hielt sich Fischer jedoch zurück. So überließ er es den Abgeordneten der Grünen, in Anbetracht eines drohenden Machverlustes bei einer Abstimmungsniederlage, zu entscheiden, ob sie für oder gegen einen Einsatz zu stimmen.[407]

Nachdem die Petersberger-Konferenz mit dem Entschluss für Afghanistan endete, Wiederaufbauhilfe zu leisten, eine gewählte Regierung einzusetzen und dies durch die ISAF zu sichern und nachdem die Bundesregierung einen Antrag über die Beteiligung deutscher Streitkräfte an dem Einsatz in Afghanistan am 21. Dezember an den Bundestag stellte, warb Fischer wiederum für eine deutsche Beteiligung. Insgesamt versuchte der Außenminister die Beweggründe für den ISAF-Einsatz mit humanitären und friedenssichernden Motiven zu erklären. Er hob hervor, dass es sich dabei um eine legitime UN-mandatierte, von der diplomatischen Initiative der Petersberger-Konferenz ausgehende und strikt von der OEF getrennte Friedensmission handele, bei der es um die Chance gehe, den jahrelangen Bürgerkrieg in Afghanistan zu beenden.[408]

Gegenüber dem Bundeskanzler nahm der Außenminister im Fall Afghanistan eine eher untergeordnete Rolle ein, indem er dessen Regierungslinie vorbehaltslos unterstütze. Viel mehr ging jedoch von Fischer durch die Aktivierung der ASG Eigeninitiative aus, die aber mit dem diplomatischen Engagement während der Kosovo-Krise nicht vergleichbar war. Er trug mit seinen diplomatischen

[402] Deutscher Bundestag: Plenarprotokoll. 14/198. Berlin. 2001. S.19293.
[403] Ebd. S.19296.
[404] Ebd. S.19296.
[405] Ebd. S.19296.
[406] Vgl. Bundesregierung: Rede des Bundesministers des Auswärtigen, Joschka Fischer, vor der 56. Generalsversammlung der Vereinten Nationen am in New York. Berlin. 2001.
[407] Vgl. Fischer, 2011: S.52ff.
[408] Deutscher Bundestag: Plenarprotokoll. 14/210. Berlin. 2001. S.20828.

Initiativen dazu bei, den Konflikt in Afghanistan auf humanitärer Ebene zu begreifen, ohne dabei völlig in die deutsche »Kultur der Zurückhaltung« abzugleiten und trug dazu bei, die Politik der Bundesregierung durchzusetzen. Bei der Blockadehaltung von Mitgliedern seiner eigenen Partei gegenüber einer deutschen Beteiligung im Rahmen der OEF wirkte er jedoch eher passiv und überließ dem Bundeskanzler das Feld, den Koalitionspartner mit dem äußersten Mittel der Vertrauensfrage auf Kurs der Bundesregierung zu bringen.

4.9. Konsens im Bundestag

Für die deutsche Beteiligung an der OEF war zunächst die Parlamentsdebatte vom 8. November 2001 im Bundestag von Belang, in der das erste Mal konkret über eine militärische Einsatzbeteiligung diskutiert wurde. Bundeskanzler Schröder machte gleich zu Anfang der Sitzung klar, dass es bei dem Antrag der Bundesregierung u.a. um „militärische Fähigkeiten zur Bekämpfung des internationalen Terrorismus“[409] ginge. Er betonte neben einer Solidaritätsbekundung gegenüber den USA, dass es sich „weder um eine deutsche Beteiligung an Luftangriffen noch um die Bereitstellung von Kampftruppen am Boden“[410] handele. Weitere Rechtfertigungen für den Einsatz sehe er in der Notwendigkeit, gegen das den internationalen Terrorismus unterstützende Taliban-Regime in Afghanistan vorzugehen und eine humanitäre Katastrophe im Rahmen der UN-Sicherheitsresolutionen dort zu verhindern.[411] Außenminister Fischer unterstützte weitestgehend die Ansichten des Bundeskanzlers und sah den Krieg als notwendiges Übel im Kampf gegen den internationalen Terrorismus an.[412] Verteidigungsminister Rudolf Scharping (SPD) ginge es neben den zuvor genannten Gründen um noch viel mehr: „Es geht um unser eigenes Interesse an der Bewahrung der Freiheit, der Rechtstaatlichkeit, der demokratischen Substanz der eigenen Gesellschaft.“[413] Damit postulierte er eine existenzielle Bedrohung durch den internationalen Terrorismus und hob eine deutsche Beteiligung an der OEF auf eine neue Rechtfertigungsebene, bei der es um die staatliche Existenz der eigenen Gesellschaft ginge.

Friedrich Merz (CDU) als Teil der Opposition unterstützte die Haltung des Bundeskanzlers und sah keine Alternative, den Antrag der Bundesregierung abzulehnen. „Mit klarem Verstand und Überzeugung müssen wir sagen, dass ein deutscher Sonderweg, ein Sich-Heraushalten in unserer Welt eine Illusion ist. Deutschland trägt Verantwortung wie andere Staaten dieser Welt auch.“[414] Merz spielte allerdings auch auf mögliche Gegenstimmen in den Regierungsfraktionen an und ap-

---

[409] Deutscher Bundestag: Plenarprotokoll. 14/198. Berlin. 2001. S.19284.
[410] Ebd. S.19285.
[411] Ebd. S.19285ff.
[412] Ebd. S.19295.
[413] Ebd. S.19299.
[414] Deutscher Bundestag: Plenarprotokoll. 14/198. Berlin. 2001. S.19287.

pellierte indirekt, sich der internationalen Verantwortung zu stellen.[415] Auch Guido Westerwelle (FDP) schloss sich in die Reihe der Unterstützer des Antrages ein, fügte der Kritik von Merz aber hinzu: „Der Bundeskanzler muss sich in der Außen- und Sicherheitspolitik gelegentlich auf die Opposition mehr verlassen, als er sich auf die eigenen Leute verlassen kann.[416] Die PDS lehnte den Krieg und Einsatz militärischer Mittel, wie beim Kosovo-Konflikt, grundsätzlich ab.[417]

In dieser ersten Debatte wurde deutlich, dass aufkommende Gegenstimmen in den Regierungsparteien bezüglich des militärischen Einsatzes deutscher Soldaten im Rahmen der OEF umgestimmt werden sollten. Die Überzeugungsarbeit gründete auf der Formel, den Einsatz zu »beschönigen«, indem er stets in Zusammenhang mit zivilen Instrumenten genannt, dabei konkrete Kampfeinsätze abgelehnt und vor negativen Auswirkungen auf internationaler Ebene durch einen Ansehensverlust Deutschlands und vor der Gefahr des Terrorismus gewarnt wurde.[418] Dennoch kündigten sich in den folgenden Tagen einige Abweichler aus der Partei der Grünen an, sich dem Antrag der Bundesregierung für eine deutsche Beteiligung an der OEF zu verweigern. Infolgedessen gab Bundeskanzler Schröder bekannt, den Antrag der Bundesregierung mit der Vertrauensfrage im Bundestag zu verknüpfen. Die Opposition erklärte daraufhin, den Antrag nicht mehr unterstützen zu wollen, sondern dagegen zu stimmen.

In der Bundestagsdebatte am 16. November bezog sich Schröder nochmals auf die Strategie gegen den internationalen Terrorismus, der zunächst einer militärischen Bekämpfung bedürfe als zwingende Voraussetzung für den anschließenden Wiederaufbau in Afghanistan. So sei die Außenpolitik der Regierungskoalition auf zivile Hilfe, Krisenprävention und Friedensicherung ausgelegt, in der der Einsatz militärischer Mittel als Teil-Instrument genutzt würde.[419] Auch Peter Struck (SPD) nutzte zur Einstimmung auf eine positive Abstimmung die zivile Schiene, indem er den militärischen Einsatz durch die Betonung humanitärer Aspekten relativierte und hinzufügte: „Ich bin fast sicher, dass die Bundeswehr dort nur noch gebraucht wird, um mitzuhelfen, die humanitäre Versorgung zu organisieren. Wenn das von uns erbeten wird, ist sie in einem guten Einsatz.“[420] Sollte es dennoch zum Kampf kommen, ginge es nicht, dass die einen kämpfen und die anderen lediglich helfen. Bündnissolidarität sei bei der Entscheidung der wichtigste Faktor.[421] Beide sahen die Notwendigkeit eines hohen Konsenses für eine militärische Beteiligung im Kampf gegen den internationalen Terrorismus. Besonders Struck betonte diesen Aspekt mit der deutschen Vergangenheit: „Die Bundesrepublik hat in mehr als 50 Jahren mit verschiedenen Regierungen und unter-

---

[415] Deutscher Bundestag: Plenarprotokoll. 14/198. Berlin. 2001. S.19288.
[416] Ebd. S.19292.
[417] Ebd. S.19296ff.
[418] Von Krause, 2011: S.218.
[419] Vgl. Deutscher Bundestag: Plenarprotokoll. 14/202. Berlin. 2001. S.19856f.
[420] Deutscher Bundestag: Plenarprotokoll. 14/202. Berlin. 2001. S.19864.
[421] Ebd. S.19864f.

schiedlichen Koalitionskonstellationen gelebt. Aber sie hat nur leben und sich in Freiheit entfalten können, weil sie sich der Bündnissolidarität ihrer NATO-Partner als Konstante sicher sein durfte."[422]

Auch in der Opposition dominierten die Argumente für die uneingeschränkte Bündnissolidarität gegenüber den USA und eine deutsche militärische Beteiligung an der OEF. Dennoch gaben die Redner der Opposition bekannt, den Antrag der Bundesregierung abzulehnen, da er im Hinblick auf die Vertrauensfrage nichts mit der eigentlichen Sache zu tun hätte, die Regierung mit der Vertrauensfrage Schwäche zeige und somit nicht das Vertrauen verdient hätte. Merz ging in der Debatte direkt auf den Bundeskanzler ein, indem er zwar die Unterstützung der Opposition für eine deutsche Beteiligung an der OEF erklärte und es damit den von Schröder geforderten großen Konsens hätte geben können. Doch die durch Abweichler in den Regierungsfraktionen erzwungene Anwendung des parlamentarischen Instruments der Vertrauensfrage würde dazu führen, dass es der Regierungskoalition nur noch um Machterhalt ginge, wodurch ein breiter Konsens für die Entscheidung nicht zustande kommen könne.[423] Es könne nicht sein, dass „erst die Koalition und dann das Land"[424] käme, so Michael Glos (CDU). Die Vertrauensfrage in Verbindung mit dem Antrag der Bundesregierung zu stellen, obwohl die Regierung dafür votierte, sei laut Wolfgang Gerhardt (FDP) „ein Armutszeugnis für die Bundesrepublik Deutschland"[425].

In der Bundestagesdebatte wurde deutlich, dass im Parlament prinzipiell der Wille bestand, einen militärischen Beitrag im Rahmen der OEF zu leisten, um vor allem auch gegenüber den USA Solidarität zu üben.[426] Dennoch wurde bei der Abstimmung kein großer Konsens, sondern nur ein sehr knappes Ergebnis erreicht.[427] Die Ursache dafür war eindeutig in der Verknüpfung der Vertrauensfrage des Bundeskanzlers mit dem Antrag auf Entsendung deutscher Streitkräfte zu sehen. Dabei spielte die innenpolitische Konkurrenz zwischen Opposition und der Regierung eine große Rolle, da man auf Seiten der Opposition die Möglichkeit sah, einen Regierungswechsel herbeizuführen.

Nachdem in der Debatte über den OEF-Einsatz schon verstärkt über den Wiederaufbau Afghanistans diskutiert wurde, nutzten die meisten Redner in der Bundestagsdebatte am 22. Dezember diesen Teilaspekt auch als Begründung für die Entscheidung zum ISAF-Einsatz. Zusammen mit den Beschlüssen der Petersberger Konferenz gründete die hohe Zustimmung für den Antrag der Bundesregierung vor allem auf den humanitären Aspekten der Friedensmission zur Unterstützung von

[422] Deutscher Bundestag: Plenarprotokoll. 14/202. Berlin. 2001. S.19865.
[423] Ebd. S.19858-19860.
[424] Ebd. S.19874.
[425] Ebd. S.19866.
[426] Vgl. Hippler, 2008: S.4.
[427] Vgl. Deutscher Bundestag, Homepage, 2010. Der Antrag der Bundesregierung zum Einsatz bewaffneter deutscher Streitkräfte zur Bekämpfung des internationalen Terrorismus ergab 336 Ja-Stimmen, 326 Nein-Stimmen und 0 Enthaltungen. Für die Regierungsmehrheit waren mindestens 334 Ja-Stimmen notwendig.

Afghanistan und wesentlich darauf, dass ISAF und OEF getrennt mandatiert wurden.[428] Außenminister Fischer betonte, dass „es bei dem [...] Mandat um eine Friedensmission“[429] ginge. Auch Merz erklärte, dass eine Zustimmung der Opposition vor allem aus humanitären Gründen erfolge.[430] Die Entscheidung für eine friedensorientierte ISAF-Mission erzeugte aufgrund der zivilen Ausrichtung deutscher Politik und der »Kultur der Zurückhaltung« deutlicher weniger Schwierigkeiten als der militärisch ausgerichtete OEF-Einsatz.[431]

4.10. Zwischenfazit

Afghanistan-Krieg	**Grad des Einflusses**		
Einflussfaktoren	Geringer Einfluss	Deutlicher Einfluss	Großer Einfluss
Macht und Interesse		X	
Multilaterale Einbindung			X
Wirtschaft	X		
Außenpolitische Kultur		X	
Politische Konkurrenz			X
Öffentliche Meinung		X	
Bundeskanzler			X
Außenminister		X	
Bundestag		X	

Der Einflussfaktor »Macht und Interesse im internationalen System« spielte für die deutsche Entscheidung, sich an der militärischen Intervention in Afghanistan zu beteiligen, zwar eine deutliche, aber keine große Rolle. Während es für die Bundesrepublik in der Kosovo-Krise noch darum ging, eigene nationale Interessen zu vertreten und eine engagierte multilaterale Politik aktiv zu verfolgen, standen in der Afghanistan-Politik nationale Interessen kaum im Vordergrund. Vielmehr trat die Bundesregierung eher reaktiv in Erscheinung. Man beteiligte sich zwar an der OEF und an ISAF, dies jedoch mehr aus solidarischen Gründen und nicht in der Absicht, damit eine von Macht und Interessen orientierte Außenpolitik einzuleiten.[432] Deutschland nahm weder bei der OEF, noch im Rahmen der ISAF-Schutztruppe eine herausragende internationale politische Rolle ein. Allerdings blieb der Bundesregierung auch kaum eine andere Wahl, da die USA den *war on terror* anführten und durch rasche militärische Reaktionen auf die Anschläge klar machten, dass sie auf der internationalen Ebene den Ton angeben.[433] Gleichwohl sollte der Einfluss des Macht-

[428] Vgl. Deutscher Bundestag: Plenarprotokoll. 14/210. Berlin. 2001. S.20850. Abstimmungsergebnis: 538 Ja-Stimmen, 35 Nein-Stimmen und 8 Enthaltung.
[429] Ebd. S.20826.
[430] Ebd. S.20826.
[431] Vgl. Busse, 2003: S.26.
[432] Vgl. Hacke, 2002: S.11.
[433] Vgl. Hacke, 2004(a): S.482.

und Interessenfaktors nicht völlig heruntergespielt werden. Immerhin hatte die Bundesrepublik durch die Zusage, Militär im Kampf gegen den internationalen Terrorismus einzusetzen, einen Teil internationaler Verantwortung übernommen, mit dem militärischen Beitrag von mehreren tausend Soldaten, Macht demonstriert und damit sichergestellt, auch weiterhin als verlässlicher politischer Partner wahrgenommen zu werden. Auch in der Rolle als Zivilmacht kann die deutsche Außen- und Sicherheitspolitik als Aktivposten beschrieben werden. So war die Betonung ziviler Elemente bei der Konfliktbewältigung, wie die Ausrichtung der Petersberger-Konferenz unter dem Dach der UN und die Trennung der Mandate zwischen OEF und ISAF, um den »Krieg vom Wiederaufbau zu trennen«, ein beherrschendes Element der deutschen Afghanistan-Politik.[434] Damit führte die Bundesrepublik ihren während der Kosovo-Krise gewählten außenpolitischen Kurs nahtlos fort, auch wenn sich das Engagement auf internationaler Ebene im Fall Afghanistan nicht so entfalten ließ.

Der Einflussfaktor »Multilaterale Einbindung« wog bei der Entscheidung für eine militärische Beteiligung in Afghanistan am schwersten und erhält daher in der Bewertung einen großen Einfluss. Die Reaktionen der großen internationalen Organisationen auf die Terroranschläge, wie der UN, der NATO oder der EU waren zwar durch die Aktionen der Nationalstaaten, allen voran der USA, doch eher marginalisiert. Die UN legitimierte lediglich die OEF und brachte die ISAF auf den Weg. Die NATO blieb ganz außen vor, auch wenn sie den Bündnisfall ausrief. Und die EU kam lediglich zur Geltung, als sich die Mitgliedstaaten im EU-Rahmen bereit erklärten, sich an der ISAF-Schutztruppe zu beteiligen. Internationale Organisationen spielten damit für beide Missionen nur eine unterstützende Rolle.[435] So waren es in beiden Einsatzfällen mehr die Nationalstaaten, deren Teilnahme an den internationalen Missionen das Prinzip des Multilateralismus verdeutlichte. So wirkte sich die multilaterale Einbindung Deutschlands vor allem in der Ad hoc-Koalition für den Kampf gegen den internationalen Terrorismus aus. Es war der mit der Multilateralität verbundene Gedanke der Solidarität, der die gemeinsamen Interessen in den Vordergrund stellte und der die Bundesrepublik dazu veranlasste, Soldaten nach Afghanistan zu entsenden.[436] Mit der Zurückhaltung der internationalen Organisationen in der aktiven Terrorbekämpfung entfielen für Deutschland weitgehend die politischen Plattformen, um auf multilateraler Ebene eine eigene Konfliktbewältigung zu betreiben. Lediglich während der Petersberger-Konferenz konnte die Bundesrepublik multilateral dahingehend Akzente setzen, auch wenn die deutschen Vertreter in den Verhandlungen

[434] Vgl. Dalgaard-Nielsen, 2003. S.109; vgl. Risse, 2004: S.29.
[435] Vgl. Hacke, 2002: S.11.
[436] Vgl. Der Spiegel: Ein deutscher Krieg. Heft 36. Hamburg. 2011. S.87.

keine bedeutende Rolle einnahmen.[437] Insgesamt blieb die Bundesrepublik der multilateralen Ausrichtung deutscher Außenpolitik durch einen »Ad hoc-Multilateralismus« weitgehend treu.[438]

Wirtschaftliche Belange spielten für die Entscheidung der Bundesregierung eine nur geringe Rolle, obwohl die ökonomischen Auswirkungen der Anschläge vom 11. September weltweit zu spüren waren. Zwar bestand für Deutschland das Interesse, diese negativen Auswirkungen einzudämmen, ein direkter Zusammenhang aber zwischen wirtschaftlichen Interessen und der Bekämpfung des internationalen Terrorismus in Verbindung mit der militärischen Beteiligung in Afghanistan war nicht erkennbar. Das Interesse weltweiter wirtschaftlicher Stabilität Deutschlands ging mit dem Interesse nach weltweiter Sicherheit einher, wobei die Sicherheit in den politischen Entscheidungsprozessen schwerer wog. Letztendlich fielen die wirtschaftlichen Folgen des 11. September und auch spätere Anschläge nicht so nachhaltig negativ aus, wie zunächst angenommen.[439] Daher kann auch im Fall der »Deutschen Wirtschaftsinteressen« nur von einem geringen Einfluss gesprochen werden.

Die »außenpolitische Kultur« der Bundesrepublik Deutschland war für die Entscheidung, Truppen nach Afghanistan zu entsenden, insofern von Bedeutung, als dass seit der Wiedervereinigung, spätestens aber seit dem Kosovo-Krieg, eine langsame »Normalisierung« gegenüber den übersteigerten Vorbehalten beim Einsatz militärischer Mittel zur internationalen Konfliktbewältigung eingesetzt hatte. „Mit der deutschen Beteiligung an den Kriegen im Kosovo und im Rahmen der Anti-Terror-Koalition, vor allem in Afghanistan, hatte die Regierung die Enttabuisierung des militärischen Instruments in den vergangenen drei Jahren selbst durchgesetzt.“[440] Die Einsätze stellten einen weiteren Schritt in dieser Richtung dar.[441] Aufgrund der allgemeinen Akzeptanz und gesehenen Notwendigkeit, international Verantwortung zu übernehmen, um überall dort Frieden zu schaffen, wo Konflikte regionale oder gar globale Ausmaße annehmen können, war es für die Bundesregierung einfacher, den deutschen Militäreinsatz zu rechtfertigen.[442] Gleichwohl waren die Entscheidungen für die Militär-Einsätze stets von skeptischen Haltungen gegenüber dem Einsatz von Militär begleitet, was den immer wiederkehrenden Rechtfertigungsdruck erhöhte und dazu führte, in der Konfliktbewältigung den Einsatz ziviler Elemente stärker zu betonen.[443] Mit der strikten Trennung zwischen ISAF-Friedensmission und der OEF-Kampfmission wurde der »Kultur der Zurückhaltung« Rechnung getragen. Auch im Afghanistan-Krieg bewegte sich die außenpolitische bzw. strategische Kultur zwischen Anpassung an die internationalen Gegebenheiten und dem bekundeten

[437] Vgl. Der Spiegel: Ein deutscher Krieg. Heft 36. Hamburg. 2011. S.85.
[438] Vgl. Hellmann, Gunther: Der “deutsche Weg“. Eine außenpolitische Gratwanderung. In: Internationale Politik. Heft 9. Berlin. 2002. S.3.
[439] Vgl. Klein, 2010: S.7.
[440] Hacke, 2002: S.14.
[441] Vgl. Baumann, 2011: S.482.
[442] Vgl. Buras, 2004: S.241ff.
[443] Vgl. Der Spiegel: Ein deutscher Krieg. Heft 36. Hamburg. 2011. S.82.

Willen, Konflikte möglichst auf friedliche und zivile Weise zu lösen.[444] Daher hatte der Einflussfaktor der außenpolitischen Kultur zwar keinen großen, jedoch einen deutlichen Einfluss auf die Entscheidung für das deutsche militärische Engagement in Afghanistan.

Der Einflussfaktor »Politische Konkurrenz« hatte wie während der Kosovo-Krise einen großen Einfluss auf die Entscheidung der Bundesregierung, da erneut ein überparteilicher Konsens bestand, gegen den internationalen Terrorismus auch mit militärischen Mitteln vorzugehen. Es war nicht so sehr der tagespolitische Wettbewerb, der den Bundeskanzler dazu bewegte, den Antrag mit der Vertrauensfrage zu verknüpfen, was auf Seiten der Opposition eine Gegenposition herausforderte, sondern der innerparteiliche Disput der Regierungsparteien, die so auf Regierungslinie gezwungen werden sollten. Die rot-grüne Regierungskoalition hatte erneut das Problem, einen im Widerspruch zu parteilichen friedensorientierten Grundsätzen stehenden deutschen Militäreinsatz durchzusetzen.[445] Da der Einsatz parteiübergreifend befürwortet und nur innerhalb der Regierungskoalition kontrovers diskutiert wurde, entwickelte sich auch keine übergreifend kritische Debatte. Das prinzipiell von der politischen Konkurrenz entkoppelte Thema spielte in der politischen Durchsetzung damit keine Rolle, wodurch es die Bundesregierung vom Grundsatz einfacher hatte, die militärischen Einsätze auf den Weg zu bringen.

Die »Öffentliche Meinung« hatte in diesem Fall zwar einen zustimmenden Einfluss auf den Einsatz, erreichte aber nicht den konsensualen Zusammenhalt, der noch zwei Jahre zuvor während der Kosovo-Krise zu beobachten war. Durch das umfangreiche Medienecho der Terroranschläge vom 11. September wurde zwar eine enorme Salienz erreicht, wodurch im Wesentlichen die hohe Zustimmung der Deutschen für den Kampf gegen den internationalen Terrorismus und für uneingeschränkte Solidarität zu den USA entstanden ist. Dennoch nahmen die Zustimmungsraten ab, als es darum ging, militärische Mittel u.a. in Afghanistan einzusetzen. Nur etwa die Hälfte der Deutschen stimmte der OEF und ISAF-Friedensmission zu. Der Einfluss der öffentlichen Meinung hatte einen eher neutralen Charakter, auch wenn im Meinungsbild gegenüber den Militäreinsätzen immer wie die Ablehnung erkennbar blieb.[446] Die Entscheidung der Bundesregierung, sich an den Einsätzen der OEF und ISAF zu beteiligen, erfuhr dadurch prinzipiell Unterstützung, auch wenn kein großer öffentlicher Konsens erreicht wurde. Deshalb scheint es angemessen, der öffentlichen Meinung im Fall Afghanistans einen deutlichen Einfluss zuzuschreiben.

Bundeskanzler Gerhard Schröder übte auf die Entscheidung der Bundesregierung einen äußerst großen Einfluss aus. Mit den an die USA gerichteten Worten der uneingeschränkten Solidarität hatte er seinen politischen Handlungsmöglichkeiten deutliche Grenzen gesetzt. Daher blieb Schröder

---

[444] Vgl. Hacke, 2002: S.14; vgl. Dalgaard-Nielsen, 2003. S.109.
[445] Vgl. Der Spiegel: Abmarsch in die Realität. Heft 46. Hamburg. 2001. S.24.
[446] Vgl. Noelle-Neumann, 2002: S.990; vgl. Der Spiegel: Abmarsch in die Realität. Heft 46. Hamburg. 2001. S.24.

auch nichts anderes übrig, als den eingeschlagenen Kurs mit allen zur Verfügung stehenden politischen Mitteln fortzuführen. Als er die Mehrheit für den Mazedonien-Einsatz verlor und als sich vor der Abstimmung im Bundestag über die OEF-Beteiligung in den Reihen der Regierungskoalition Abweichler bemerkbar machten, drohte eine erhebliche außen- wie auch innenpolitische Schwächung seiner Politik. Auf internationaler Ebene käme ein Zurückrudern der Bundesregierung gegenüber den Versprechungen an die USA einer Farce gleich. Innenpolitisch ohne eigene Mehrheit im Parlament da zustehen würde einem endgültigen Machtverlust gleichkommen. Er musste also seine schwache politische Position als Bundeskanzler verteidigen.[447] Daher blieb dem Bundeskanzler keine andere Möglichkeit, als den OEF-Einsatz mit der Vertrauensfrage durchzusetzen. Diesen politischen Kurs konnte er aufgrund der formellen Gestaltung der ISAF-Mission Ende des Jahres 2001 ohne große politische Widerstände fortführen. Durch das Versprechen der uneingeschränkten Solidarität gegenüber den USA reduzierte Bundeskanzler Schröder die politischen Handlungsalternativen in dieser Frage, zwang die Regierungskoalition die politischen Widerstände aufzugeben und dem Afghanistan-Kurs der Bundesregierung zuzustimmen.[448] Damit war er es, der die Richtlinien der Politik bestimmte, wenn auch mit ungewöhnlichen Mitteln.

In der Zeit zwischen dem 11. September und dem Entschluss, Ende des Jahres 2001 ein großes deutsches Truppenkontingent im Rahmen der ISAF-Mission nach Afghanistan zu entsenden, erschienen die politischen Aktivitäten des Außenministers Fischer nicht von der Intensivität zu sein, die noch während der Kosovo-Krise zu beobachten war. Fischer überließ die deutsche außen- und sicherheitspolitische Ausrichtung Deutschlands vermehrt dem Bundeskanzler, indem er die Regierungslinie durchweg befürwortete, ohne eigene Akzente zu setzen.[449] Auch wenn er maßgeblich an der ASG und an der Ausrichtung der Petersberger-Konferenz beteiligt war, so hielt sich sein politisches Engagement doch in Grenzen. Dies kam vor allem dadurch zum Ausdruck, dass der Außenminister es weitgehend aufgab, auf die Abweichler in der eigenen Partei einzuwirken, um die Truppenentsendung im Rahmen der OEF auf den Weg zu bringen. Stattdessen überließ er dem Bundeskanzler das politische Feld und beteiligte sich kaum an der Überzeugungsarbeit, die in dieser schwierigen Frage zu leisten war.[450] Außenminister Fischer hatte sich bei der Entscheidung für eine deutsche militärische Beteiligung in Afghanistan mehr auf eine unterstützende Rolle ausgerichtet, war aber nicht mehr der Impulsgeber, wie noch zuvor in der Kosovo-Krise. Deshalb wirkte sich sein Einfluss auf die Afghanistan-Entscheidung zwar nicht mehr groß aus, aber immer noch deutlich erkennbar.

---

[447] Vgl. Der Spiegel: Ein deutscher Krieg. Heft 36. Hamburg. 2011. S.82.
[448] Vgl. Schröder, 2007: S.179.
[449] Vgl. Fischer, 2008: S.434.
[450] Vgl. Fischer, 2011: S.52f.

Aufgrund der mit der OEF-Entscheidung verknüpften Vertrauensfrage, hatte der zuvor parteiübergreifende Konsens im Bundestag keinen weiteren Bestand, sondern entwickelte sich zu einem knappen Abstimmungsergebnis, das die Bundesregierung mit gerade mal zwei Mehr-Stimmen für sich entscheiden konnte. Damit konnte der Antrag der Bundesregierung für eine deutsche Beteiligung nur mit Mühe durchgesetzt werden. Demgegenüber wurde bei der Abstimmung über die ISAF-Mission wieder ein hoher Konsens erreicht. Gleichwohl stand die Abstimmung über die Entscheidung der Bundesregierung bezüglich der OEF lange auf der Kippe.[451] Das Parlament stimmte letztlich zwar zu, erwies sich jedoch auch als eine politische Hürde, die nur mit der zum „Druckmittel" umgewandelten Vertrauensfrage überwunden werden konnte. Daher war der Einfluss des Faktors »Konsens im Bundestag« nicht wie noch während der Kosovo-Krise als groß, sondern nur noch als deutlich einzustufen.

Insgesamt wies der Faktor Macht und Interessen auf internationaler Ebene einen geringeren Einfluss auf, als dies noch zur Zeit des Kosovo-Krieges der Fall war. Die multilaterale Einbindung Deutschlands grenzte den politischen Handlungsspielraum erneut ein und hatte großen Einfluss auf die Entscheidung der Bundesregierung, sich in Afghanistan militärisch zu beteiligen. Wirtschaftliche Belange konnten zwar erneut ausgemacht werden, wirkten sich aber nicht direkt auf die Regierungsentscheidungen aus. Auf der innerstaatlichen Ebene besaßen alle drei Faktoren einen großen (politische Konkurrenz) oder deutlichen (außenpolitische Kultur & öffentliche Meinung) Einfluss. Hier war auffällig, dass die militärischen Einsätze in Afghanistan keine große öffentliche Zustimmung mehr fanden. Auf der Ebene der individuellen Entscheidungsträger dominierte der Bundeskanzler, der die parlamentarische Mehrheit nur mit Hilfe äußerster „Druckmittel" erreichten konnte, während der Außenminister mehr aus dem Hintergrund heraus agierte. Letztlich war es der Bundeskanzler, der die Regierungspolitik gegen große Widerstände innerhalb der Regierungskoalition durchsetzte. Die paradoxe Situation, die mit der Vertrauensfrage im Parlament entstand, führte dazu, dass sich der in der Afghanistan-Frage bisher vorherrschende Konsens im Bundestag zur Machtfrage entwickelte. Infolgedessen nahm der Einfluss dieses Faktors auf die Entscheidungen in dieser Frage ab und war nur noch als deutlich einzustufen.

5. Irak

Nach den Terroranschlägen vom 11. September 2001 geriet der Irak, trotz fehlender Beweise für eine Mitbeteiligung, ins Visier der US-Außenpolitik. In seiner vielbeachteten Rede zur Lage der Nation von 2002 prägte der damalige US-Präsident, George W. Bush, den Begriff „Achse des Bösen", indem er die Staaten Irak, Iran und Nordkorea gewissermaßen auf die weltpolitische Fahndungsliste setzte. Von diesen drei Staaten würde ein Gefahrenpotential gegenüber den USA und der

[451] Vgl. Heydemann, 2010: S.14. & S.60.

Welt ausgehen.[452] Diese Frontenbegradigung führte zur sogenannten „Bush-Doktrin“, die, eingebettet in der nationalen Sicherheitsstrategie der USA von 2002, fortan die US-Außenpolitik bestimmen sollte. In ihr hieß es, dass sich die USA das Recht nehmen würden, Präventivkriege zu führen, sofern auch nur eine Bedrohung vorliege. Vor diesem Hintergrund verdichteten sich die Hinweise auf Kriegsvorbereitungen der USA gegenüber dem Irak. Die Drohpolitik der Amerikaner zeigte zunächst insofern Erfolg, als Saddam Hussein als Regierungschef des Irak ankündigte, wieder uneingeschränkt mit den UN zu kooperieren. Die Staatengemeinschaft erließ daraufhin die Resolution 1441, die dem Irak eine letzte Chance zur Einhaltung seiner zuvor, maßgeblich durch den 2. Golfkrieg, auferlegten Verpflichtungen gewährte.[453] Nach zweimonatiger Inspektion kam Hans Blix, Leiter der UN-Inspektionen, 2003 in seinem Bericht zu gemischten Ergebnissen. Es ließen sich jedoch keine eindeutigen Beweise finden, dass der Irak über Massenvernichtungswaffen, dessen Besitz von den USA unterstellt wurde, verfügte. Die USA, die an einer Intervention gegen den Irak festhielten, trugen daraufhin ihre Absichten auf die internationale Ebene in den UN-Sicherheitsrat und stellten vermeintliche Beweise für den Besitz von Massenvernichtungswaffen vor.[454]
Die US-Regierung warb im Anschluss daran für eine weitere UN-Resolution gegen den Irak, in der dem Land die Nichterfüllung früherer UN-Resolutionen zur Last gelegt werden sollte. Doch im Frühjahr 2003 konnten sich die im Sicherheitsrat vertretenden Staaten nicht darauf einigen, da sich Deutschland, damals als nichtständiges Sicherheitsratsmitglied, Frankreich und Russland einer Resolution für einen Krieg im Sicherheitsrat widersetzten. Am 17. März 2003 richtete Präsident Bush ein 48-stündiges Ultimatum an Hussein mit der Forderung, den Irak zu verlassen, da man sonst zu militärischen Mitteln greifen und den Irak entwaffnen werde. Damit verdeutlichten die USA ihre Absicht, auch unilateral und ohne UN-Mandat gegen den Irak vorzugehen. Gleichwohl bemühte sich die US-Regierung, eine möglichst große Zahl an Staaten für eine militärische Intervention zu gewinnen, um dadurch die Legitimation der Intervention zu verstärken. Daraus entstand die sogenannte *Coalition of the Willing*. Der Irak reagierte auf die Forderung nicht. Am 20. März 2003 griffen alliierte Streitkräfte, angeführt von den USA, den Irak an. Dabei stellten die Amerikaner für die *Operation Iraqi Freedom* (OIF) ca. 245.000 Soldaten, während das zweitgrößte Kontingent mit ca. 45.000 Soldaten von Großbritannien in Marsch gesetzt wurde. Bereits am 1. Mai 2003 erklärte Präsident Bush, nachdem weite Teile des Landes und die Hauptstadt Bagdad unter Kontrolle der US-Armee standen, die Kampfhandlungen für beendet.[455]

---

[452] Bush, George W.: President delivers State of the Union Adress. The White House. Washington. 2002.
[453] The Security Council of the United Nations: Resolution 1441. New York 2002.
[454] Vgl. Fürtig, Henner: Kleine Geschichte des Irak. München. 2003. S.146-151; vgl Bierling, Stephan: Geschichte des Irakkriegs. Der Sturz Saddams und Amerikas Albtraum im Mittleren Osten. München. 2010. S.32-76.
[455] Vgl. Bierling, 2010: S.76-83.

5.1. Deutsche Macht und Interessen

Die Terroranschläge vom 11. September 2001 führten zu einem tiefen Einschnitt in der Außen- und Sicherheitspolitik der USA. Im folgenden Jahr erlangte Präsident George W. Bush mit seiner Rede zur Lage der Nation weltweites Aufsehen, weil er damit die außenpolitische Neuausrichtung der USA aufzeigte. Einerseits erklärte er den Irak, den Iran und Nord Korea zur „axis of evil"[456], deren Streben nach und der Besitz von Massenvernichtungswaffen unterbunden werden müsse. Andererseits sollte der internationale Terrorismus weltweit bekämpft werden, um eine neue Weltordnung zu schaffen.[457] Mit der *New Security Strategy 2002* wurde diese Absicht mit der zentralen Vorgabe konkretisiert, zunächst eine weltweite Einflussnahme zu erreichen, um dann eine neue Weltordnung durch die USA zu schaffen.[458] Die strategische Neuausrichtung zielte darauf, diffuse Gefahren, wie den internationalen Terrorismus, durch Präventivkriege, ohne eine zu lang verzögernde Konsensbildung im Rahmen eines kooperativen Multilateralismus, zu bekämpfen.[459]

Diesen Entwicklungen stand die Bundesregierung äußert kritisch gegenüber, obwohl Deutschland in puncto Naher Osten die Ansicht teilte, dass vom Irak-Regime eine Bedrohung des Friedens in der Region ausging. Eine unmittelbare Gefahr bestünde jedoch nicht. Die tendenziell unilaterale Politik der USA und die Befürwortung von Präventivkriegen stießen in Berlin auf Ablehnung. Die Bundesrepublik hingegen setzte im Irak-Konflikt auf die Waffeninspektionen der UN. Darüber hinaus war es Berlin wichtig, den Krieg in Afghanistan abzuschließen, was durch die Konzentration auf den Irak verhindert zumindest aber verzögert werde.[460] Im Vergleich: „Amerikas Außenpolitik wurde mit dem Amtsantritt von Präsident Bush zunehmend militarisiert, unilateral und hegemonial ausgerichtet, während die Deutschen und Europäer mehr die zivile, multilaterale und völkerrechtliche Dimension von Außenpolitik bevorzugen."[461]

Als im Sommer 2001 der Wahlkampf in der Bundesrepublik Deutschland begann, sprach sich Bundeskanzler Schröder klar gegen eine militärische Intervention im Irak aus und stand mit dieser Positionierung im deutlichen Gegensatz zu der neu ausgerichteten US-amerikanischen Außen- und Sicherheitspolitik. Spätestens von diesem Zeitpunkt an begann sich das bilaterale Verhältnis zwischen der Bundesrepublik und den USA mehr und mehr zu verschlechtern, nachdem aus

---

[456] Bush, 2002.
[457] Vgl. Bierling, 2007: S.244.
[458] The National Security Strategy of the United States of America. Washington. 2002.
[459] Vgl. Müller, 2003: S.133f.
[460] Vgl. Hacke, 2002: S.13f; vgl. Buch, 2003: S.113; vgl. Hacke, 2004: S.506; vgl. Hacke, 2004(b): S.455; vgl. Schöllgen, Gregor: Die Zukunft der deutschen Außenpolitik liegt in Europa. In: Aus Politik und Zeitgeschichte: Deutsche Außenpolitik. Bonn. 2004(b). S.10; vgl. Mahnke, 2008: S.95.
[461] Hacke, 2003: S.8.

Kreisen der Regierung Kriegsforderungen laut wurden.[462] Nach Schröders Wiederwahl stand fest, dass die Bundesregierung eine Beteiligung an einem möglichen Irak-Krieg mit oder ohne UN-Mandat ablehnen würde. Durch diese Vorfestlegung schränkte Schröder auf internationaler Ebene die politischen Handlungsmöglichkeiten der Bundesregierung in der Irak-Krise erheblich ein und geriet damit auf einen direkten Konfrontationskurs zu dem engen Verbündeten, den USA.[463]

Am 2. November konfrontierten die UN den Irak mit der UN-Resolution 1441 und stellten ein letztes Ultimatum mit der Forderung, die Waffeninspektionen der UN wieder zuzulassen. Deutschland konnte diesen Prozess nur am Rande begleiten, da es zu dieser Zeit nicht Mitglied des UN-Sicherheitsrates war, begrüßte jedoch die internationalen Bemühungen um eine friedliche Lösung. Anfang des neuen Jahres gelang es der deutschen Politik, Frankreich als Partner für eine weniger konfrontativ ausgerichtete Irak-Politik zu gewinnen. Mit einer der Vetomächte des UN-Sicherheitsrates an der Seite gelang es darüber hinaus, sich aus der politischen Isolierung zu lösen, die sich inzwischen zu verfestigen drohte. Beide Regierungen erklärten Ende Januar, dass sie für eine friedliche Lösung der Krise eintreten würden. Dieser Partnerschaft schloss sich wenige Zeit später auch Russland an. Fast zeitgleich wurden der »Brief der Acht« und die Ankündigung der »Vilnius-Gruppe« öffentlich. Beide die USA unterstützenden Bekanntmachungen stammten von europäischen Staaten, die für einen härteren Gang gegenüber Saddam Hussein eintraten. Damit wurde deutlich, dass Europa in der Lösung der Irak-Krise politisch gespalten war. Weitere Verhandlungen auf internationaler Ebene mit dem Ziel, doch noch UN-Inspektionen im Irak durchzusetzen, blieben aufgrund der inzwischen eingetretenen Verhärtungen erfolglos und verhinderten nicht mehr den Kriegsbeginn durch die USA. [464]

Deutschlands Interesse, einen Irak-Krieg zu verhindern, lag vor allem in der Befürchtung, ein kriegerischen Konflikt im Nahen und Mittleren Osten könne zu einem regionalen Krieg eskalieren, der die weltpolitisch wichtige Region destabilisieren könnte. Auch befürchtete die Bundesregierung, dass sich die internationale Koalition gegen den internationalen Terrorismus dadurch spalten könnte, wodurch sich die Konflikte verlängern und damit die beteiligten Staaten machtpolitisch

---

[462] Vgl. Hedtstück, 2003: S.229; vgl. Schöllgen, 2004(b). S.10; vgl. Knobloch, Rajko: Friedenssehnsucht versus innenpolitisches Kalkül. Die Beweggründe der Bundesregierung für ihre Oppositionshaltung gegenüber dem Irak-Krieg 2002/03. Saarbrücken. 2008. S.51; vgl. Bierling, 2010: S.66ff; vgl. Joetze, 2010: S.101.

[463] Vgl. Buras, 2004: S.237; vgl. Maull, Hans: „Normalisierung" oder Auszehrung? Deutschen Außenpolitik im Wandel. In: Aus Politik und Zeitgeschichte: Deutsche Außenpolitik. B 11. Bonn. 2004. S.17; vgl. Staack, Michael: Nein zur Hegemonialmacht. Deutschlands außenpolitische Entscheidungsprozesse im Irak-Konflikt. In: Staak, Michael / Vogt, Rüdiger: Europa nach dem Irakkrieg. Ende der transatlantischen Epoche. 1. Auflage. Baden-Baden. 2004. S.209.

[464] Vgl. Schöllgen, 2004(b): S.12; vgl. Maull, 2004: S.18; vgl. Staack, 2004. S.210ff; vgl. Sedlmayr, 2008: S.90f; vgl. Bierling, 2010: S.72ff; vgl. Heydemann, 2010: S.20. & S.156.
Der »Brief der Acht« stammte von: Dänemark, Großbritannien, Italien, Polen, Portugal, Spanien, Tschechien und Ungarn. Die »Vilnius-Gruppe« bestand aus den Staaten: Albanien, Bulgarien, Estland, Kroatien, Lettland, Litauen, Mazedonien, Rumänien, Slowenien und der Slowakei.

geschwächt würden.[465] Weitere deutsche Interessen lassen sich in Europa finden. Die europäische Integration, besonders das freundschaftliche Verhältnis zu Frankreich, führte dazu, dass sich die deutsche Außen- und Sicherheitspolitik vermehrt auf den eigenen Kontinent konzentrierte. Internationale Konfliktbewältigung sollte dabei mehr von europäischer Ebene ausgehen und weniger national geprägt sein. Damit, so die deutschen Vorstellungen, könne die Abhängigkeit zum früheren Sicherheitsgaranten, den USA, reduziert und die außenpolitische Stellung Europas gefestigt werden. Das deutsche Interesse, eine gemeinsame europäische Linie in der Irak-Frage, führte aber nicht zu einer Festigung, sondern eher zu einer Spaltung Europas, weil eine Reihe europäischer Staaten den USA ihre Unterstützung in einem Irak-Krieg zusicherten.[466] Eine Stärkung der europäischen Politik lag aber in deutschem Interesse, da die Europäer mit dem politischen Gewicht Europas entschlossener gegen die unilateralistische Außen- und Sicherheitspolitik der USA auftreten könnten und da die eigenen außenpolitischen Grundprinzipien, wie Multilateralismus oder das Zivilmachtkonzept, so eher durchsetzbar seien.[467]

Die deutsche Außen- und Sicherheitspolitik hatte sich aber seit Mitte der 90er Jahre, vor allem nach der Beteiligung am Kosovo-Krieg und den Einsätzen in Afghanistan, auch in der Vorstellung weiterentwickelt, ein deutsches Geltungsbedürfnis auf der internationalen Ebene zu entwickeln, dass durch Übernahme größerer Verantwortung auch mehr Mitspracherechte, besonders gegenüber den USA, entstehen würden. Spätestens aber mit der Zusage der uneingeschränkten Solidarität nach 9/11 bestand die Bundesregierung im internationalen Rahmen auf mehr Mitbestimmungsmöglichkeiten.[468] Laut Bundeskanzler Schröder ging es dabei um eine Partnerschaft „auf gleicher Augenhöhe“[469]. So befand sich die Bundesrepublik in einem machtpolitischen Emanzipationsprozess, der besonders durch die divergierenden Meinungen zwischen den USA und Deutschland zum Ausdruck kam und schließlich dazu führte, auf der internationalen Ebene eine Gegenmacht-Position zu dem engsten Verbündeten in der Irak-Frage einzunehmen.[470] In der transatlantischen Partnerschaft hätte sich nach Schröders Auffassung etwas zu ändern: „Es gibt nicht zu viel Amerika, es gibt zu wenig Europa. Und der Emanzipationsprozess hat zum Ziel: mehr Europa.“[471] Aber es bleibt auch festzuhalten, dass durch Schröders Vorfestlegung in der Irak-Frage genau das unilateralistische Mittel genutzt wurde, das er durch die Gegenmachtbildung verhindern wollte. In dieser Phase fehlte es der

[465] Vgl. Buch, 2003: S.113;vgl. Dalgaard-Nielsen, 2003: S.111; vgl. Mahnke, 2008: S.96; vgl. Bierling, 2010: S.66.
[466] Vgl. Staack, 2004: S.220ff.
[467] Vgl. Link, Werner: Grundlinien der außenpolitischen Orientierung Deutschlands. In: Aus Politik und Zeitgeschichte: Deutsche Außenpolitik. B 11. Bonn. 2004. S.3f; vgl. Hellmann, Gunther: „... um diesen deutschen Weg zu Ende gehen zu können.“ Die Renaissance machtpolitischer Selbstbehauptung in der zweiten Amtszeit der Regierung Schröder-Fischer. In: Egle, Christoph / Zohlnhöfer, Reimut: Ende des rot-grünen Projektes. Eine Bilanz der Regierung Schröder 2002 – 2005. Wiesbaden. 2007. S.463; vgl. Mahnke, 2008: S.102.
[468] Vgl. Buch, 2003: S.101; vgl. Hellmann, 2007: S.467.
[469] Schröder, Gerhard: Dann lasst uns streiten! Interview in Der Spiegel. Heft 17. Hamburg. 2003. S.55.
[470] Vgl. Schöllgen, 2004(b): S.10; vgl. Mahnke, 2008: S.108.
[471] Schröder, Gerhard: Die Krise, die Europa eint. Interview in Die Zeit. Hamburg. 2003.

Bundesrepublik Deutschland zur Umsetzung dieser Ziele weitgehend an politischer Macht und Einfluss auf internationaler Ebene. Letztlich setzte sich keine dieser Positionen durch und die Amerikaner nutzten ihre militärische Macht, um ihren politischen Willen durchzusetzen.[472] Auch die von Deutschland präferierte Stärkung des Zivilmacht-Konzeptes muss als gescheitert angesehen werden. Sicherlich waren die Absichten der Bundesregierung auf der einen Seite davon geprägt, die Irak-Krise über die UN – also über zivile Mittel – zu lösen. Auf der anderen Seite hatte sich Bundeskanzler Schröder aber durch seine Vorfestlegung im Wahlkampf die Handlungsoptionen einer Zivilmacht dadurch genommen, dass sämtliche diplomatischen Mittel starr auf eine deutsche Kriegsablehnung ausgerichtet waren und damit eine Kompromisslösung vor allem mit den USA unmöglich wurde. Damit hatte sich die Bundesrepublik Deutschland frühzeitig in eine machtpolitische Situation manövriert, die eher unilateralistische Züge aufwies und die sich im Hinblick auf die Durchsetzung grundlegender Ziele in der deutschen Außen- und Sicherheitspolitik eher kontraproduktiv auswirkte.[473]

Insgesamt kann man im Fall der Irak-Krise von einer Art von »Normalisierung« deutscher Außenpolitik sprechen. Deutschland hatte im Rahmen seiner nationalen Interessen versucht, auf internationaler Ebene durch Gegenmachtbildung zu erreichen, die eigene Position, zusammen mit Staaten wie Frankreich und Russland, gegenüber den USA durchzusetzen. Dieser Ansatz war wenig erfolgreich. Auf internationaler Ebene hatte sich Schröder durch die Vorfestlegung in der Irak-Frage zunächst selbst isoliert und die engen Verbindungen zum Verbündeten USA stark belastet. Die Auflösung dieser Isolierung durch die gegen die USA gerichtete Gegenmachtbildung führte aber nicht zu einer Stärkung Europas, sondern zu einer Spaltung der politischen Kräfte auf europäischer Ebene und damit zur Schwächung der GASP. Und schließlich gelang es ihm nicht, dem deutschen Zivilmacht-Konzept zum Durchbruch zu verhelfen, weil es Deutschland an Macht und Einflussmöglichkeiten auf internationaler Ebene fehlte und aus dem politisch gespaltenen Europa kaum Unterstützung möglich war. Mit der kompromisslosen Durchsetzung der Anti-Kriegspolitik hat Schröder das Handlungsspektrum der deutschen Außen- und Sicherheitspolitik so sehr reduziert, dass sich der politische Einfluss auf eine friedliche Konfliktlösung in der Irak-Frage nicht mehr entwickeln konnte.

5.2. Multilaterale Einbindung Deutschlands

Deutschlands multilaterale Einbindung während der Irak-Krise war vor allem durch die Konfliktbewältigung über die UN geprägt. Denn dadurch, dass sich Bundeskanzler Schröder während des deutschen Wahlkampfes auf eine kriegsablehnende Vorfestlegung im Kontext zur Irak-Frage

[472] Vgl. Hacke, 2003: S.512; vgl. Hedtstück, 2003: S.232; vgl. Heydemann, 2010: S.155.
[473] Vgl. Risse, 2004: S.30.

festgelegt hatte, verhinderte er eine europäische und transatlantische Auseinandersetzung und Konsensbildung mit deutscher Beteiligung. Diese Positionierung trug eher zu einer Polarisierung auf europäischer und internationaler Ebene bei. Die Bundesregierung hatte mit ihrer kategorischen Anti-Kriegshaltung eine diplomatische Position besetzt, von der aus nur noch eine Ablehnung des Irak-Kriegs möglich war: „Von nun an war klar, dass die USA und Teile der EU nicht mehr mit Deutschland in der Irakdiplomatie rechnen konnten“[474]. Aus dieser Positionierung heraus war es für die Bundesrepublik auf europäischer Ebene auch nicht mehr möglich, vermittelnd zwischen den traditionell unterschiedlichen Positionen Frankreichs und Großbritanniens einzugreifen und auf eine weitere robuste UN-Resolution hinzuarbeiten; vielmehr wurde deutlich, dass die Diplomatie Anfang 2003 ins Stocken geraten war.[475] „Insofern stand die Totalverweigerung Berlins im deutlichen Widerspruch zum erklärten Ziel, die Inspektionen im Irak wieder in Gang zu bringen.“[476] Die politische Spaltung Europas wurde besonders verdeutlicht durch die Positionen der Staaten des »Brief der Acht« und der »Vilnius-Gruppe« auf der pro-amerikanischen Seite und der Haltung des Führungskerns der EU, mit Deutschland und Frankreich, auf der Seite der Kriegsgegner. Eine Polarisierung, die nach Ansicht des US-Verteidigungsministers Donald Rumsfeld die aufgekommenen Trennungslinien zwischen dem „neuen“ und „alten“ Europa besonders hervorhoben.[477] Durch das deutsche »kategorische Nein« war die EU als Instrument des Multilateralismus, wie schon im Fall Afghanistan, erneut politisch marginalisiert.

Unter diesen Vorzeichen war auch die Einbeziehung der NATO in die Bewältigung der Irak-Krise nur sehr schwierig umzusetzen, da sich Deutschland im Falle eines Krieges im Rahmen der NATO nicht beteiligen und einem Militärschlag gegen den Irak auch nicht zustimmen würde. Damit wurden die konträren Positionen der USA und Deutschlands, aber auch die unterschiedlichen Haltungen innerhalb der europäischen Staaten in die NATO hineingetragen und die Handlungsfähigkeiten der auf Konsens ausgerichteten Bündnismitglieder stark eingeschränkt.[478] Besonders deutlich wurde dies durch die Verteidigungsplanungen der NATO für die Türkei, die als NATO-Mitglied im Fall eines Krieges möglichweise bedroht gewesen wäre. Deutschland und Frankreich lehnten solche Planungen strikt ab, da beide Regierungen befürchteten, ihre eigenen gegenüber einem Krieg ablehnenden Positionen dadurch zu untergraben. Auch die Überflugrechte im Falle eines Irak-Krieges wurden besonders in Deutschland vor dem Hintergrund einer möglichen passiven

---

[474] Hacke, 2003: S.8.
[475] Vgl. Hacke, 2003: S.12; vgl. Hacke, 2004: S.510; vgl. Overhaus, Marco: Deutschland und die Europäische Sicherheits- und Verteidigungspolitik 1998-2003: Gewollte Ambivalenz oder fehlende Strategie? In: Harnisch, Sebastian / Katsioulis, Christos / Overhaus, Marco: Deutsche Sicherheitspolitik. Eine Bilanz der Regierung Schröder. Baden-Baden. 2004. S.47f.
[476] Müller, 2003: S.172.
[477] Vgl. Buras, 2004: S.237ff; vgl. Link, 2004: S.6.
[478] Vgl. Busse, 2003: S.30; vgl. Varwick, 2004: S.23.

Kriegs-Beteiligung, kontrovers diskutiert.[479] Letztendlich brachten diese Beispiele während der Irak-Krise klar zum Ausdruck, dass durch Deutschlands strikte Vorfestlegung sowohl die NATO als auch die EU kaum Handlungsmöglichkeiten besaß, politisch aktiv zu werden.

Aufgrund der geringen Einflussnahmen der EU und NATO auf die Irak-Krise verlagerte sich der Prozess der Konfliktbewältigung Anfang 2003 komplett in den UN-Sicherheitsrat. Schon während des deutschen Wahlkampfes im vorherigen Jahr hatte Deutschland darauf bestanden, dass die UN in jedem Fall als Institution der internationalen Konfliktbewältigung Vorrang haben müsse.[480] So befürwortete die Bundesregierung auf der einen Seite die Resolution 1441 und drängte, nachdem die Bundesrepublik nicht-ständiges Sicherheitsratsmitglied geworden war, immer wieder darauf, den UN-Inspektionen mehr Zeit einzuräumen.[481] Auf der anderen Seite stand die gegenüber einer militärischen Intervention ablehnende deutsche Position, die selbst dann nicht verändert werden sollte, wenn der Irak gegen die Resolution 1441 verstoßen würde oder im UN-Sicherheitsrat eine kriegslegitimierende Resolution zustande käme.[482]

Deutschland hatte auf Basis der eigenen Grundlinien deutscher Außen-und Sicherheitspolitik in der Irak-Krise versucht, im Rahmen eines kooperativen Multilateralismus durch die UN auf internationaler Ebene eine friedliche Lösung herbeizuführen und die unilateralistische Außenpolitik der USA einzudämmen. In der Regierungserklärung vom 3. April 2003 fasste Schröder die Außenpolitik Deutschlands im Zusammenhang mit der Irak-Krise zusammen: „Wir treten für die Herrschaft und die Durchsetzung des Rechts ein. Wir stehen für Friedenspolitik durch Krisenprävention und kooperative Konfliktlösung. Wir verfolgen das Ziel umfassender Sicherheit: durch multilaterale Zusammenarbeit, durch Schutz vor Risiken und Bekämpfung der Ursachen von Gewalt, durch nachhaltige Abrüstung und Entwicklung und – wo dies unabdingbar ist – auch durch polizeiliche und militärische Mittel. Schließlich setzen wir in den internationalen Konflikten auf das Gewaltmonopol der Vereinten Nationen.“[483] Damit verteidigte die Bundesregierung vehement die eigene Politik, in der das Prinzip des Multilateralismus im Rahmen einer multipolaren Weltordnung zu wahren sei.[484]

Allerdings glich der noch vor Beginn intensiverer Verhandlungen im UN-Sicherheitsrat durch Deutschland vertretene kategorische Friedenszwang im Prinzip der unilateralistischen Politik der USA auf entgegengesetzter Seite.[485] So bekräftigte Bundeskanzler Schröder zu Beginn des Jahres 2003 während einer Wahlkampfrede nochmals, dass sich die Bundesrepublik in jedem Fall nicht an

479 Vgl. Buras, 2004: S.239; vgl. Maull, 2004: S.17f; vgl. Varwick, 2004: S.25; vgl. Overhaus, 2009: S.306f.
480 Vgl. Heydemann, 2010: S.16.
481 Vgl. Bierling, 2010: S.72.
482 Vgl. Buch, 2003: S.98, vgl. Bierling, 2010: S.80.
483 Deutscher Bundestag: Plenarprotokoll. 15/37. Berlin. 2002. S.2996.
484 Vgl. Sedlaymr, 2008: S96.
485 Vgl. Busse, 2003: S.2003: S.30; Vgl. Müller, 2003: S.172.

einem Irak-Krieg beteiligen werde, obwohl der Irak aufgrund der von den USA errichteten Drohkulisse, Inspektionen wieder zuließ und der Bericht der wiederaufgenommenen UN-Inspektionen noch nicht vorlag.[486] Damit ergab sich grundsätzlich ein Bruch auf der multilateralen Ebene.[487] Durch diese einseitige Positionierung isolierte sich die Bundesregierung international, schied damit als Vermittler im Kontext der Irak-Frage aus und war politisch nur noch in der Lage innerhalb einer Ad Hoc-Koalition, vornehmlich mit Frankreich und Russland, eine ablehnende Haltung ohne jegliche Kompromissbereitschaft einzunehmen.[488] „Die Irakfrage war kompliziert, doch stellte das kategorische, frühzeitige deutsche Nein zum Krieg gegen den Irak, das Ausscheren aus der militärischen Drohkulisse, die damit verbundene machtpolitische Schwächung der UNO und ihres angestrebten Inspektionsregimes einen tiefen Bruch in der traditionellen bundesrepublikanischen Außenpolitik dar, weil „genetisch bedingter" Multilateralismus aufgegeben und die Vormachtrolle der USA in Berlin nicht mehr als Schutz, sondern als Gefahr interpretiert wurde."[489]

5.3. Deutsche Wirtschaftsinteressen

Als sich für Deutschland abzeichnete, dass die USA auf einen Krieg gegen den Irak zum Sturz von Machthaber Saddam Hussein drängten, brachte man auch wirtschaftliche Bedenken vor und sprach sich deshalb gegen eine militärische Intervention im Nahen und Mittleren Osten aus. Der Irak, als geographisch zentral gelegenes Land in der ölreichen Region, würde durch einen Umsturz politisch geschwächt, so die deutschen Bedenken. Darüber hinaus barg das daraus entstehende Machtvakuum die Gefahr der Destabilisierung, die sich insgesamt auf die ölreiche Region negativ auswirken würde. „Die wichtigste Bedeutung der Region des Mittleren Ostens für die deutsche Wirtschaft liegt in der Gewährleistung sicherer und preisstabiler Rohstoffversorgung."[490] Man befürchtete, ein länger andauernder Krieg könnte die vom Öl abhängige Weltwirtschaft durch eine Verknappung infolge der Kriegshandlungen erheblich stören. Etwa zwei Drittel des weltweiten Ölbedarfs stammen aus dem Irak, Iran, Saudi-Arabien, den Vereinigten Arabischen Emiraten und Kuwait. Ein Ausfall der irakischen Exporte vor dem Krieg im Irak wurde allerdings dadurch relativiert, dass die irakische Produktion seit dem 2. Golfkrieg von 1990/91 erheblich geschrumpft war.[491]

---

[486] Vgl. Heydemann, 2010: S.155.
[487] Vgl. Hacke, 2004: S.509; vgl. Maull, 2004: S.17; vgl. Staack, 2004: S.204ff.
[488] Vgl. Buch, 2003: S.109; vgl. Müller, 2003: S.172; vgl. Mahnke, 2008: S.104; vgl. Bierling, 2010: S.75.
[489] Hacke, 2003: S.8f.
[490] Hennen, Claudia: Der Einfluss gesellschaftlicher Akteure auf die Entscheidung der Bundesregierung gegen den Irakkrieg. In: Jäger, Thomas / Viehrig, Henrike: Die amerikanische Regierung gegen die Weltöffentlichkeit? Theoretische und empirische Analysen der Public Diplomacy zum Irakkrieg. Wiesbaden. 2008. S.192.
[491] Vgl. Müller, Friedemann: Das Öl des Irak. SWP-Aktuell. Stiftung Wissenschaft und Politik. Berlin. 2002. S.1-4, vgl. Nordhaus, William: the Economice Consequences of a War with Iraq. In: Kaysen, Carl / Miller, Seven / Malin, Martin / Nordhaus, William / Steinbruner, John: War with Iraq. Costs, Consequences, and Alternatives. American Acadamy of Arts Scienes. Cambridge. 2002. S.52f; vgl. Müller, Friedemann: Energiepolitische Neuordnung am Persischen Golf.

So warnte die Bundesregierung noch vor dem Irak-Krieg 2003 davor, dass mit einer militärischen Intervention im Irak unkalkulierbare wirtschaftlichen Folgen zu erwarten seien, die sich sogar zu einer weltweiten Wirtschaftskrise entwickeln könnten und die deutsche Wirtschaft befürchtete gar eine Rezession.[492] Schon 2001 stellte Verteidigungsminister Rudolf Scharping mit Blick auf die Region fest: „Wir wissen doch alle, dass zum Beispiel die weltwirtschaftliche Stabilität und die weltwirtschaftliche Sicherheit von dieser Region sehr stark beeinflusst wird, von jener Region, in der 70 Prozent der Erdölreserven des Globus und 40 Prozent der Erdgasreserven des Globus liegen."[493] Ebenso wies Außenminister Fischer daraufhin: „Ein Krieg gegen den Irak könnte die regionale Stabilität gefährden – das kann Europa als direkten Nachbarn nicht unberührt lassen."[494] Auch teilte Deutschland die Befürchtungen vor immens hohen Kosten durch einen Krieg und dem dann folgenden Wiederaufbau des Landes. Der Appell an die USA, auf einen Krieg zu verzichten, kann in diesem Sinne als Ansatz gesehen werden, deutsche Interessen zu wahren, um nicht erneut zur »Scheckbuchdiplomatie« greifen zu müssen, bei der die Bundesrepublik bereits seit Anfang der 90er Jahre erhebliche Summen zur Unterstützung des amerikanischen Verbündeten aufwendete.[495] Auch eine direkte Beteiligung an einem Krieg wäre unter ökonomischen Gesichtspunkten, wie während des Kosovo-Krieges, zwar mit geringeren Kosten verbunden, hätte aber die Kapazitäten der Bundesrepublik Deutschland doch extrem strapaziert, so dass sich auch aus dieser Sachlage heraus zwingende Gründe für eine Nicht-Beteiligung ergaben. Deutschland war damals bereits einer der größten Truppensteller für internationale Friedensmissionen.[496] Darüber hinaus spielten Überlegungen eine Rolle, dass sich die negativen Belastungen im Falle eines Krieges auf die US-amerikanische Wirtschaft und aufgrund des interdependenten ökonomischen Verhältnisses zwischen den USA und Deutschland, auch auf die deutsche Wirtschaft auswirken würde.[497]

Wirtschaftliche Bedenken in Zusammenhang mit der deutschen Ablehnung einer Beteiligung am Irak-Krieg 2003 wurden bereits im Vorfeld auf politischer Ebene geäußert. So ließen sich unter verschieden Aspekten ökonomische Kosten feststellen, die es für Deutschland zu vermeiden galt. Im Vordergrund stand dabei die drohende Destabilisierung des ölreichen Nahen und Mittleren Ostens mit unübersehbaren Folgen für die Weltwirtschaft. Aber weder in der politischen Debatte noch in den politischen Begründungen dominierten diese wirtschaftlichen Bedenken.

Erweiterte Handlungsspielräume? In: Kubbig, Bernd: Brandherd Irak. US-Hegemonieanspruch, die UNO und die Rolle Europas. Frankfurt am Main. 2003. S.130-138.

[492] Vgl. Hacke, 2002: S.14; vgl. Erlanger, Steven: German Leader's Warning: War Plan is a huge Mistake. In: New York Times. New York. 2002; vgl. Süddeutsche Zeitung: Kriegsangst macht den Märkten zu schaffen. München, 2003. S.19; vgl. Hacke, 2004(b): S.508;

[493] Deutscher Bundestag: Plenarprotokoll. 14/192. Berlin. 2001. S.18697.

[494] Fischer, Joschka: Hoffnung wird immer kleiner. Interview in Der Spiegel. Heft 1. Hamburg. 2003. S.23.

[495] Vgl. Hacke, 2004(a): S.508.

[496] Vgl. Schöllgen, 2004(b). S.9.

[497] Vgl. Van Scherpenberg, Jens: Die Lasten des „Krieges gegen den Terror". In: Hubatschek, Gerhard: Irak-Krieg 2003. Folgerungen für Deutschland und Europa. Frankfurt am Main. 2003. S.153; vgl. Mahnke, 2008: S.110.

5.4. Deutsche außenpolitische Kultur

Die deutsche außenpolitische »Kultur der Zurückhaltung« kam während der Irak-Krise im vollen Umfang zum Tragen. Befand sich die Entwicklung der außenpolitischen bzw. strategischen Kultur zur Zeit des Kosovo-Krieges und nach den Terroranschlägen vom 11. September noch in einem Anpassungsprozess zwischen militärischer Zurückhaltung und der Übernahme von Verantwortung in der Weltpolitik, so führte der bevorstehende Irak-Krieg nun dazu, dass diese Entwicklung gewissermaßen wieder rückgängig gemacht wurde. Gerademal ein Jahr zuvor hatte Deutschland noch versucht, innerhalb des angesprochenen Prozesses eine Balance zwischen dem verantwortungsvollen Einsatz von Militär und ziviler Mittel herzustellen.

In der Irak-Krise hingegen klammerte die Bundesregierung den militärischen Weg gänzlich aus und ignorierte darüber hinaus das Gewaltmonopol der UN. Damit ging die Bundesrepublik quasi noch einen weiteren Schritt in der Anpassung der außenpolitische Kultur zurück, indem der kooperative Multilateralismus und die Westbindung durch eine Vorfestlegung der Bundesregierung in der Irak-Frage aufgegeben wurde, um einen neuen »deutschen Weg« einzuschlagen.[498] Dieser Bruch mit der außenpolitischen Kultur, hervorgerufen durch die auf internationaler Ebene initiierte Gegenmachtbildung gegenüber den USA entsprach grundsätzlich einem Wandel von der »Kontinuität« hin zur »Normalisierung« deutscher Außen- und Sicherheitspolitik.[499] Absicht der Bundesregierung war es zwar weiterhin, den Weg des Multilateralismus und des internationalen Völkerrechts zu gehen, um die traditionelle »Kontinuität« in der deutschen außenpolitischen Kultur – frei von politischen Alleingängen – zu wahren. Doch das dogmatische Festhalten an einer friedlichen Konfliktlösung erschwerte die Durchsetzung eigener Interessen und Ziele, schwächte die eigenen Verhandlungspositionen und untergrub die Konsensbildung auf der internationalen Ebene.[500] „It was Germany's freedom of action that counted in the first place and not the coherence of the Western alliance or the UN."[501]

Der Balanceakt zwischen »Kontinuität« und »Normalisierung« geriet durch die auf Einseitigkeit ausgelegte Friedenspolitik ins Wanken. Die bisher durch Ausgewogenheit bestimmte außenpolitische Kultur geriet dadurch in eine Schieflage, sollte der Bundesregierung aber weiter als Grundlage dienen, die eigene Irak-Politik zu rechtfertigen und zu legitimieren. Die inzwischen in Richtung Einseitigkeit verrückten Maßstäbe in der deutschen außenpolitischen Kultur waren mit den außenpolitischen Prozessen auf internationaler Ebene somit nicht mehr vereinbar und konnten bei realisti-

[498] Vgl. Schöllgen, 2004(a): S.133f.
[499] Vgl. Buras, 2004: S.244.
[500] Vgl. Hellmann, Gunther: Von Gipfelstürmern und Gratwanderern: „Deutsche Wege" in der Außenpolitik. In: Aus Politik und Zeitgeschichte: Deutsche Außenpolitik. B 11. Bonn. 2004. S.337.
[501] Buras, 2004: S.244.

scher Betrachtung nur noch als Bruch mit der eigenen Tradition angesehen werden.[502] Die bisher gültige politische Ausrichtung der strategischen Kultur, Militär nur zum letzten Mittel der Politik zu erklären, ist durch die dogmatische Entscheidung, nicht am Irak-Krieg teilzunehmen, in erheblichem Maße geschwächt worden.[503] Das bisher klare Bild der deutschen außenpolitischen Kultur wich einer »Normalisierung«, die auf europäischer und internationaler Ebene eher irritierend wahrgenommen wurde.

5.5. Politische Konkurrenz innerhalb Deutschlands

Zu Beginn des Jahres 2002 deuteten die Umfragewerte in Deutschland daraufhin, dass die Chancen für eine Wiederwahl der rot-grünen Regierungskoalition in der für September vorgesehenen Bundestagswahl schlecht standen.[504] Bis zum Wahlkampfauftakt im August spielte das außenpolitische Thema Irak eher eine untergeordnete Rolle. Dies sollte sich jedoch mit der Ankündigung des Bundeskanzlers in Hannover, den »deutschen Weg« ohne Militär zu gehen, ändern. Mit Schröder an der Spitze hatte die SPD beschlossen, klar Position zu beziehen, um die gegenüber einer möglichen militärischen Intervention im Irak negativ eingestellte deutsche Bevölkerung im Wahlkampf für sich zu gewinnen.[505] „Spielerei mit Krieg und militärischer Intervention – davor kann ich nur warnen. Das ist mit uns nicht zu machen,“[506] erklärte der Bundeskanzler dazu.

Während die beiden Regierungsparteien den Kurs des Bundeskanzlers zur Irak-Frage weitgehend unterstützen, lehnte die Opposition zu Beginn des Wahlkampfes, mit dem Kanzlerkandidaten Edmund Stoiber an der Spitze, eine Festlegung zur Frage einer möglichen Irak-Intervention ab. Die Opposition war auf Schröders Vorstoß in Sachen Irak unvorbereitet und wich der Thematik lange aus.[507] Stoiber hatte Bedenken, ein solches Thema für den Wahlkampf zu instrumentalisieren. Die CDU warf der Bundesregierung vor, dass sie mit ihrer Haltung den internationalen Druck auf das Regime in Bagdad untergraben und die Position der UN durch eine Vorfestlegung erheblich schwächen würde. Darüber hinaus strebten die Christdemokraten in der Irak-Frage einen Konsens innerhalb der EU an, der durch die Vorfestlegung der Bundesregierung kaum noch Aussicht auf Erfolg hätte. Die FDP unterstellte der Regierungskoalition, nur aus Wahlkampftaktik heraus zu handeln. Die PDS hingegen unterstützte das »Nein« des Bundeskanzlers.[508] Damit waren innerhalb des Par-

---

[502] Vgl. Schöllgen, 2004(a): S.140f.
[503] Vgl. Dalgaard-Nielsen, 2003: S.110; vgl. Buras, 2004: S.243.
[504] Vgl. Knobloch, 2008: S.28; vgl. Mahnke, 2008: S.115.
[505] Vgl. Hedtstück, Micheal / Hellmann, Gunther: »Wir machen einen deutschen Weg« Irakabenteuer, das transatlantische Verhältnis und die deutsche Außenpolitik. In: Kubbig, Bernd: Brandherd Irak. US-Hegemonieanspruch, Die Rolle der UNO und die Rolle Europas. Frankfurt am Main. 2003. S.224; Vgl. Buch: 2003. S.103f.
[506] Schröder, Gerhard: Bundeskanzler Schröder in einer Rede zum Wahlkampfauftakt in Hannover, zitiert nach Heydemann, 2010: S.88.
[507] Vgl. Joetze, Gunther: Der Irak als deutsches Problem. Baden-Baden. 2010. S.102.
[508] Vgl. Der Spiegel: Ich oder der. Heft 38. Hamburg. 2002. S.66-71; vgl. Hedtstück, 2003: S.225; vgl. Buch, 2003: S.103; vgl. Staack, 2004: S.208f; vgl. Mahnke, 2008: S.120; vgl. Knobloch, 2008: S.33-36.

teienspektrums zu Beginn des politischen Wettbewerbs im Wahlkampf sehr unterschiedliche Positionierungen festzustellen.

Als die Umfragewerte der SPD aufgrund der Anti-Kriegs-Haltung Schröders wieder stiegen, entwickelte sich die Irak-Frage für die Sozialdemokraten zu einem Kernthema im Wahlkampf. Auf dieser Haltung gründete in den folgenden Monaten der Wahlkampfslogan der SPD, der den »deutschen Weg« gegenüber den USA propagierte. Die dadurch entstehende Kluft zwischen Bundesregierung und den USA sollte sich noch weiter vertiefen, als aus den Reihen der US-Regierung die Forderung laut wurde, den Irak präventiv ohne UN-Mandat anzugreifen.[509] „In der Endphase des Bundestagswahlkampfes spitze sich die Haltung der Bundesregierung weiter zu und nahm teilweise offen antiamerikanische Züge an."[510] Die Grünen unterstützten die SPD weitgehend in ihrer ablehnenden Haltung gegenüber einem möglichen Irak-Krieg. Für die Opposition gestaltete sich die Positionierung in dieser Frage insofern schwierig, als einerseits eine Pro-Kriegshaltung inmitten der sich entwickelnden Anti-Kriegs-Stimmung der Bevölkerung Wählerstimmen kosten würde und andererseits aber auch alles vermieden werden sollte, das Bündnis zu Washington in Frage zu stellen. Als aus der US-Regierung die Forderungen nach einem Waffengang gegen den Irak ohne UN-Mandat lauter wurden, näherte sich aber auch die Opposition der Regierungshaltung in Sachen Irak immer weiter an.[511] Für die Opposition „kristallisierte sich heraus, dass es [...] an einer einheitlichen und kontinuierlichen Meinung mangelte."[512]. Der Unterschied in der Haltung zur Irak-Frage zwischen Bundesregierung und Opposition bestand gegen Ende des Wahlkampfes darin, dass die Regierungskoalition allgemein eine militärische Intervention im Irak ablehnte, während die Opposition dies von einem möglichen UN-Mandat abhängig machte.[513] Gleichwohl gelang es besonders der SPD, sich mit dem Wahlkampfthema Irak zu profilieren und zusammen mit den Grünen erneut die Bundesregierung zu stellen.[514]

Die innenpolitische Debatte konzentrierte sich nach der Bundestagswahl 2002 auf eine mögliche indirekte Beteiligung Deutschlands am Irak-Krieg, etwa durch die Gewährung von Überflugrechten für den Transport US-amerikanischer Soldaten in Richtung Irak, durch die zu diesem Zeitpunkt in Kuwait im Rahmen der OEF stationierten ABC-Spürpanzer Fuchs, durch die Bereitstellung von Patriot-Flugabwehrraketen für Israel oder durch den Einsatz von Soldaten in NATO-AWACS-Aufklärungsflugzeugen zum Schutz der Türkei. Ende des Jahres griff der Koalitionspartner Bündnis

---

[509] Vgl. Staack, 2004. S.208; vgl. Mahnke, 2008: S.119; vgl. Heydemann, 2010: S.17.
[510] Knobloch, 2008: S.51.
[511] Vgl. Buch, 2003: S.106; vgl. Hedtstück, 2003: S.226.
[512] Knobloch, 2008: S.40.
[513] Vgl. Buch, 2003: S.106; vgl. Hedtstück, 2003: S.227.
[514] Vgl. Quandt, Markus: Neue Themen, neue Lage: Irak.-Krise und Elbe-Hochwasser als wahlentscheidende Erreignisse. In: Güllner, Manfred / Dülmer, Hermann, Klein, Markus / Ohr, Dieter / Quandt, Markus / Rosar, Ulrich / Klingemann, Hans-Dieter: Die Bundestageswahl 2002. Eine Untersuchung im Zeichen hoher politischer Dynamik. Wiesbaden. 2005. S.179.

90/ die Grünen das Thema auf und konfrontierte damit die Bundesregierung, die daraufhin erklärte, dass sämtliche Bündnisleistungen gegenüber den USA nicht zur Debatte stehen würden und auch im Kriegsfall fortbestünden. „Die Bündnisverpflichtungen werden erfüllt, aber Deutschland wird sich nicht an einer militärischen Intervention beteiligen."[515] Damit beendete der Bundeskanzler den zwischen beiden Koalitionspartnern entbrannten Streit. Die Opposition konnte die Streitigkeiten zwischen SPD und den Grünen kaum zur eigenen Profilierung nutzen, da sie den Standpunkt SPD hinsichtlich der Bündnisverpflichtungen vertraten.[516]

Gegen Ende des Jahres kam es erneut zu Unsicherheiten innerhalb der Regierungskoalition, als Außenminister Fischer in einem Interview das deutsche Abstimmungsverhalten bei einer UN-Resolution für einen Krieg gegen den Irak im UN-Sicherheitsrat nicht eindeutig darlegte.[517] Schröder befürchtete daraufhin an Glaubwürdigkeit zu verlieren und stellte klar, dass sich an der deutschen Haltung auf internationaler Ebene nichts geändert hätte. „Es hat überhaupt keinen Sinn, solche Spekulationen anzustellen. Ich lasse mich darauf nicht ein. [...] Ich unterstreiche nur meine Position. Und das ist die eindeutige und unmissverständliche Position der Bundesregierung."[518] Im Wahlkampf für die anstehenden Landtagswahlen Anfang des Jahres 2003 betonte Schröder nochmals seine Haltung. Diesmal gelang es allerdings der Opposition die Situation ausnutzen und in die Offensive zu gehen. Sie warf der Bundesregierung aufgrund der von Fischer verursachten Unklarheiten im Abstimmungsverhalten Wahlbetrug vor.[519] Schröders ausdrückliche Ablehnung eines Krieges gegen den Irak, selbst bei einer UN-Mandatierung, entfachte scharfe Kritik an dem eingeschlagenen außenpolitischen Kurs.[520] Angela Merkel warf der Bundesregierung vor, dass sie lediglich aus wahltaktischen Gründen eine ablehnende Haltung gegenüber einem möglichen Irak-Krieg einnehmen würde und dass genau diese Vorfestlegungen dazu geführt hätten, die internationale Diplomatie auszuhebeln und das politische Verhältnis zum engsten Verbündeten, den USA, erheblich zu beschädigen.[521]

Die schlechten Umfragewerte und ein drohender Machtverlust im Vorfeld der Bundestagswahl im Jahr 2002 veranlassten die SPD dazu, den »deutschen Weg« einzuschlagen und die Entscheidung für eine kriegsablehnende Haltung mit dem Wahlkampf zu verknüpfen. Für den Ausgang der Bundestagswahl hatte Schröders Anti-Kriegshaltung großen Einfluss auf das Abstimmungsverhal-

---

[515] Bundesregierung: Interview mit Bundeskanzler Schröder in der ARD-Sendung „Farbe bekennen" am 11. Dezember 2002. Berlin. 2002.
[516] Vgl. Knobloch, 2008: S.53ff.
[517] Vgl. Fischer, Joschka: Die Hoffnung wird immer kleiner. Interview in Der Spiegel. Heft 1. Hamburg. 2003.; Vgl. Knobloch, 2008: S.59.
[518] Schröder, Gerhard: Es gibt keinen Respekt mehr. Interview in Der Spiegel. Heft 2. Hamburg. 2003. S.30.
[519] Vgl. Knobloch, 2008: S.61.
[520] Vgl. Hennen, 2008: S.205f; vgl. Knobloch, 2008: S.64f; vgl. Heydemann, 2010: S.19.
[521] Merkel, Angela: Schroeder Doesn't Speak für All Germans. In. The Washington Post. Washington. 2003; Merkel Angela: Fraktionsvorsitzende CDU/CSU, in einem offenen Brief an Bürger und Parteimitglieder. In: Heydemann, 2010: S.187.

ten einer doch eher pazifistisch ausgerichteten Wählerschaft. Obwohl die Opposition im Grunde eine ähnliche Position wie die Bundesregierung – nämlich einen Krieg möglichst zu vermeiden – vertrat, konnte die amtierende Bundesregierung mehr politisches Kapital daraus schlagen. Bei der Frage nach der Kriegsbeteiligung Deutschlands spielte die politische Konkurrenz zwischen den Regierungs- und Oppositionsparteien eine außerordentlich große Rolle. Durch die Vorfestlegung in der Irak-Frage besaß die Bundesregierung wenig politischen Spielraum, sich von dem eingeschlagen Anti-Kriegs-Kurs zu lösen.[522] Eine Positionsänderung hätte zu einem massiven Glaubwürdigkeitsverlust geführt, den die friedensorientierte rot-grüne Regierungskoalition, nach zwei innerparteilich mühsam durchgesetzten Kriegsbeteiligungen und nach der knapp gewonnenen Bundestagswahl nicht riskieren konnte und wollte.[523]

5.6. Öffentliche Meinung in Deutschland

Das kritische öffentliche Meinungsbild in Deutschland, das sich nach dem Terroranschlägen vom 11. September 2001 gegenüber der US-amerikanischen Außen- und Sicherheitspolitik und den Auslandseinsätzen der Bundeswehr in Afghanistan äußerte, wurde in das folgende Jahr 2002 hineingetragen.[524] Als sich die Hinweise im Sommer verdichteten, die USA würden eine Invasion des Iraks planen, gab es einen deutlichen Meinungsumschwung in der deutschen Bevölkerung.[525] „Einen Irakkrieg lehnte die überwiegende Mehrheit der Deutschen kategorisch ab.“[526]

Zu Beginn des Wahlkampfs in Deutschland erkannte die SPD das öffentliche Meinungsbild und die ablehnende Haltung der Deutschen. Bundeskanzler Schröder nutzte den Wahlkampfauftakt und bekannte sich öffentlich dazu, dass er als Kanzler in jedem Fall eine deutsche Beteiligung an einem Irak-Krieg ablehnen würde. Im laufenden Wahlkampf untermauerte die SPD die Positionierung des Bundeskanzlers und verstärkte damit die negative Einstellung gegenüber einem möglichen Krieg in der öffentlichen Meinung.[527] Die Medien spielten dabei eine besondere Rolle. Mit einer Fülle sehr kritischer Berichte, besonders mit Blick auf die Beziehungen zwischen den USA und dem Irak, griffen sie in das politische Geschehen ein und verstärkten damit die vorherrschende Anti-Kriegshaltung noch einmal.[528] Als dann aus den Reihen der US-Regierung der Ruf nach einem Prä-

---

[522] Vgl. Knobloch, 2008: S.80f.
[523] Vgl. Hennen, 2008: S.203.
[524] Vgl. Mahnke, 2008: S.111.
[525] Vgl. Der Spiegel: Nachgefragt. Keine Deutschen in den Irak. Heft 32. Hamburg, 2002. S.20; vgl. Collmer, Sabine: “All politics is local”: Deutsche Sicherheits- und Verteidigungspolitik im Spiegel der Öffentlichen Meinung. In: Harnisch, Sebastian / Katsioulis, Christos / Overhaus, Marco: Deutsche Sicherheitspolitik. Eine Bilanz der Regierung Schröder. Baden-Baden. 2004. S.21f.
[526] Bierling, 2010: S.66.
[527] Vgl. Hedtstück, 2003: S.225.
[528] Vgl. Johnston, Karin: Die mediale Vermittlung des Irak-Konflikts in Deutschland. In: Jäger, Thomas / Höse, Alexander / Oppermann, Kai: Transatlantische Beziehungen. Sicherheit – Wirtschaft – Öffentlichkeit. Wiesbaden. 2005. S.430.

ventiv-Krieg ohne UN-Mandat laut wurde, stand der größte Teil der deutschen Bevölkerung hinter der kriegsablehnenden Haltung des Bundeskanzlers.[529] Das Misstrauen der deutschen Öffentlichkeit gegenüber der US-amerikanischen Außen- und Sicherheitspolitik und dem Präsidenten Bush nahm deutlich zu und verstärkte die Anti-Kriegshaltung der Deutschen. Die Irak-Frage wurde damit zum zweitwichtigsten Thema im Wahlkampf. Es galt als nahezu gesichert, dass der Stimmungsumschwung der Bevölkerung auch mit der deutschen Zurückhaltung in Sachen Irak zu tun hatte.[530] Die Bundesregierung konnte im folgenden Jahr 2003 also weiterhin auf die Kriegsablehnung der Deutschen bauen, die von der Bevölkerung auf großen Demonstrationen öffentlichkeitswirksam zu Ausdruck gebracht wurde.[531]

Die Ausrichtung der deutschen Irak-Politik ist im Vorfeld der Bundestagswahlen nicht unwesentlich vom öffentlichen Meinungsbild und die durch weite Gesellschaftsschichten reichende Anti-Kriegshaltung mitbestimmt worden. Die durch den Wahlkampf noch stärkere Fokussierung auf das Thema des bevorstehenden Irak-Kriegs wurde durch die Medien mit hoher Salienz zusätzlich befeuert und ließ ein öffentliches Meinungsbild mit einem nachhaltigen Konsens entstehen, das die Kriegsablehnung weiter verstärkte. Prinzipiell kann der Wahlkampf 2002 als institutionalisierte Einflussmöglichkeit und Katalysator der ablehnenden Haltung gegenüber dem Irakkrieg gesehen werden.

5.7. Bundeskanzler

Bereits kurz nach den Terroranschlägen vom 11. September knüpfte Bundeskanzler Schröder Bedingungen an den Kampf gegen den internationalen Terrorismus und den dazu geforderten Einsatz von militärischen Mitteln. Deutschland sei bereit, sich zu beteiligen, würde sich jedoch nicht für Abenteuer zur Verfügung stellen.[532] Als sich der außenpolitische Fokus der USA Anfang 2002 immer mehr in Richtung Irak bewegte, erklärte Schröder der US-Regierung, die Bundesrepublik werde, im Falle einer eindeutigen Beweislage, dass die Anschläge neben Al Qaida auch auf Saddam Hussein zurückzuführen seien, ihre Bündnisverpflichtungen wahrnehmen und notfalls an der Seite der USA militärische Mittel zum Einsatz bringen.[533] Allerdings war der Bundeskanzler damals der Auffassung, dass es nicht richtig sei, sich auf den Irak zu konzentrieren, sondern zweckmäßiger erst den noch nicht abgeschlossenen Konflikt in Afghanistan gemeinsam mit der dazu gebildeten internationalen Koalition zum Abschluss zu bringen. Damit knüpfte er an die im Jahr 2001 gestellten Bedingungen an. So unterschieden sich die Ansichten von Bundeskanzler Schröder und Präsident

---

[529] Vgl. Hedtstück, 2003: S.231.
[530] Vgl. Knobloch, 2008: S.45 & S.49.
[531] Vgl. Schöllgen, 2004(a): S.141; vgl. Knobloch, 2008: S.67ff.
[532] Vgl. Buras, 2004: S.235.
[533] Vgl. Schröder, 2007: S.159.

Bush schon Anfang 2002 in wesentlichen Fragen der Konfliktbewältigung. Bereits zuvor hatte der US-Präsident in der *State to the Union Address* den Irak als Teil der »Achse des Bösen« erklärt und das Land damit im *war on terror* als Kriegsziel deklariert.[534] Mitte des Jahres, als sich die Hinweise für eine mögliche US-amerikanische Intervention im Irak verdichteten und die »heiße Phase« des Wahlkampfes in Deutschland noch nicht begonnen hatte, hoffte Schröder den französischen Präsidenten Jacques Chirac auf einem bilateralen Gipfeltreffen im Juli für ein »Nein« gegenüber einer militärischen Intervention zu gewinnen. Dieser wollte sich jedoch aufgrund der ausstehenden Wahlentscheidung in der Bundesrepublik noch nicht konkret festlegen. Beide Regierungschefs einigten sich aber darauf, dass ein militärisches Eingreifen nur im Rahmen der UN stattfinden dürfe.[535]

Dann begann der Wahlkampf in der Bundesrepublik Deutschland. Schröder erkannte zum Wahlkampfauftakt die negative Haltung der Deutschen gegenüber einer möglichen Irak-Invasion und erklärte dazu am 5. August 2002 in Hannover: „Ich warne davor und sage denen, die in dieser Situation etwas vorhaben, wer das will, der muss nicht nur wissen, wie er rein kommt, sondern er braucht eine politische Konzeption dafür, wie es dann weitergeht. [...] Spielerei mit Krieg und militärischer Intervention – davor kann ich nur warnen."[536] Deutschland wäre, wie der Bundeskanzler betonte, bisher seinen Verpflichtungen nachgekommen, werde sich jedoch nicht an weiteren Interventionen, wie in Afghanistan, beteiligen und einen Krieg auch nicht indirekt unterstützen: „Deutschland, unser Deutschland, ist ein selbstbewusstes Land. Wir haben uns nicht gescheut, im Kampf gegen den Terrorismus internationale Solidarität zu üben. [...] Aber eines sagen wir genauso selbstbewusst: Für Abenteuer stehen wir nicht zur Verfügung, und die Zeit der Scheckbuchdiplomatie ist endgültig zu Ende."[537] Schröder begründete seine ablehnende Haltung gegenüber der Ausweitung des Krieges gegen den Terrorismus mit der Gefährdung der internationalen Koalition gegen den Terror, den nicht abgeschlossenen Krieg gegen die Taliban in Afghanistan und das Terrornetzwerk Al Qaida sowie mit einer fehlenden politischen Konzeption für eine Nachkriegszeit.[538] Dieser Haltung entsprang in den folgenden Monaten ein Wahlkampfslogan der SPD, der den „deutschen Weg" propagierte. Die SPD machte die Irak-Frage damit zu einem Kernthema ihres Wahlkampfes. Die deutsche Außenpolitik nahm damit selbstbewusste national-charakteristische Züge an.[539] Schröder betonte diese eigenständige Haltung und das neue Selbstbewusstsein deutscher Außenpo-

[534]Vgl. Schröder, Gerhard: Fighting Terrorism. Interview in der Washington Post. Washington. 2002; vgl. Schröder, Gerhard: Wir schicken Soldaten, um sie einzusetzen. Interview in Die Zeit. Hamburg. 2002; vgl. Schröder, 2007: S.216f, vgl. Joetze, 2010: S.93f.

[535] Vgl. Staack, 2004: S.207; vgl. Knobloch, 2008. S.32; vgl. Joetze, 2010: S.98f.

[536] Schröder, Gerhard: Bundeskanzler Schröder in einer Rede zum Wahlkampfauftakt in Hannover, zitiert nach Heydemann, 2010: S.87f.

[537] Ebd. S.87f.

[538] Vgl. Knobloch, 2008: S.32.

[539] Vgl. Hellmann, 2004: S.33; vgl. Bierling, 2010: S.66; vgl. Joetze, 2010: S.99.

litik dann nochmals im September: „Über die existenziellen Fragen der deutschen Nation wird in Berlin entschieden und nirgendwo anders.“[540]

Aufgrund dieses Politikwechsels und dieser Wahlkampfausrichtung verschlechterte sich das Verhältnis zwischen Berlin und Washington. „Als Vizepräsident Cheney am 26. August 2002 öffentlich einen militärisch erzwungenen „Regimewechsel“ im Irak verlangte und eine Wiederaufnahme der UN-Waffeninspektionen für „nutzlos“ erklärte, vollzog der Kanzler den Bruch mit der Bush-Administration.“[541] Schröder verdeutlichte daraufhin, dass Deutschland sich an einer solchen Politik unter seiner Führung nicht beteiligen werde, den Krieg ablehne und sich weiterhin für die Wiederaufnahme der UN-Waffeninspekteure einsetze.[542] Während die USA an einem Regimewechsel im Irak interessiert waren, nutzte der Bundeskanzler die US-Politik für den Wahlkampf aus, indem er eine Irak-Intervention zwingend von einer Zustimmung der UN abhängig machte und darüber hinaus sogar so weit ging, eine deutsche Beteiligung an einer Militärintervention selbst dann auszuschließen, wenn die Legitimation durch die UN gegeben sei. Er sei diesmal einfach anderer Meinung, als die Amerikaner. „I would also be against such an intervention if — for whatever reasons and in whatever form — the Security Council of the United Nations were to say Yes, which I cannot imagine happening in the present situation.”[543] Schröder kritisierte im Anschluss indirekt die unilateral ausgerichtete US-amerikanische Außenpolitik „I think it would be a big mistake if this feeling of needing one another should be destroyed by excessively unilateral actions.”[544] In der Folge entwickelte sich die Irak-Frage zum zweitwichtigsten Wahlkampfthema, das maßgeblich zur Wiederwahl Schröders am 22. September beitrug.[545] In der Regierungserklärung vom 29. Oktober bekräftigte Schröder nochmal, „dass wir uns an einer militärischen Intervention im Irak nicht beteiligen werden.“[546] Schröder untermauerte seine Entscheidung mit weiteren Argumenten, dass die Bundesrepublik darin bestrebt sei, regionale Konflikte immer kooperativ zu lösen. Es sei immens wichtig, nichts zu unternehmen, was vom Kampf gegen den internationalen Terrorismus ablenken würde. Dies würde die dazu geformte internationale Koalition unweigerlich schwächen.[547]

Im Laufe des Wahlkampfes anlässlich der Landtagswahlen Anfang 2003 beharrte Schröder in einer Rede in Goslar auf seiner ablehnenden Haltung gegenüber einer möglichen militärischen Intervention im Irak: „Rechnet nicht damit, dass Deutschland einer den Krieg legitimierenden Resolu-

[540] Deutscher Bundestag: Plenarprotokoll. 14/253. Berlin. 2002. S.25582.
[541] Staack, 2004: S.208.
[542] Vgl. Bundesregierung: Bundeskanzler Schröder: UN-Waffeninspekteure müssen wieder in den Irak. Berlin. 2002.
[543] Schröder, Gerhard: Interview mit Gerhard Schröder in The New York Times. New York. 2002.
[544] Schröder, Gerhard, zitiert nach Erlanger, 2002.
[545] Vgl. Knobloch, 2008: S.45.
[546] Deutscher Bundestag: Plenarprotokoll. 15/4. Berlin. 2002. S.59.
[547] Vgl. Schröder, Gerhard: Notfalls auch mit Zwang. Interview in Die Zeit. Hamburg. 2002; vgl. Bundesregierung: Keine deutsche Beteiligung an möglicher Irak-Intervention. Berlin. 2002; Vgl. Schröder, 2007: S.232.

tion zustimmt."[548] Der Bundeskanzler stellte in Zusammenhang mit der tendenziell unilateralen Politik der USA die Frage, ob nur eine einzelne Macht die Geschicke der Welt bestimmen oder ob sich nicht zweckmäßiger eine kooperative Weltordnung herausbilden sollte.[549] In der politischen Debatte verfolgte der Bundeskanzler weiterhin seinen US-kritischen Kurs: „Keine Realpolitik und keine Sicherheitsdoktrin dürfen dazu führen, dass wir uns gleichsam schleichend daran gewöhnen, Krieg als normales Mittel der Politik oder, wie es einmal gesagt worden ist, als die Fortsetzung der Politik mit anderen Mitteln zu begreifen."[550] Nachdem Deutschland im Februar nicht-ständiges Mitglied des UN-Sicherheitsrates wurde, konnte Schröder aus dieser neuen Position heraus die Präsidenten Frankreichs und Russland für seine Position gewinnen. Zusammen erklärten sie öffentlich ihre ablehnende Haltung gegenüber einer möglichen Irak-Intervention. Weiterhin war Schröder auf dem Brüsseler Sondergipfel der EU am 17. Februar bemüht, eine gemeinsame Position in der EU zu erreichen. Obwohl mehrere europäische Staaten den USA ihre Unterstützung zugesagt hatten, gelang es innerhalb der EU eine Erklärung zu erarbeiten, in der man sich dafür aussprach, dass das weitere politische Vorgehen gegen den Irak über die UN zu laufen habe.[551] Auch kurz vor Kriegsbeginn hielt Schröder unbeirrt an seinem Irak-Kurs fest: „Wir haben versucht, den Krieg zu verhindern. Bis zur letzten Minute. Ich bin sicher: Es hätte einen anderen Weg zur Entwaffnung des Diktators gegeben, den Weg der Vereinten Nationen. [...] Es ist die falsche Entscheidung getroffen worden."[552] Schröder war in der Sache so fest entschlossen, Deutschland nicht in den Irak-Krieg zu führen, dass er andernfalls eher lieber zurückgetreten wäre.[553]

Um die innerpolitische Machtfrage im Jahr 2002 zu klären, nutzte Bundeskanzler Schröder die Irak-Krise als politisches Instrument zum eigenen Machterhalt. Mit der Unterstützung der deutschen Bevölkerung ließ sich der Wahlkampf u.a. durch die Irak-Frage gewinnen. Es waren aber auch die Zweifel innerhalb der rot-grünen Regierung, die sich in den letzten drei Jahren entgegen eigener Prinzipien an zwei Kriegen im Rahmen internationaler Konfliktbewältigung beteiligt hatte. Ein weiterer zweifelhafter Einsatz im Irak ohne UN-Mandat wäre in Deutschland auch innerparteilich nicht durchsetzbar gewesen.[554] Erst im vorherigen Jahr hatte der Bundeskanzler zur Durchsetzung der Regierungslinie das Mittel der Vertrauensfrage nutzen müssen. „Das war nicht wiederholbar."[555]

---

[548] Schröder, Gerhard: Bundeskanzler Gerhard Schröder in einer Rede auf einer Wahlkampfveranstaltung im niedersächsischen Goslar, zitiert nach Heydemann, 2010. S.157.

[549] Vgl. Deutscher Bundestag: Plenarprotokoll. 15/25. Berlin. 2002. S.1876; vgl. Link,2004: S.3f; vgl. Sedlmayr, 2008: S.95.

[550] Deutscher Bundestag: Plenarprotokoll. 15/25. Berlin. 2002. S.1876.

[551] Vgl. Bundesregierung: Bundeskanzler Schröder: Deutsche Position im Irak-Konflikt hat sich nicht geändert. Berlin. 2003; vgl. Schröder, 2007: S.238f.

[552] Schröder, Gerhard: Bundeskanzler Gerhard Schröder in einer Fernsehansprache, zitiert nach Heydemann, 2010: S.184.

[553] Vgl. Schröder Gerhard, zitiert nach Der Spiegel: Du musst das hochziehen. Heft 13. Hamburg. 2003. S.58.

[554] Vgl. Schöllgen, 2004(b): S.9.

[555] Schöllgen, Gregor: Deutsche Außenpolitik in der Ära Schröder. In: Aus Politik und Zeitgeschichte: Bundestagswahl 2005. Bonn. 2005. S.5.

Schröder kehrte damit zu den eigentlichen friedensorientierten Prinzipien seiner rot-grünen Regierung zurück, die mit dem Kosovo-Krieg verlassen wurde. Auf der internationalen Ebene versuchte er zwar seinen eingeschlagenen Kurs dazu zu nutzen, um eine Front von Kriegsgegnern zu etablieren, um der deutschen Außen- und Sicherheitspolitik eine selbstbewussten und besonders von den USA unabhängigen Charakter zu verleihen und die Ablehnung Deutschlands mit dem Fehlen eines multilateralen Vorgehens unter der Schirmherrschaft der UN zu begründen. Dieser Kurs resultierte aber auch aus der eingeschränkten politischen Handlungsfreiheit, die in der Irak-Frage durch sein frühes »kategorisches Nein« im Jahr 2002 entstanden war.[556] Letztlich aber war seine ablehnende Haltung vorwiegend auf innenpolitische Motive zurückzuführen und am eigenen Machterhalt ausgerichtet.

5.8. Außenminister

Außenminister Fischer besaß während der Irak-Krise eine ambivalente Einstellung zur deutschen ablehnenden Haltung. Zu Beginn des Jahres 2002 machte Fischer klar, dass er genau wie Bundeskanzler Schröder eine militärische Intervention gegen den Irak für falsch halte. Für den Außenminister bestanden keine eindeutigen Anhaltspunkte, die ein solches Eingreifen rechtfertigen würden.[557] Mit Blick auf die den Amerikanern zugesagte Solidarität nach den Terroranschlägen vom 11. September 2001 und auf eine mögliche Irak-Invasion durch die USA machte Fischer klar: „Bündnispartnerschaft unter freien Demokraten reduziert sich nicht auf Gefolgschaft, Bündnispartner sind nicht Satelliten."[558] Fischer sah die tendenziell unilateral ausgerichtete US-Außenpolitik sehr kritisch und erklärte, „dass die USA dabei wären, einen gewaltigen, ja vielleicht sogar historischen Fehler zu machen."[559] Der Außenminister hatte allerdings auch schon früh erkannt, dass eine weitere Beteiligung Deutschlands an militärischen Interventionen in der Partei Bündnis90/die Grünen, auch besonders mit Blick auf die letzten beiden behandelten Kriege, kaum mehr durchsetzbar sei.[560]

Als der Wahlkampf begann, zog sich Fischer aus der politischen Irak-Debatte zurück und ging sogar auf Distanz zum Bundeskanzler.[561] Ihm missfiel dabei besonders der Wahlkampfbegriff des »deutschen Weges«, der nach Schröders »Nein« zum Irak-Krieg von der SPD propagiert wurde. Der Slogan sei leicht missverständlich, unglücklich gewählt und könnte schnell, mit Blick auf die deutsche Vergangenheit, falsch interpretiert werden. Insgesamt überwogen beim Außenminister die Zweifel an der Stringenz der außenpolitischen Ausrichtung. Seiner Auffassung nach sei das »Nein«

---

[556] Vgl. Hacke, 2003: S.8.
[557] Vgl. Hedtstück, 2003: S.224; vgl. Heydemann, 2010: S.15; vgl. Fischer, 2011: S.119 & S.124.
[558] Fischer, Joschka: Wir sind keine Satelliten. Interview in Die Welt. Berlin. 2002.
[559] Fischer, 2011: S.124.
[560] Vgl. Mahnke, 2008: S.123; vgl. Fischer, 2011: S.124.
[561] Vgl. Hedtstück, 2003: S.228; vgl. Mahnke, 2008: S.123.

zwar richtig, aber es führe auch dazu, dass sich die Bundesrepublik seit ihrem Bestehen öffentlich gegen den wichtigsten Verbündeten stelle. Daher sei es eher notwendig, einen gegenseitigen Ausgleich zu finden, als das deutsch-amerikanische Verhältnis durch Wahlkampfgetöse übermäßig zu belasten.[562] An Schröders Einstellung gegenüber einer Militärintervention hielt aber auch er fest: „Wir werden uns an einer Militäraktion nicht beteiligen, und wir wollen alles tun, um eine friedliche Umsetzung der Resolution 1441 zu erreichen. [...] Bevor an eine *ultima ratio* gedacht wird, müssen alle anderen Mittel erschöpft sein. [...] Die Frage der Verhältnismäßigkeit, des Erschöpfens aller anderen Mittel ist also von zentraler Bedeutung."[563]

Außenpolitisch versuchte Fischer die deutsch-amerikanischen Verstimmungen abzumildern. So versuchte er auf der Generalversammlung der UN im September 2002 die ablehnende Haltung des Bundeskanzlers zu relativieren und forderte die UN auf, den Druck auf das Regime in Bagdad durch die UN zu erhöhen. Gleichzeitig verdeutlichte er aber auch seine Zweifel am Einsatz militärischer Mittel gegen Bagdad und bestätigte damit die Position des Bundeskanzlers: „Wir wollen [...] keinen Automatismus hin zur Anwendung militärischer Zwangsmaßnahmen. [...] Angesichts [der] offenen Fragen sind wir voll tiefer Skepsis gegenüber einem militärischen Vorgehen und bleiben bei unserer Haltung."[564] Ende des Jahres wiederholte Fischer die deutsche Position, keine Soldaten in den Krieg zu entsenden. Wichtig sei der Erhalt des Bündnisses mit den USA im Kampf gegen den internationalen Terrorismus, den der Außenminister im Fall einer Irak-Invasion gefährdet sähe. Im Hinblick auf das Abstimmungsverhalten der Bundesrepublik im Sicherheitsrat ließ er noch keine eindeutige Haltung erkennen.[565] Genau diese Frage aber beschäftigte den Außenminister mit wachsender Sorge. Er befürchtete, dass es bei einer klaren Absage des Bundeskanzlers und gleichzeitiger Zustimmung der meisten Vetomächte zu einer Isolierung der Bundesrepublik Deutschland auf der internationalen Ebene kommen könne. Als sich innenpolitisch abzeichnete, dass die deutsche Öffentlichkeit ein »Ja« im Sicherheitsrat, gepaart mit einer Nichtbeteiligung am Krieg ebenso wenig befürwortete, wie eine Beteiligung auf breiter Ebene, war ihm klar, dass es kaum politische Alternativen gab, als einen Krieg auch im Sicherheitsrat abzulehnen.[566] Es blieb – „das nackte Nein"[567]. Fischers wohl eindringlichster politischer Auftritt zur Irak-Frage fand auf der Münchener Sicherheitskonferenz im Februar 2003 statt. Als er in seiner Rede beim Thema Irak angelangt war, wechselte er ins Englische und erklärte dem US-amerikanischen Verteidigungsminister Donald Rumsfeld

[562] Vgl. Fischer, 2011: S.147ff.
[563] Fischer, Joschka: Wir bleiben beim Nein. Die weltweiten Proteste gegen den Irak-Krieg, der Streit zwischen den Europäern und das Zerwürfnis mit Amerika. Interview in Die Zeit. Hamburg. 2002.
[564] Bundesregierung: Rede des Bundesministers des Auswärtigen, Joschka Fischer, vor der 57. Generalversammlung der Vereinten Nationen am 14. September 2002 in New York. Berlin. 2002.
[565] Vgl. Fischer, Joschka: Die Hoffnung wird immer kleiner. Interview in Der Spiegel. Heft 1. Hamburg. 2003.
[566] Vgl. Fischer, 2011: S.193ff.
[567] Hofmann, Gunther: Der lange Weg zum lauten Nein. Terror, Krisengipfel, Wahlkampf: Wie Deutschland sich dem drohenden Irak-Krieg verweigerte. Protokoll einer Entscheidung. In: Die Zeit. Hamburg. 2003.

direkt: „Excuse me, I am not convinced."[568] Bei Kriegsbeginn äußerte er sich bestürzt über die US-amerikanische Irak-Invasion und kritisierte die nicht UN-mandatierten militärischen Maßnahmen. Er sei der festen Überzeugung gewesen, dass der Irak über die UN friedlich zu entwaffnen gewesen wäre.[569]

Außenminister Fischer hielt sich während der gesamten Irak-Debatte, ähnlich wie im Vorfeld der Entscheidungen zu den Afghanistan-Einsätzen im Jahr davor, auf der politischen Bühne deutlich zurück. Zwar unterstützte er die Linie der Bundesregierung und die Haltung des Bundeskanzlers. Aber ihm war gleichzeitig dabei auch wichtig, nicht die traditionellen Bündnisse Deutschlands, besonders die Freundschaft zu den USA, aufgrund politischer Differenzen aufs Spiel zu setzen.[570] Diese beiden kaum miteinander in Einklang zu bringenden Zielsetzungen verdeutlichten die Schwierigkeiten, vor denen Fischer in seinen Bemühungen stand, mit einem harten »Nein« gegenüber einer Kriegsbeteiligung nicht auch noch alte bewährte Bündnisse nachhaltig zu beschädigen. In der Rollenverteilung zwischen Kanzler und Außenminister wurde deutlich, dass Schröder die Richtlinienkompetenz seines Amtes voll wahrnahm und im Vergleich zur früheren Dominanz des Außenministers als politischer Akteur in der Irak-Krise klar die Richtung vorgab.[571]

5.9. Konsens im Bundestag

Die frühe Festlegung des Bundeskanzlers, nicht am Irak-Krieg nicht teilzunehmen, ersparte den Abgeordneten des deutschen Bundestages eine Abstimmung über die Entsendung deutscher Streitkräfte in den drohenden Irak-Krieg. Gleichwohl hat sich das Parlament in mehreren Debatten mit dieser Frage befasst. Im Folgenden ist aufzuzeigen, inwieweit das Parlament den Kurs der Bundesregierung bestätigt bzw. in Frage gestellt hatte und inwieweit ein Einfluss der Legislative auf die Exekutive dabei erkennbar wurde.

Etwa eine Woche vor der Bundestagswahl 2002 debattierte der Bundestag intensiv über die sich zuspitzende Krisenlage im Irak. Bundeskanzler Schröder verteidigte darin seine ablehnende Haltung gegenüber einer Kriegslösung, indem er auf die nicht abgeschlossene Auseinandersetzung in Afghanistan und auf die fragile Stabilität des Nahen und Mittleren Osten verwies. Militärische Interventionen könnten unberechenbare Konsequenzen für die ganze Region hervorrufen. „Die Arbeit, die mit der Konsequenz aus dem 11. September verbunden ist, ist eben nicht zu Ende gebracht. [...] Wenn wir über den Nahen Osten diskutieren, dann müssen wir bedenken, dass es immer auch um regionale Stabilität geht, um die Auswirkungen einer militärischen Intervention in dieser so sen-

[568] Vgl. Fischer, 2011:
[569] Vgl. Deutscher Bundestag: Plenarprotokoll. 15/35. Berlin. 2003. S.2883-2886.
[570] Vgl. Fischer, 2011: S.183.
[571] Vgl. Mahnke, 2008: S.125.

siblen und schwierigen Region."[572] Außenminister Fischer schloss sich der Haltung des Bundeskanzlers uneingeschränkt an. Er ging dabei vor allem auf die möglichen negativen Auswirkungen eines Krieges ein, aber auch auf negative Auswirkungen, mit denen die USA durch die Führung eines Krieges in Zukunft zu kämpfen hätten.[573] Der damalige Kanzlerkandidat Edmund Stoiber (CSU) stimmte mit der Regierung zwar insoweit überein, als die politische Kompetenz in Sachen Irak beim UN-Sicherheitsrat liege. Dabei sei es jedoch entscheidend, dass Europa eine einheitliche Position einnehme, die er durch die Vorfestlegung des Bundeskanzlers als gefährdet ansah. Darüber hinaus warf Stoiber dem Regierungschef vor, aus wahltaktischen Gründen gehandelt zu haben. „Entscheidend ist, dass Europa in dieser Frage mit einer Stimme spricht. [...] Herr Bundeskanzler, aus Wahlkampfgründen haben Sie den europäischen Weg verlassen und Kriegsszenarien hochgezogen."[574] Angela Merkel (CDU) stellte fest, dass die Mehrheit der Deutschen zwar gegen einen Irak-Krieg seien, dies jedoch nicht alleiniger Grund für die Bundesregierung sein könne, deshalb die Interessen des Landes außer Acht zu lassen. „Deutschland ist nicht irgendein Land, sondern das größte Land in Europa. Deshalb ist gerade in diesem Punkt eine Politik der Verantwortlichkeit gefragt, nicht aber eine Politik, die das Fähnchen morgens entsprechend den Meinungsumfragen nach dem Wind hängt."[575] In der Debatte wurde vor allem deutlich, dass die Bundesregierung Wert darauf legte, die Vorfestlegung in der Irak-Frage zu untermauern, während die Opposition verdeutlichte, dass sich aus dem wahlkampftaktischen Manöver ein deutlich eingeschränkter politischer Handlungsspielraum auf europäischer und internationaler Ebene ergeben würde.

Auch in der Debatte am 29. Oktober 2002 bestimmte das Thema Irak immer wieder die Diskussion. Schröder ließ verlauten, dass sich Deutschland in Zukunft weiter dafür einsetzen werde, mit Hilfe der UN im Irak eine international kontrollierte Abrüstung und damit eine friedliche Konfliktlösung zu erreichen. Daher lehne er es auch ab, im Irak militärisch zu intervenieren.[576] Außenminister Fischer unterstützte diese Position, indem er darauf verwies, dass der Irak nicht das Kernproblem des internationalen Terrorismus darstelle.[577] Für die Opposition warf Merkel dem Bundeskanzler vor, dass die diplomatischen Anstrengungen der UN durch die Vorfestlegung in der Irak-Frage untergraben würden und dass durch das kategorische »Nein« zahlreiche ungeklärte Probleme nicht mehr lösbar seien.[578] Wolfgang Schäuble (CDU) übte in seinem Beitrag weitere Kritik an der Bundesregierung, die dafür verantwortlich sei, dass durch die deutsche Vorfestlegung ein europäischer Konsens im Rahmen der EU verhindert worden wäre und sich die transatlantischen Beziehungen

[572] Deutscher Bundestag: Plenarprotokoll. 14/253. Berlin. 2002. S.25583.
[573] Ebd. S.25593.
[574] Ebd. S.25576.
[575] Ebd. S.25608f.
[576] Deutscher Bundestag: Plenarprotokoll. 15/4. Berlin. 2002. S.59.
[577] Ebd. S.78.
[578] Ebd. S.64f.

besonders zu USA verschlechtert hätten. „Das war ein Alleingang, die Isolierung Deutschlands, und das war ein Fehler."[579] Während die Bundesregierung in dieser Debatte weiterhin an ihrer ablehnenden Haltung gegenüber einem Irak-Krieg festhielt, konzentrierte sich die Opposition besonders auf den Vorwurf, dass die Irak-Entscheidung auf Kosten des transatlantischen Verhältnisses getroffen werde.

Im folgenden Jahr in der unmittelbaren Vorkriegsphase versuchte Schröder die Vorwürfe, die Bundesregierung habe das transatlantische Verhältnis zu den USA verschlechtert, im Bundestag dadurch zu entkräften, indem er seine Haltung verteidigte und auf die anhaltende Beständigkeit atlantischer Beziehungen hinwies: „Diese Wertegemeinschaft kann auch bei gelegentlichen Meinungsverschiedenheiten in ihrer Substanz nicht berührt werden." Doch gleichzeitig bestand er auf seiner kriegsablehnenden Politik, indem dazu feststellte, dass auf der internationalen Ebene die „Willensbildung multilateral"[580] bleiben müsse. Insgesamt beharrte er darauf, dass die Inspektionen der UN fortzusetzen seien und eine Abrüstung des Iraks auch ohne Krieg möglich sei.[581] Auch Fischer war der Meinung, dass es zum Krieg Alternativen gäbe, die es kooperativ auszuloten gelte. „Wir werden im Rahmen des transatlantischen Bündnisses und der Europäischen Union unsere Politik, wirkliche Alternativen zum Krieg zu suchen und sie mit unseren Partnern auch umzusetzen, fortsetzen."[582] Merkel als Oppositionsführerin erneuerte ihre Vorwürfe gegenüber dem Bundeskanzler, er habe sich, ohne die Ergebnisse der UN abzuwarten, festgelegt, und damit den außenpolitischen Handlungsspielraum der Regierung deutlich eingeschränkt, den Druck auf das Regime in Bagdad gemindert und die internationale Konfliktbewältigung in Europa, mit den USA sowie der UN geschwächt.[583] Auch aus den Reihen der FDP unterstellte Guido Westerwelle (FDP) dem Bundeskanzler, er würde nur rein aus innenpolitischen Motiven eine ablehnende Haltung zum Irak-Krieg einnehmen. „Die Innenpolitik ist ein falsches Motiv für die Außenpolitik."[584] In dieser Parlamentssitzung verteidigte die Bundesregierung weiterhin ihren Irak-Kurs, während die Opposition an den zuvor genannten Vorwürfen festhielt, die Entscheidung sei lediglich aus innenpolitischen Motiven getroffen und dabei habe die Regierung auf internationaler Ebene politische Handlungsfähigkeit eingebüßt und die um Konfliktlösung bemühten Institutionen geschwächt.

Die Auszüge aus den Bundestagsdebatten zur Irak-Krise verdeutlichen, das in der parlamentarischen Auseinandersetzung zwischen Regierung und Opposition weitgehend Übereinstimmung bestand, einer friedlichen Konfliktlösung den Vorzug zu geben und einen Krieg zu verhindern. Während die Bundesregierung ihre politische Positionierung in der Irak-Frage stets verteidigte, kritisier-

[579] Deutscher Bundestag: Plenarprotokoll. 15/4. Berlin. 2002. S.97.
[580] Deutscher Bundestag: Plenarprotokoll. 15/35. Berlin. 2003S.1876.
[581] Ebd. S.1877ff.
[582] Ebd. S.1887.
[583]Ebd. 1879-1884.
[584] Ebd. S.1888.

te die Opposition das einseitig ausgerichtete Vorgehen der Regierung, mit den daraus resultierenden Nachteilen für die deutsche Außenpolitik, für die GASP und für die international um friedliche Konfliktlösung bemühten Institutionen. Die Opposition zeigte auf, dass die kriegsablehnende Positionierung der Bundesregierung auf diplomatischem Wege mit weitaus geringeren »Kollateralschäden« im Bündnis erreichbar gewesen wäre und dass die Bundesregierung diesen mit großen Nachteilen für die internationale Politik verbunden Weg nur deshalb gegangen sei, weil sie sich davon größere Wahlkampfeffekte versprach. Insgesamt aber bestand der parteiübergreifende Konsens im Bundestag, in der Irak-Frage eine friedliche Konfliktlösung anzustreben. Damit billigten die Abgeordneten die Entscheidung der Bundesregierung, nicht am Irak-Krieg teilzunehmen. Ihr Einfluss blieb aber eher gering, da man die Bundesregierung auch nicht davon überzeugen konnte, in der totalen Kriegsablehnung wenigstens etwas politischen Spielraum für ein Votum des UN-Sicherheitsrates zuzulassen.

5.10. Zwischenfazit

Der Faktor »Macht und Interessen im internationalen System« hat auf deutsche Entscheidungsprozesse im Zusammenhang mit dem Irak-Krieg großen Einfluss ausgeübt. Zwar gelang es Deutschland auf der internationalen Ebene nicht, politische Kräfte als wirksames Gegengewicht zu den USA zu bündeln, um Konfliktlösungen im Vorfeld des Krieges mit zivilen Mitteln mehr Geltung zu verschaffen. Gleichwohl war in der deutschen Außen- und Sicherheitspolitik der Wille klar erkennbar, die eigene Macht- und Interessensphäre neu zu ergründen und sie nicht um jeden Preis den althergebrachten fundamentalen Grundprinzipien deutscher Außenpolitik zu unterwerfen. „Da die Anforderungen der Partner im letzten Jahrzehnt enorm gestiegen sind und mit der gewachsenen deutschen Macht zugleich die Notwendigkeit schwand, Spannungen zwischen diesen auszugleichen, hat sich der Spielraum für selbstbewusstes Auftreten

Irak-Krieg	**Grad des Einflusses**		
Einflussfaktoren	Geringer Einfluss	Deutlicher Einfluss	Großer Einfluss
Macht und Interesse			X
Multilaterale Einbindung	X		
Wirtschaft		X	
Außenpolitische Kultur	X		
Politische Konkurrenz			X
Öffentliche Meinung			X
Bundeskanzler			X
Außenminister		X	
Bundestag	X		

sichtbar vergrößert."[585] Aus diesem politischen Spielraum heraus entwickelte die deutsche Politik auf der internationalen Ebene und gegenüber den engsten Verbündeten, den USA, eine Eigenständigkeit, aus der das Vorgehen der Bundesregierung mit der konsequenten und alternativlosen Anti-Kriegspolitik machtpolitisch erklärbar wird. Dieser außenpolitische Kurswechsel wurde besonders deutlich, als die Bundesregierung bei den Verhandlungen im UN-Sicherheitsrat eine offene Front, zusammen mit den Vetomächten Frankreich und Russland, gegen die Befürworter eines Krieges bildete. Die so auf gewachsenem Selbstbewusstsein beruhenden außenpolitischen Entscheidungen Deutschlands überdeckten ein wenig, dass das Gewaltmonopol der UN durch eine vorfestgelegte deutsche Außenpolitik untergraben, das Bündnis gespalten und das Konzept einer Zivilmacht geschwächt wurde.[586] „Angetreten die UNO zu stärken, Multilateralismus zu praktizieren und das militärische Instrument zur Wahrung des Friedens couragierter einzusetzen, ist die deutsche Regierung unglaubwürdig geworden, weil sie zum moralisierenden Unilateralisten wurde, der sich brüsk von allen anderen Vorschlägen distanzierte, die UNO schwächte und antimilitärische Argumente mit pazifistischen und antiamerikanischen Schablonen verband."[587] Die Bundesrepublik Deutschland versuchte zwar selbstbewusst Machtpolitik auf der internationalen Bühne zu betreiben, blieb damit jedoch weitgehend erfolglos.

Die »Multilaterale Einbindung Deutschlands« in internationale Institutionen spielte im Irak-Konflikt, im Gegensatz zur Kosovo-Krise und zum Afghanistan-Einsatz, keine wegweisende Rolle für die Ausrichtung der deutschen Außen- und Sicherheitspolitik. Zwar strebte die Bundesregierung während der Irak-Krise eine multilaterale Konfliktlösung auf Ebene der UN an, um der unilateralistisch ausgerichteten US-Außenpolitik Einhalt zu gebieten. Im Vordergrund der deutschen Politik aber stand die Bildung einer Ad hoc-Koalition einzelner Staaten, wie Frankreich und Russland, als Kern der Gegenmachtbildung.[588] Dies und die frühe Vorfestlegung Berlins in der Irak-Frage führten dazu, dass sich weder die EU noch die NATO an der Konfliktbewältigung beteiligen konnten. Darüber hinaus hebelte die Bundesregierung mit ihren konsequenten Anti-Kriegs-Kurs das Prinzip des gemeinsamen Konsenses innerhalb der UN aus. „Deutschland gab ohne Not seine exklusive Rolle gegenüber den USA und seine Maklerrolle im Viereck Washington-Paris-London/Berlin auf und verlor an Handlungsspielraum."[589] Damit verstieß die Bundesrepublik Deutschland gegen die Grundlagen einer auf dem kooperativen Multilateralismus basierenden Außen- und Sicherheitspolitik. „Erst die unilaterale Festlegung der deutschen Außenpolitik im Kontext der Irak-Krise mit der prinzipiellen Vorab-Verweigerung jeglicher deutscher Unterstützung für eine

[585] Hedtstück, 2003: S.232.
[586] Vgl. Hellmann, 2004: S.37, vgl. Risse, 2007: S.59.
[587] Hacke, 2004(a): S.512.
[588] Vgl. Gareis, 2009: S:67; vgl. Baumann, 2010: S.483.
[589] Hacke, 2003: S.9.

Zwangsmaßnahmen legitimierende Resolution des UN-Sicherheitsrates stellte eine eindeutige Abkehr vom Zivilmacht-Rollenkonzept dar, das ja gerade durch prinzipiellen Multilateralismus und durch Bemühungen um Verregelung und Verrechtlichung der internationalen Beziehungen gekennzeichnet ist."[590] Daher war der Einfluss des Faktors der multilateralen Einbindung, nicht wie in den letzten beiden Fällen als groß, sondern nur noch als gering einzustufen.

Die »Deutschen Wirtschaftsinteressen« sprachen eher für die Vermeidung des Irak-Krieges aufgrund der eigenen ölabhängigen Exportwirtschaft und waren im Vergleich zu den Fällen im Kosovo und in Afghanistan deutlich größer. Es bestand das Interesse, keine unvorhersehbaren wirtschaftlichen Folgen für die Weltwirtschaft durch einen Krieg hervorzurufen, der sich negativ auf die Region und möglichweise darüber hinaus ausgewirkt hätte.[591] Schließlich war ein Krieg in einer der ölreichsten Regionen der Erde kaum mit deutschen Wirtschaftsinteressen zu vereinbaren. Auch wenn diese Interessen im öffentlichen Diskurs nicht immer gleich deutlich wurden, so hatten sie im Vergleich zum Kosovo- und Afghanistan-Konflikt einen doch deutlicheren Einfluss auf die Entscheidung, sich am Irak-Krieg nicht zu beteiligen.

Der Anpassungsprozess der deutschen außenpolitischen Kultur geriet während der Irak-Krise ins Stocken. Die wandelbaren Elemente und Modifikationen wurden in dieser Phase von der »Kultur der Zurückhaltung« vollends überdeckt. „Die scheinbar schon überwundene Kultur der militärischen Zurückhaltung und die damit verbundenen Abneigung gegen militärischen Gewalteinsätze jeder Art kam darin in gewisser Weise noch einmal zum Vorschein."[592] Die absolute Forderung der Bundesregierung nach einer friedlichen Lösung machte dies besonders deutlich.[593] In den beiden zuvor behandelten Konflikten befanden sich die Elemente der Anpassung (Normalisierung), wie der Einsatz von Militär und die Übernahme von Verantwortung auf der internationalen Ebene, und die Elemente der Tradition (Kontinuität), wie die grundsätzliche Skepsis über den Einsatz von Militär und eine multilateral ausgerichtete Außen- und Sicherheitspolitik, gewissermaßen in der Waage. Für den Irak wurde dagegen die »Anpassung« durch einen »deutschen Alleingang« ersetzt und einer traditionellen Machtpolitik geopfert, die den Prinzipien der deutschen außenpolitischen Kultur im Grunde widersprach. Oberflächlich betrachtet mochte die Antikriegshaltung der Bundesregierung zwar der »Kultur der Zurückhaltung« entsprechen. Aber in ihrer einseitigen Radikalität verletzte sie auch die »Kontinuität« konsensbestimmter und multilateralistisch ausgerichteter Grundprinzipien der deutschen Außen- und Sicherheitspolitik. Beides zusammen betrachtet, führte dazu,

---

590 Maull, 2003: S.16.

591 Vgl. Frankfurter Allgemeine Zeitung: Aufschwung in Deutschland vertagt. Nr.211. Frankfurt am Main. 2002. S.13; vgl. Süddeutsche Zeitung: Irakkrise verzögert Erholung der Konjunktur. München. 2002. S.19.

592 Hellmann, 2006: S.201.

593 Vgl. Baumann, 2010: 483.

dass der Faktor »Deutsche außenpolitische Kultur« nur einen geringen Einfluss auf die politische Entwicklung einnahm.

Der Einflussfaktor »Politische Konkurrenz« spielte für Entscheidungen der Bundesregierung in der Irak-Krise eine außerordentlich große Rolle. Die politische Instrumentalisierung des Irak-Themas im Bundestagswahlkampf 2002 durch die SPD hatte zum Machterhalt der Bundesregierung beigetragen, weil mit dem Versprechen, nicht an einem Irak-Krieg teilzunehmen, auch die Aussicht verknüpft war, eine solche dogmatische Friedenspolitik fortzuführen.[594] Damit dominierte ganz klar die Innenpolitik die Außenpolitik.[595] Der dadurch entfachte politische Wettbewerb erzeugte keine grundsätzlich unterschiedlichen Positionen zwischen Bundesregierung und Opposition. Im politischen Konkurrenzkampf kam es deshalb für die Bundesregierung darauf an, sich mit der Anti-Kriegs-Entscheidung deutlich von der Position der Opposition abzuheben, um die Wählbarkeit in der kriegsunwilligen Bevölkerung zu erhöhen. Die Positionierung des Bundeskanzlers ließ in der Irak-Frage keine Spekulationen zu und setzte sich deshalb gegenüber der Opposition durch, der es im Wahlkampf nicht gelang, das Thema Irak in eigenständiger Profilierung zu besetzen.[596] Die auf breiter Front kriegsablehnende innenpolitische Stimmungslage, verknüpft mit den Zuspitzungen der politischen Konkurrenten im aufkommenden Bundestagswahlkampf und der zunehmenden Kriegsgefahr im Irak, schufen Entscheidungssituationen in der deutschen Politik, in denen innenpolitisches Machtkalkül über außenpolitische Kontinuität dominierte.

Die im Vorfeld des Irak-Krieges gegenüber einer militärischen Intervention kritisch eingestellte deutsche Bevölkerung war Ausgangspunkt für die Entscheidung der SPD, den drohenden Irak-Krieg im Bundestagswahlkampf zu thematisieren. Die intensive Auseinandersetzung mit der Irak-Frage führte zu einer hohen Salienz in den Medien, die mit einer kritisch eingestellten Berichterstattung deutlich Position gegen eine Kriegsbeteiligung einnahmen. Dadurch entstand in der deutschen Öffentlichkeit ein breiter Anti-Kriegs-Konsens, der sich durch die institutionalisierten Einflussmöglichkeiten der Bundestagswahl zugunsten der amtierenden Regierung auswirkte und letztlich zum Wahlsieg der Regierungsparteien führte.[597] Damit bildete die Kombination zwischen öffentlicher Meinung und politischem Wettbewerb die Grundlage für die Entscheidung der Bundesregierung, sich nicht am Irak-Krieg zu beteiligen. Insgesamt hatte der Faktor »Öffentliche Meinung« in Deutschland einen großen Einfluss auf die Positionierung der Regierungsverantwortlichen in der Irak-Frage.

Der Einfluss des »Bundeskanzlers« auf die Irak-Entscheidung war ebenfalls von großer Bedeutung. Schröder verfolgte prinzipiell zwei Strategien: Eine „innenpolitische mit stark defensiver Aus-

[594] Vgl. Knobloch, 2008: S.51f.
[595] Vgl. Schöllgen, 2004(b): S.9.
[596] Vgl. Knobloch, 2008: 80.
[597] Ebd. S.45.

richtung und eine außenpolitische mit erstaunlich offensivem, selbstbewusstem Grundtenor"[598]. So entsprangen die Motive für eine deutsche Nicht-Beteiligung aus dem Willen zum eigenen Machterhalt. Nach der gewonnenen Bundestagswahl entwickelte die Bundesregierung eine konsequent friedensorientierte Außenpolitik, weil die Handlungsmöglichkeiten aufgrund der Vorfestlegung in der Irak-Frage deutlich eingeschränkt waren und man überzeugt war, dass weitere deutsche Kriegsbeteiligungen parteipolitisch und in der Bevölkerung nicht durchsetzbar wären. Von diesen Grundannahmen ausgehend verfolgte Schröder eine selbstbewusste Politik, die von einem konfrontativen Kurs gegenüber den USA bestimmt war.[599] Anfang 2003 wurde er in seiner Position deutlich gestärkt, als sich in der Irak-Frage auch Frankreich und Russland als Kriegsgegner festlegten und Schröder damit aus seiner außenpolitischen Isolierung befreit wurde. Wir „tun auch unsere Pflicht für den Frieden und für die friedliche Entwaffnung des Irak. Gemeinsam mit Frankreich, mit Russland und mit anderen unternimmt die Bundesregierung alle Anstrengungen, um den Konflikt im und um den Irak auf friedlichem Wege zu lösen. Das ist möglich und darum kämpfen wir!"[600] Damit nahm der Bundeskanzler seine Richtlinienkompetenz in vollem Umfang wahr und hatte bestimmenden Einfluss auf das deutsche »Nein« zum Irak-Krieg.

Der Einfluss von Außenminister Fischer ist in der Irak-Krise eher geringer einzuschätzen. Fischer stand vor einem Dilemma: Innenpolitisch und innerparteilich war eine kriegsbefürwortende Position nicht durchsetzbar. Außenpolitisch stand man in der Kriegsablehnung nicht alleine und hatte mit Frankreich und Russland wichtige Verbündete an der Seite. Und schließlich war auch völkerrechtlich keine Legitimation einer Intervention durch die UN zu erwarten. Alles sprach dafür, die Position des Bundeskanzlers zu stärken, gleichzeitig aber ein Auseinanderbrechen bewährter Bündnisse zu vermeiden. Diese Aufgabe und Rahmenbedingungen ließen dem Außenminister damit kaum Raum, eigene Akzente zu setzen. Sein Einfluss auf die Entscheidung der Bundesregierung, nicht am Irak-Krieg teilzunehmen, gründete auf seinen eigenen Überzeugungen. Gleichwohl hatte Fischer große Bedenken, weil die Anti-Kriegshaltung auf eine offene Konfrontation gegenüber den USA hinauslief und eine Isolierung Deutschlands auf internationaler Ebene drohte. Durch die Vorfestlegung des Bundeskanzlers in seiner Wahlkampfrede in Goslar sah der Außenminister in der Irak-Frage kaum noch alternative Politikansätze. „Damit war unser Spielraum im Sicherheitsrat auf null reduziert worden! [...] Durch die Rede des Kanzlers befanden wir uns nun in einer Situation des »alles oder nichts«, und genau eine solche Lage hatte ich immer vermeiden wollen!"[601] Während Bundeskanzler Schröder in dieser Phase eine selbstbewusste und auch machtorientierte Außen-

[598] Schöllgen, 2004(a): S.127.
[599] Vgl. Hofmann, Gunther: Es lebe der kleine Unterschied. Gerhard Schröder und Joschka Fischer, die Außenpolitiker der Nation, im Sog der Irak-Krise: Wer ist Koch, und wer ist Kellner? In: Die Zeit. Hamburg. 2003; vgl. Buras, 2004: S.243; vgl. Schöllgen, 2004(a): S.127.
[600] Deutscher Bundestag: Plenarprotokoll. 15/25. Berlin. 2003. S.1874.
[601] Fischer, 2011: S.201f.

und Sicherheitspolitik verfolgte, neigte Fischer dazu, die Bundesrepublik als Teil des Westens zu sehen, dessen Bindung nicht gefährdet werden dürfe.[602]

Die Vorfestlegung des Bundeskanzlers führte letztlich dazu, dass der Bundestag nicht mit einer Abstimmung über die Entsendung deutscher Streitkräfte in einen Krieg konfrontiert wurde. Aufgrund des aufkommenden Wahlkampfes dominierte in den Bundestagsdebatten der politische Wettbewerb zwischen den Parteien. Da in der Frage der Kriegsablehnung zwischen Regierungs- und Oppositionsparteien weitgehend Einigkeit herrschte, ging es für die Bundestagsabgeordneten in erste Linie darum, die Unterschiede in den Positionen herauszuarbeiten und sich damit dem Wähler im Wahlkampf zu präsentieren. Da aber die politische Grundhaltung in dieser Frage von keiner Seite in Frage gestellt wurde, konnte es im Bundestag auch nicht zu Initiativen kommen, die in der Irak-Frage noch Richtungsänderungen möglich gemacht hätten. Daher hatte der »Konsens im Bundestag« nur geringen Einfluss auf die kriegsablehnende Entscheidung des Bundeskanzlers.

Der Faktor Macht und Interessen im internationalen System hatte diesmal für die deutsche Irak-Entscheidung wieder größere Bedeutung, als es noch im Jahr 2001 für Afghanistan der Fall gewesen war. Der Faktor spielte deshalb eine besondere Rolle, weil der außenpolitische Kurswechsel hin zur »Normalisierung« mit einer konfrontativen Haltung gegenüber den Verbündeten verbunden war und die Gefahr einer außenpolitischen Isolierung einschloss. Daher besaß auch der Einflussfaktor der multilateralen Einbindung nicht mehr die Wirkung, die er in den beiden zuvor behandelten Kriegen noch entfalten konnte. Wirtschaftliche Interessen hatten in der Irak-Krise einen größeren Stellenwert, weil ein Krieg in einer Öl-Region nicht im Interesse der deutschen Wirtschaft sein konnte und diese Interessenlage eher für eine Kriegsvermeidung sprach. Auf innerstaatlicher Ebene sprachen wesentliche Aspekte gegen eine deutsche Beteiligung am Irak-Krieg. So kam hier die traditionelle »Kultur der Zurückhaltung« in vollem Maße zur Geltung. Noch stärker wirkten sich in Kombination die politische Konkurrenz und die öffentliche Meinung auf die Entscheidung aus. Die kriegskritische öffentliche Meinung bestärkte die SPD, die Irak-Frage als Wahlkampfthema einzusetzen und damit die Kriegsablehnung in der Bevölkerung noch zu vergrößern. Dadurch bildete sich ein umfassender kriegsablehnender Konsens in der Öffentlichkeit, der die Bundesregierung nach gewonnener Wahl darin ermunterte, ihre Anti-Kriegs-Politik fortzuführen. Auf der Ebene der individuellen Entscheidungsträger dominierte wiederum der Bundeskanzler, der seine Richtlinienkompetenz voll ausnutzte, um den eigenen Machterhalt zu sichern. Schröder war es, der das kategorische »Nein« zum Irak-Krieg formulierte. Er entschied, selbst dann eine deutsche Beteiligung auszuschließen, wenn es im UN-Sicherheitsrat zu einer kriegslegitimierenden Resolution gekommen wäre. Damit war es vor allem der Bundeskanzler, der als individueller Akteur bestimmenden Einfluss auf die deutsche Positionierung in der Irak-Frage hatte, während der Außenminister hingegen weni-

[602] Vgl. Hofmann, 2003; vgl. Buras, 2004: S.243.

ger Akzente setzen konnte. Fischer befand sich in dem Dilemma, dass er einen Krieg unbedingt verhindern, aber auch nicht gleichzeitig auf Konfrontationskurs zu den USA gehen wollte. Es war ihm daher kaum möglich, politisch in Erscheinung zu treten, ohne in Widerspruch zu den eigenen Überzeugungen zu geraten. Der Bundestag besaß im Fall des Irak-Krieges kaum einen Einfluss auf die Entscheidungen, da es zu keiner Abstimmung über die Entsendung deutscher Truppen kam und der parteiübergreifend kriegsablehnende Konsens auch keinen Raum für alternative Politikansätze in dieser Frage bot.

6. Libyen

Zu Beginn des Jahres 2011 kam es in vielen arabischen Ländern zu Unruhen innerhalb der Bevölkerung, die beispielsweise in Tunesien und Ägypten zu Revolutionen und anschließendem Umsturz der Regierung führten oder im Jemen und Syrien, wo die Proteste in bürgerkriegsartige Auseinandersetzungen zwischen den Regierungen und Aufständischen mündeten. Der sogenannte »Arabische Frühling« hielt auch in Libyen Einzug. Dort kam es Ende Februar in der Hafenstadt Bengasi ebenfalls zu heftigen Auseinandersetzungen zwischen Demonstranten und dem lybischen Militär. Das harte Vorgehen der Sicherheitskräfte gegenüber den Protestlern eskalierte die Lage und führte im Land zu einem Bürgerkrieg. Selbst die Arabische Liga verurteilte das gewaltsame Vorgehen des libyschen Militärs gegen die Zivilbevölkerung. Die EU und NATO äußerten ihre Besorgnis über die Entwicklungen. Die UN verabschiedeten die Resolution 1970, in der das Regime von Muammar al-Gaddafi und dessen gewaltsames Vorgehen gegen die eigene Bevölkerung verurteilt wurde.[603]

Rund um Bengasi formierte sich daraufhin eine Rebellenbewegung, die das lybische Militär zurückschlagen konnte und damit begann, in Richtung auf die Hauptstadt Tripolis vorzudringen. Am 5. März bildete sich in Bengasi ein Übergangsrat, der sich als rechtmäßige Vertretung Libyens deklarierte. Kurze Zeit später änderte sich das Blatt wieder für die Rebellen. Nun gingen die militärisch überlegenen Regierungstruppen erneut zur Offensive über, brachten den Vormarsch der Aufständischen zum Stehen und eroberten verloren gegangenes Terrain zurück. Am 10. März forderten die Regierungen von Frankreich und Großbritannien in einem offenen Brief von der UN, eine Flugverbotszone über Libyen einzurichten, um die Zivilbevölkerung als auch die Rebellen gegen die libysche Luftwaffe zu schützen, der sie schutzlos ausgesetzt waren. Daraufhin beschloss der UN-Sicherheitsrat am 17. März die Resolution 1973, in der das Gaddafi-Regime aufgefordert wurde, einem Waffenstillstand zuzustimmen. Darüber hinaus ermächtigte die Resolution den Mitgliedstaaten, eine Flugverbotszone über Libyen durchzusetzen und alle Maßnahmen einzuleiten, um die Zi-

[603] The Security Council of the United Nations: Resolution 1970. New York. 2011; vgl. Lüders, Michael: Tage des Zorns. Die arabische Revolution verändert die Welt. München. 2011. S.9ff; Strategic Survey: The Arab Awakening. International Institute for Strategic Studies. Volume 111. Issue 1. London. 2011. S.44ff.

vilbevölkerung zu schützen.[604] Deutschland, zu diesem Zeitpunkt nicht-ständiges Mitglied des UN-Sicherheitsrates, enthielt sich bei der Abstimmung über die UN-Resolution 1973 der Stimme. Die deutsche Regierung unterstützte zwar die Proteste des »Arabischen Frühlings«, sprach sich aber im Vorfeld der Krise und im Verlauf des Krieges gegen den Einsatz von Militär aus und begründete damit die Entscheidung, sich in dieser Frage der Stimme zu enthalten.[605] Daraufhin folgte zunächst der Zusammenschluss einer Ad hoc Koalition einiger Staaten zur Durchsetzung der Flugverbotszone über Libyen, deren Führung später durch die NATO im Rahmen der *Operation Unified Protector* (OUP) übernommen wurde, bei der vor allem Frankreich, Großbritannien und die USA Luftangriffe auf die libyschen Regierungstruppen flogen. Aufgrund dieser Luftunterstützung gelang es den Rebellen, die libyschen Streitkräfte erneut zurückdrängen. Etwa fünf Monate später eroberten sie die Hauptstadt Tripolis. Um kein Machtvakuum entstehen zu lassen, übernahm der Übergangsrat wenige Tage nach Eroberung der Hauptstadt die Regierungsgeschäfte des Landes.[606] Die Kämpfe hielten allerdings trotz der Erfolge der Rebellen weiter an und konzentrieren sich nun auf die letzte Bastion des Regimes rund um die Stadt Sirte. Dort wurde am 20. Oktober 2011 Muammar al-Gaddafi bei Gefechten getötet. Das alte Regime konnte damit endgültig als gestürzt angesehen werden.[607]

6.1. Deutsche Macht und Interessen im internationalen System

Nach Ausbruch des »Arabischen Frühling« sicherte die Bundesregierung den Aufstandsbewegungen in den betroffenen Staaten Unterstützung zu und verdeutlichte, dass man die Freiheitsbewegung der arabischen Völker positiv begleiten werde. Auch in Libyen verfolgte die Bundesregierung aufgrund der Gewalteskalation auf verschiedenen Wegen eine Sanktionspolitik, die sich gegen das Gaddafi-Regime richtete. So drängte Deutschland, seit Anfang des Jahres 2011 nichtständiges Mitglied des UN-Sicherheitsrats, auf die Durchsetzung von Wirtschaftssanktionen und trug mit dazu bei, dass die entsprechende UN-Resolution 1970 bereits im Februar 2011 beschlossen wurde. Gleichzeitig vermied es Berlin aber, sich im Hinblick auf eine mögliche militärische Intervention in Libyen klar zu positionieren. Die Bundesrepublik Deutschland werde sich, wenn über-

---

[604] The Security Council of the United Nations: Resolution 1973. New York. 2011; vgl. Der Spiegel: Die letzte Kugel. Heft 12. Hamburg. 2011. S.106.

[605] Vgl. Lüders, 2011: S.91-94; vgl. Rinke, Andreas: Eingreifen oder nicht? Warum sich die Bundesregierung in der Libyen-Frage enthielt. In: Internationale Politik. Heft 4. Berlin. 2011.

[606] Vgl. Spiegel Online Artikel: Alliierte starten massive Luftschläge gegen Gaddafi- Regime. Hamburg. 2011. http://www.spiegel.de/politik/ausland/0,1518,752018,00.html (20.10.11); vgl. Der Spiegel: Aufrecht ins Gefecht. Heft 35. Hamburg. 2011. S.90.

[607] Vgl. Spiegel Online Artikel: Gadaffi ist tot – Libyer bejubeln Ende des Diktators. Hamburg. 2011. http://www.spiegel.de/politik/ausland/0,1518,793023,00.html (20.10.11)

haupt, nur auf militärische Zwangsmaßnahmen einlassen, wenn die Arabische Liga, der auch Libyen angehörte, einer Intervention zustimmen und sich daran beteiligen würde.[608]

Auch als sich die Lage der Rebellen nach der Offensive der libyschen Truppen dramatisch verschlechterte, hielt Deutschland an seiner Zurückhaltung gegenüber einem militärischen Eingreifen fest. Berlin begründete diese Position damit, dass noch nicht alle zivilen Mittel ausgereizt seien und ein westliches Eingreifen den Umbruch in der arabischen Welt gefährden könne.[609] Besonders bezweifelte die Bundesregierung auf dem Euro-Gipfel am 11. März, dass der gebildete Übergangsrat in Libyen eine legitime Vertretung der libyschen Bevölkerung darstelle. Der darauf folgende Vorstoß Frankreichs und Großbritanniens zur Einrichtung einer Flugverbotszone über Libyen wurde von der deutschen Regierung nicht unterstützt, war aber auch innerhalb der EU umstritten und wurde deshalb nicht in die Schlusserklärung des EU-Gipfels aufgenommen. Auf einem weiteren Treffen der G8 versuchte Frankreich wiederum, Zustimmung für die Einrichtung einer Flugverbotszone zu erzielen, scheiterte aber erneut an Gegenstimmen aus Deutschland, den USA und auch Russland. Kurze Zeit später änderten die USA allerdings ihre skeptische Haltung gegenüber einer militärischen Intervention und näherten sich der Position Frankreichs und Großbritanniens an. Die Bundesregierung war vom Politikwechsel der Amerikaner überrascht, was zugleich auch verdeutlichte, dass der deutsche Einfluss auf der Ebene der UN eben geringer ausfiel, als in der EU.[610] Aufgrund der Neu-Positionierung der USA wurde die von Frankreich vorangetriebene Abstimmung über eine Resolution zur Umsetzung militärischer Zwangsmaßnahmen gegen Libyen immer wahrscheinlicher. Am 17. März stimmte der UN-Sicherheitsrat für die Resolution 1973 und legitimierte damit den Einsatz militärischer Zwangsmaßnahmen zum Schutz der libyschen Bevölkerung. Die Bundesrepublik Deutschland enthielt sich der Stimme und begründete ihre Entscheidung mit unkalkulierbaren Risiken eines Militäreinsatzes in Libyen, teilte jedoch die Absichten und Ziele des UN-Sicherheitsrates.[611]

Trotz eines deutschen Heraushalten, betraf der Libyen-Konflikt dennoch deutsche Sicherheitsinteressen. „Spätestens seit der Jahrtausendwende hat die Region indes für die deutsche Außenpolitik aus drei Gründen sukzessive an Bedeutung gewonnen: dem höheren Stellenwert der Energiesicherheit, der Eindämmung der Migration sowie der Bekämpfung von Terrorismus und organisierter

---

[608] Vgl. Maull, Hans: Deutsche Außenpolitik: Orientierungslos. In: Zeitschrift für Politikwissenschaft. 21. Jahrgang. Heft 1. Baden-Baden. 2011. S.107; vgl. Sinjen, Svenja: Der Preis der Freiheit. In: Internationale Politik. Heft 3. Berlin. 2011. S.79.

[609] Vgl. Sinjen, 2011: S.80.

[610] Vgl. Maull, 2011: S.107; vgl. Neukirch, Ralf: Großes Land, ganz klein. In: Der Spiegel. Heft 38. Hamburg. 2011. S.28; vgl. Rinke, 2011; Ulrich, Bernd: Wofür Deutschland Krieg führen darf und muss. Hamburg. 2011. S.105f.

[611] Vgl. Hacke, Christian: Deutschland und der Libyen-Konflikt: Zivilmacht ohne Zivilcourage. In: Aus Politik und Zeitgeschichte: Arabische Zeitenwende. B 39. Bonn. 2011. S.50;
Für die Resolution im UN-Sicherheitsrat stimmten: Frankreich, Großbritannien, die USA, Bosnien und Herzegowina, Gabun, Kolumbien, der Libanon, Nigeria, Portugal, und Südafrika. Brasilien, Russland, Indien, China und Deutschland enthielten sich der Stimme.

Kriminalität."[612] So erklärte der ehemalige Außenminister Fischer dazu: „Wie der Balkan gehört die südliche Gegenküste des Mittelmeers zur unmittelbaren Sicherheitszone der EU. Es ist einfach nur naiv zu meinen, der bevölkerungsreichste und wirtschaftlich stärkste Staat der EU könne und dürfe sich da heraushalten. Wir reden bei dieser Region über unmittelbare europäische und deutsche Sicherheitsinteressen."[613] Aber auch die Bundesregierung teilte ja „Ziele und Absichten des UN-Sicherheitsrates", war aber eben nicht bereit, die Sicherheitsinteressen mit militärischen Mitteln durchzusetzen. „Denn neben den unverdauten Afghanistan-Erfahrungen und der ohnehin von allen Seiten beklagten Überlastung der Bundeswehr drohten nicht nur ein neuer „Einsatz mit äußerst unsicherem Ende" (Merkel), sondern auch erhebliche zivile Opfer in Libyen und innenpolitische Flurschäden in der anstehenden Landtagswahlen in Baden-Württemberg angesichts einer interventionsmüden deutschen Öffentlichkeit."[614]

Auch wenn die Bundesregierung eine militärische Beteiligung in Libyen ablehnte und das »zivile Element« der Sanktionen bevorzugte, war dieses doch von Widersprüchen geprägte Vorgehen nicht unbedingt mit dem Konzept einer aufgeklärten und verantwortungsvollen Zivilmacht zu vereinbaren. Zwar gab sich Deutschland zu Beginn der Krise stets als Mahner, nicht übereilt in den Konflikt einzuschreiten.[615] Die Regierung hatte es jedoch versäumt, „trotz schwerer innenpolitischer und innerparteilicher Bedingungen eine humanitäre Intervention in Libyen zu begründen und mitzutragen wie seinerzeit während des Kosovo-Kriegs"[616]. Die völkerrechtliche Legitimierung durch den UN-Sicherheitsrat und die Unterstützung der Arabischen Liga boten eine rechtliche Legitimierung für einen militärischen Einsatz im Rahmen der *responsibility to protect* zum Schutz der libyschen Zivilbevölkerung vor der eigenen Regierung.[617] Die Grundlagen für das Eingreifen einer Zivilmacht waren im Fall Libyen damit noch deutlicher gegeben, als dies im Kosovo der Fall war. Damit reduzierte sich das deutsche Konzept einer Zivilmacht ausschließlich auf die Anwendung von zivilen Mitteln in der internationalen Politikgestaltung.

Insgesamt nahm Deutschland seine Sicherheitsinteressen als stärkste Wirtschaftsmacht der EU auf der internationalen Ebene nicht wahr, weil es eine militärische Intervention trotz der UN-Legitimierung und der Unterstützung durch die Arabische Liga kategorisch ablehnte. Deutschland geriet damit, wenn auch politisch unbeabsichtigt, in eine Positionierung an der Seite von Russland und China, was innerhalb der EU und des westlichen Bündnisses zu einer politischen Isolierung

---

612 Werenfels, Isabelle: Maghreb. In: Steinberg, Guido: Deutsche Nah-, Mittelost- und Nordafrikapolitik. SWP-Studie. Stiftung Wissenschaft und Politik. Berlin. 2009. S.7.

613 Fischer, Joschka: Deutsche Außenpolitik – eine Farce. In: Süddeutsche Zeitung. München. 2011. S.2.

614 Hellmann, Gunther: Berlins Große Politik im Fall Libyen. In: WeltTrends. Zeitschrift für internationale Politik. 19. Jahrgang. Berlin. 2011(b). S.21.

615 Vgl. Hacke, 2011: S.51.

616 Ebd. S.53.

617 Vgl. Dettke, Dieter: Germany Says 'No' Again. AICGS-Advisor. American Institute for Contemporary German Studies. Washington. 2011.

führen musste. Das zusätzliche politische Gewicht, das die Bundesrepublik als nicht-ständiges Mitglied auf der internationalen Ebene erhielt, hätte eine gestalterische Politik in der Libyen-Frage ermöglicht. Durch die Enthaltung im UN-Sicherheitsrat wurde es aber unmöglich, diesen neu hinzugewonnen Einfluss geltend zu machen.[618] Neben den sogenannten BRIC-Staaten, Ländern wie Russland und China, entschied sich Deutschland auf der internationalen Ebene für eine »blockfreie« Position, die jedoch dem in der westlichen Wertegemeinschaft verankerten deutschen Zivilmachtkonzept eher widersprach. Das in bisherigen Konflikten immer deutlich artikulierte deutsche Bedürfnis nach Mitspracherechten auf der internationalen Ebene war während der Libyen-Krise kaum noch festzustellen. Mit der widersprüchlichen Politik der Bundesregierung in der Libyen-Krise verstellte sie sich den Zugang zu einer gestalterischen Machtpolitik auf internationaler Ebene. Gleichzeitig führte diese Politik zu einem Ansehensverlust der Bundesrepublik und stellte die Verlässlichkeit gegenüber den engsten Verbündeten nachhaltig in Frage.[619] Deutschland hat das kategorische »Nein« zum Militäreinsatz in Libyen dogmatisch über die Grundprinzipien der eigenen Politik gestellt und sich damit selbst vom Einfluss auf außenpolitische Gestaltung abgeschnitten.

6.2. Multilaterale Einbindung Deutschlands

Die deutsche Diplomatie war von Beginn der Gewalteskalation an in Libyen in die Entscheidungsprozesse des UN-Sicherheitsrates eingebunden. Als nicht-ständiges Sicherheitsratsmitglied unterstützte Deutschland bereits die mit der Resolution 1970 verabschiedeten Sanktionen gegen das nordafrikanische Land und förderte damit die UN in der Absicht, das libysche Regime zum Einlenken zu bewegen.[620] Aber auch im Rahmen der EU wurde die Bundesrepublik politisch aktiv. So drängte Berlin noch vor der UN-Resolution in der EU darauf, Sanktionen gegen das Gaddafi-Regime zu verhängen. Umfassende Maßnahmen wurden nach der Verabschiedung der Resolution 1970 von der EU gegen Libyen umgehend umgesetzt und im Laufe des März ausgeweitet.[621] Nach der Einigung auf Wirtschaftssanktionen gegen das Land gelang es der EU aber nicht, im Verlauf des Libyen-Konfliktes eine gemeinsame Position zu besetzen. Während sich vornehmlich westliche Staaten, wie Frankreich, Großbritannien und Portugal – ebenfalls nichtständiges Mitglied im UN-Sicherheitsrat – neben Sanktionen auch für ein militärisches Eingreifen aussprachen, lehnten die östlichen EU-Länder und Deutschland dies eher ab.[622] Damit konnte sich die GASP im Libyen-Konflikt nicht entfalten und scheiterte an der innerhalb der EU herrschenden Uneinigkeit über eine

[618] Vgl. Stelzenmüller, Constanze: Libyen eine Deutschstunde. In: Süddeutsche Zeitung. München. 2011. S.2.
[619] Vgl. Dettke, 2011.
[620] Vgl. Maull, 20011: S.107.
[621] Vgl. Winter, Martin: Deutschland drängt EU zu Sanktionen. In: Süddeutsche Zeitung. München. 2011. S.7; vgl. Rinke, 2011
[622] Busse, Nikolas: Europas neue Risse. In: Frankfurter Allgemeine Zeitung. Nr. 69. Frankfurt am Main. 2011. S.3; Posener, Alan: „Arabischer Frühling" – Europäischer Herbst? In: Aus Politik und Zeitgeschichte: Arabische Zeitenwende. B 39. Bonn. S.58.

Konflikt-Strategie in der Libyen-Frage. Dies wurde vor allem durch bilaterale Alleingänge einzelner Mitgliedstaaten deutlich, für die auch die Bundesrepublik Deutschland mit Verantwortung trug.[623] So hatte sich Berlin durch die Ablehnung eines militärischen Einsatzes von seinen westlichen Partnern politisch entfernt und besaß damit als zentrale Macht in Europa nicht mehr die Möglichkeit, zwischen den unterschiedlichen Positionen zu vermitteln. Die prinzipielle Ablehnung militärischer Mittel trug dazu bei, die Handlungsfähigkeit der EU in der Libyen-Krise erheblich einzuschränken.[624]

Aufgrund dieser Verhärtungen in den unterschiedlichen Positionen auf EU-Ebene geriet auch die NATO in das Spannungsfeld widerstreitender Konfliktstrategien. Damit bedrohte die Uneinigkeit innerhalb der europäischen Staaten gegenüber einem Militäreinsatz auch die Handlungsunfähigkeit der NATO. Um die Optionen des westlichen Bündnisses nicht weiter zu schwächen, stimmte die Bundesregierung im Rahmen der NATO dem Beschluss zu Vorbereitungen eines möglichen Einsatzes zu, obwohl es weiter an der Ablehnung eines Militäreinsatzes festhielt.[625] Die NATO übernahm daraufhin Anfang April die Führung über die Luftschläge gegen die libyschen Truppen und konnte damit ihre politische Handlungsfähigkeit unter Beweis stellen. Dennoch ging von dem Bündnis in der Libyen-Krise keine erkennbar gemeinsame Außenpolitik aus. Nicht einmal die Hälfte der Mitglieder war bereit, sich an militärischen Maßnahmen gegen Libyen zu beteiligen, darunter auch Deutschland.[626] Um sich gegenüber der NATO nicht ganz ins Abseits zu stellen, bot die Bundesrepublik dem Bündnis die Übernahme von AWACS-Aufklärungsflügen über Afghanistan an, lehnte es jedoch ab, deutsche Soldaten in AWACS-Missionen über dem Mittelmeer und Libyen einzusetzen.[627] Die Sanktionspolitik, mit der aus deutscher Sicht das Gaddafi-Regime in die Knie gezwungen werden sollte, ging überwiegend von der EU aus, die damit während der Libyen-Krise mehr Bindekraft für die deutschen Außen- und Sicherheitspolitik entfachte als die NATO.[628]

Als es dann zur Abstimmung im UN-Sicherheitsrat über die Resolution 1973 kam, stand Deutschland auch in dieser internationalen Organisation nicht an der Seite der engsten Bündnispartner. Mit der Enthaltung im Sicherheitsrat hatte sich Berlin seiner internationalen Verantwortung entzogen und sich gegen alle westlichen Verbündeten im Gremium der UN gestellt. Daran änderte auch die deutsche Zustimmung zu den einsatzvorbereitenden Maßnahmen der NATO nichts. Während die Vetomächte China und Russland durch ihre Enthaltung die Resolution 1973 nicht verhin-

---

[623] Vgl. Frankfurter Allgemeine Zeitung: Von wegen „Stunde Europas". Nr. 100. Frankfurt am Main. 2011. S.10; vgl. Kempin, Ronja / Von Ondarza, Nicolai: Die GSVP vor der Erosion? SWP-Aktuell. Stiftung Wissenschaft und Politik. Berlin. 2011. S.1f.

[624] Vgl. Guérot, Ulrike: Welches Deutschland braucht Europa? In: Blätter für deutsche und internationale Politik. Heft 6. Berlin. 2011. S.101; vgl. Kempin, 2011: S.4.

[625] Vgl. Rinke, 2011.

[626] Vgl. Busse, Nikolas: Verwundet. In: Frankfurter Allgemeine Zeitung. Nr. 202. Frankfurt am Main. 2011. S.1.

[627] Vgl. Maull, 2011: S.108.

[628] Vgl. Hellmann, Gunther: Normartively Disarmed, But Self-Confident. German foreign policy 20 years after reunification. In: Internationale Politik. Heft 3. Berlin. 2011(c). S.50.

derten und damit zuließen, glich die Enthaltung der Bundesrepublik Deutschland eher einem dogmatischen »Nein«.[629]

Auf Ebene aller drei internationalen Institutionen lehnte es Deutschland ab, in der Libyen-Krise eine gemeinsame Außenpolitik mit den westlichen Verbündeten zu initiieren. Diese unausgewogen einseitige Politik bedeutete eine klare Abkehr von der westlichen Wertegemeinschaft, auch wenn die von Deutschland geäußerten Zweifel an dem Strategiekonzept der NATO nicht unberechtigt waren.[630] Darüber hinaus verletzte Berlin die im Rahmen des Multilateralismus von Deutschland zu erwartende Berechenbar- und Verlässlichkeit, was insbesondere dann zu Zweifeln führen musste, wenn es darum ging, wann mit Deutschland militärisch zu rechnen sei und wann nicht.[631] So sprachen gerade auch in der Libyen-Krise „sowohl die Maximen des Multilateralismus ("*never alone*") wie auch die beanspruchte Wertorientierung der deutschen Außenpolitik ("*never again*") für die Unterstützung der Verbündeten im Sicherheitsrat und damit für die Zustimmung zur Resolution 1973."[632] Die übermächtige Dominanz der Kriegsablehnung in der deutschen Politik bewirkte aber, dass man sich damit von den multilateralistisch geprägten Grundpositionen deutscher Außenpolitik wegbewegte. Am Ende isolierte sich die Bundesrepublik Deutschland damit bündnispolitisch von den alten traditionellen Partnern und nahm gleichzeitig eine »blockfreie« Position, wie die der aufstrebenden BRIC-Staaten, ein.[633]

6.3. Deutsche Wirtschaftsinteressen

Ein Bürgerkrieg in Libyen schürte besonders in Europa die Ängste vor einer möglichen Versorgungsknappheit durch eine ausfallende libysche Öl-Produktion und einen damit verbundenen steigenden Ölpreis. Dadurch herrschte große Unsicherheit an den Rohstoffmärkten über die zukünftige Entwicklung. Von dieser Situation wäre dann auch Deutschland betroffen. Wirtschaftlich gesehen würde ein zu hoher Ölpreis der deutschen Exportwirtschaft schaden. Daher war es im deutschen Interesse, dass in Libyen kein lang anhaltender Bürgerkrieg, der durch eine militärische Intervention ähnlich Züge wie der Konflikt im Irak seit 2003 annehmen würde, zu einer längeren Preiserhöhung bzw. -instabilität führen würde.[634]

---

[629] Klose, Hans-Ulrich / Polenz, Ruprecht: Wahre Werte, falsche Freunde. In: Internationale Politik. Heft 5. Berlin. 2011.

[630] Vgl. Rinke, 2011; vgl. Winkler Heinrich: Politik ohne Projekt. In: Internationale Politik. Heft 5. Berlin. 2011(a).

[631] Vgl. Hacke, 2011: S.53; vgl. Klose, 2011; vgl. Rühe, 2011.

[632] Maull, 2011: S.108.

[633] Vgl. Dettke, 2011; vgl. Frankenberger, Klaus-Dieter: Zu neuen Ufern? In: Frankfurter Allgemeine Zeitung. Nr. 168. Frankfurt am Main. 2011. S.10.

[634] Vgl. Frankfurter Allgemeine Zeitung: Gaddafi kann nicht bleiben. Nr.8. Frankfurt am Main. 2011. S.1; vgl. Höfinghoff, Tim: Sorge um Ölversorgung. In: Frankfurt Allgemeine Zeitung. Nr. 66. Frankfurt am Main. 2011. S.16; vgl. Frankfurter Allgemeine Zeitung: Unruhen in Libyen treiben Ölpreis in die Höhe. Nr. 44. Frankfurt am Main. 2011. S.17.

Dennoch waren die Befürchtungen hinsichtlich einer Versorgungsknappheit nicht haltbar, da der Anteil libyschen Öls für die deutsche Wirtschaft relativ gering ausfiel. Zu dem sprangen andere Länder der OPEC für die Exportausfälle Libyens ein und teilten mit, dass genügend Öl für die weltweite Versorgung zur Verfügung stehe. Auch im Rahmen der EU gaben die Energieminister bekannt, dass die Vorfälle in Libyen keinerlei Auswirkungen auf die Energieversorgung in Europa hätten.[635] Allerdings wirkte sich der Preisanstieg des Öls, mit verursacht durch die Unruhen des »Arabischen Frühlings«, vor allem auf die Benzin- und Heizöl-Preise aus. Wirtschaftsminister Rainer Brüderle erklärte aber Ende Februar 2011, dass er keine Bedrohung der deutschen Wirtschaft durch den Konflikt in Libyen sehe.[636]

Darüber hinaus waren im Rahmen der Abstimmung im UN-Sicherheitsrat, gemeinsam mit Brasilien, China, Indien und Russland, Wirtschaftsinteressen Deutschlands zu erkennen, die in einen geoökonomischen Zusammenhang gesehen werden können. Als Exportnation zeigte die Bundesrepublik, ebenfalls wie diese »blockfreien Staaten«, kein sonderliches Interesse, sich weltweit in internationale Kriege und Konflikte verwickeln zu lassen.[637] Besonders die seit dem Jahr 2010 aufgekommene Staatsschuldenkrise in Europa bestimmte den politischen Fokus der Bundesregierung und die Aufrechthaltung des status quo seiner außenwirtschaftlichen Ausrichtung. So wurde im Zuge der Krise der Bundesrepublik Deutschland vorgeworfen, nicht genügend Führungsverantwortung zu übernehmen und in den Provinzialismus abzugleiten.[638] „The solipsistic mindset of this self-absorbed colossus in the middle of Europe can no longer even guarantee that the unstable status quo in the EU will be preserved."[639] Als Hintergrund dieser Vorwürfe kann die stetig gewachsene Exportabhängigkeit Deutschlands gesehen werden, die innerhalb der EU zu einem Ungleichgewicht zwischen der Bundesrepublik und den anderen EU-Staaten führte. Die Bundesrepublik Deutschland als dominierender Handelsstaat gewann trotz der Wirtschafts- und Finanzkrisen der letzten Jahre an Bedeutung. In der EU hielt Deutschland seine exponierte wirtschaftliche Stellung mit einer strengen Geld- und Finanzpolitik besonders gegenüber ökonomisch schwachen EU-Staaten aufrecht, richtete seine Außenwirtschaftspolitik weltweit aber neu aus. Die vor allem selbstbezogene deutsche Politik ging mit folgenden Entwicklungen einher: Die allgemeine Schwächung des deutschen Zivilmachtkonzepts aufgrund des deutschen Alleinganges in der Irak-Krise; der Rückgang des deutschen mul-

[635] Vgl. Bundesministerium für Wirtschaft und Technologie: Energieminister beraten über aktuelle Lage in Libyen und Japan. Pressemitteilung. Berlin. 2011.

[636] Vgl. Bundesministerium für Wirtschaft und Technologie: Brüderle: Kojunkturoptimismus der Unternehmen trotz Japan und Libyen ist begründet. Berlin. 2011; vgl. Höfinghoff, Tim: Die Welt fürchtet den Ölschock. In: Frankfurt Allgemeine Zeitung. Nr 48. Frankfurt am Main. 2011. S.13; vgl. Die Welt: Iran und Katar: „Es gibt genug Öl". Nr. 49. Berlin. 2011. S.10.

[637] Vgl. Guérot, 2011. S.102.

[638] Vgl. Kundnani, Hans: Germany as a geo-economic power. In: Washington Quarterly. Volume 34. Issue 3. Washington. 2011. 31f.

[639] Habermas, Jürgen: Germany's mindset has become solipsistoc. The Guardian Online Artikel. London. 2010. http://www.guardian.co.uk/commentisfree/2010/jun/11/germany-normality-self-absorption (20.10.11)

tilateralen Reflexes, besonders beim Einsatz von Militär, durch den lang andauernden und verlustreichen Afghanistan-Einsatz und die negativen Erfahrungen aus der Irak-Invasion für die USA; die weltweite Finanzkrise zwischen den Jahren 2007 und 2010; und das Bundesverfassungsgerichtsurteil von 2009, das Einschränkungen in der Abgabe von Souveränität an die EU im Rahmen des Lissaboner-Vertrages vorgab, gewissermaßen als Bestätigung der in Deutschland steigenden Skepsis gegenüber der europäischen Integration. Deutschlands wirtschaftliche Unabhängigkeit gegenüber seinem Umfeld erlaubte es Berlin also, die eigenen wirtschaftlichen Interessen vor allem in der EU durchzusetzen.[640] „Deutschlands neue, unabhängige, „neo-merkantilistische" Außenpolitik spiegelt Veränderungen in der Definition seiner nationalen Interessen, hervorgerufen durch die wirtschaftlichen Veränderungen der letzten Dekade."[641] Insgesamt eine Entwicklung, die aus deutscher Sicht auch in der Libyen-Krise eher für eine Zurückhaltung gegenüber einer Interventionspolitik sprach.

6.4. Deutsche außenpolitische Kultur

Die deutsche außenpolitische »Kultur der Zurückhaltung« wurde in der Libyen-Krise besonders deutlich. Deutschland hatte sich aufgrund der Skepsis gegenüber dem Militäreinsatz in Libyen im UN-Sicherheitsrat der Stimme enthalten und setzte alternativ dazu vor allem auf wirtschaftliche Sanktionen gegen das libysche Regime: „Diese nicht unsympathische Einstellung korrespondierte mit der außenpolitische Kultur der Zurückhaltung, welche die Bundesrepublik seit Jahrzehnten prägt.[642] Weitere Handlungsmaxime deutscher außenpolitischer Kultur, wie der Multilateralismus, die Westorientierung, die Verhinderung von Menschenrechtsverletzungen und die Übernahme von internationaler Verantwortung fanden hingegen keinen Eingang in die Libyen-Politik der Bundesregierung.[643] Die sonst multilateralistisch ausgerichtete Bundesrepublik Deutschland hatte sich sowohl in der UN als auch in der NATO einer gestalterischen Politik entzogen. Die Enthaltung im UN-Sicherheitsrat bedeutete eine Abkehr von den engsten westlichen Verbündeten in der NATO und EU sowie eine Isolierung im »westlichen Lager«. Die von der Bundesregierung in der Libyen-Frage damit übersteigerte »Kultur der Zurückhaltung« bewirkte einen internationalen, „moralisch überhöhten Absentismus"[644], der gewissermaßen als Rechtfertigung für Berlin dienen sollte, eine militärische Verwicklung in den Libyen-Konflikt zu vermeiden. Damit ließen sich aber keine schweren Menschenrechtsverletzungen verhindern. Die Weigerung, internationale Verantwortung auch auf militärischer Ebene zu übernehmen, so wie es ursprünglich vor allem während des Koso-

[640]Vgl. Staack, 2007: S.86f; vgl. Busch, 2011: S.278f; vgl. Habermas, Jürgen: Ein Pakt für oder gegen Europa? In: Süddeutsche Zeitung. München. 2011. S.11; vgl. Kundnani, 2011: S.36f.

[641] Guérot, 2011: S.97.

[642] Vgl. Hacke, 2011: S.51.

[643] Vgl. Maull, 2011: S.109f.

[644] Winkler, 2011(a).

vo-Krieges als Ziel deutscher Außen- und Sicherheitspolitik deklariert wurde, führte zu deutlichen Verwerfungen in der deutschen Bündnispolitik.[645]

Von einer »Kontinuität« in der deutschen Außenpolitik konnte im Fall der Libyen-Krise nicht mehr gesprochen werden. Vielmehr war ein Bruch in der Tradition der bisherigen deutschen Politik zu beobachten, der bereits in der Irak-Krise seinen Anfang nahm. Der Anpassungsprozess der deutschen außenpolitischen Kultur Mitte der 90er Jahre bis zum Afghanistan-Einsatz schien, nach einem beginnenden Kurswechsel in der Irak-Krise, mit dem Libyen-Krieg nun vollends ins Stocken zu geraten. Während die Bundesregierung der fragwürdigen und völkerrechtlich nicht gedeckten Invasion des Irak im Jahr 2003 aus verständlichen Gründen die Unterstützung verweigerte, sprach doch in der Libyen-Krise alles dafür, den von der UN legitimierten und unter dem Dach der NATO geführten Einsatz zum Schutz der libyschen Zivilbevölkerung zu unterstützen. Im Gegensatz zu der völkerrechtlich nicht legitimierten Beteiligung am Kosovo-Krieg wäre eine deutsche Beteiligung am Libyen-Konflikt mit den meisten Elementen der deutschen außenpolitischen Kultur vereinbar gewesen. Stattdessen opferte man sowohl Elemente der Anpassung (Normalisierung), als auch Elemente der Tradition (Kontinuität) deutscher außenpolitischer Kultur einem deutschen Absentismus, der in dieser undifferenzierten Form zu zahlreichen Brüchen in der deutschen Außenpolitik führen musste. In diesem Zusammenhang kann auch nicht mehr von einer Rückentwicklung der außenpolitischen Kultur gesprochen werden, sondern vielmehr von einem grundsätzlichen Wandel, in dem die Balance zwischen »Kontinuität« und »Normalisierung« zugunsten einer übersteigerten »Kultur der Zurückhaltung« aufgegeben wurde, die das Bild der außenpolitischen bzw. strategischen Kultur allein prägte.[646]

6.5. Politische Konkurrenz innerhalb Deutschlands

Die Libyen-Krise hatte in Deutschland aufgrund verschiedenster innenpolitischer Themen keine große gesellschaftliche Aufmerksamkeit und damit in der Berichterstattung auch nicht oberste Priorität. So lenkte vor allem die Natur-Katastrophe in Japan mit anschließendem Atomunfall vom Thema Libyen ab. Es entstand eine heftige Diskussion über den Ausstieg aus der Atomenergie. Der ehemalige Verteidigungsminister Karl-Theodor zu Guttenberg war aufgrund einer Plagiatsaffäre zurückgetreten und es standen die Landtagswahlen in Baden-Württemberg und Rheinland-Pfalz an.[647] Diese politischen Ereignisse ließen einer tiefergehenden Debatte in und zwischen den Partei-

---

[645] Vgl. Nass, Matthias: Vernagelt. Deutschlands Verbündete sind entsetzt über Berlins Außenpolitik. In: Die Zeit. Nr. 29. Hamburg. 2011. S.9; vgl. Hacke, 2011: S.53.

[646] Vgl. Rühe, Volker: Deutschland im Abseits. In: Frankfurter Allgemeine Zeitung. Nr.113. Hamburg. 2011. S.7; vgl. Der Spiegel: Friede den Zeltpalästen. Heft 13. Hamburg. 2011. S.22.

[647] Vgl. Nass, 2011: S.9.

en über den Libyen-Konflikt kaum ausreichend Raum. Eine ernsthafte Auseinandersetzung mit diesem Thema fand vor der Entscheidung im UN- Sicherheitsrat nicht statt.[648]

Nach der Entscheidung war die politische Landschaft in Deutschland kaum wieder zu erkennen. Die Linke lobte die FDP für die Enthaltung im UN-Sicherheitsrat und begrüßte die Verweigerung einer Beteiligung an einem Militäreinsatz. Die FDP sah in wirtschaftlichen Sanktionen ein wirkungsvolles Mittel gegen das Gaddafi-Regime. Die SPD warf der Bundesregierung vor, den Mut für eine militärische Intervention nicht aufzubringen und aus wahlkampftaktischen Gründen zu handeln. Die CDU/CSU hingegen verteidigte die Enthaltung aufgrund der Zweifel an einem erfolgreichen Militäreinsatz, stimmte den Zielen der UN-Resolution 1973 aber dennoch zu. Bündnis90/die Grünen nahmen eine unentschiedene Position ein, indem sie einerseits an die von der *reponsibility to protect* ausgehenden Schutzverantwortung Deutschlands appellierten, andererseits aber auf unwägbaren Risiken eines Militäreinsatzes hinwiesen.[649]

Dieses politisch unübersichtliche Bild in der deutschen Parteienlandschaft führte in der Libyen-Frage zu einem Riss, der durch fast alle Parteien ging. Mehrere CDU-Politiker hatten damit begonnen, die Entscheidung der Bundesregierung und damit auch der Bundeskanzlerin, sich in der Libyen-Krise militärisch herauszuhalten, zu kritisieren. Die Aussagen von SPD-Politikern, die der Bundesregierung Tatenlosigkeit vorwarfen, wurden durch die Auffassung anderer Parteimitglieder relativiert, dass die Enthaltung Berlins nachvollziehbar sei. Eine einheitliche Positionierung war bei der SPD nicht erkennbar. Selbst die pazifistischen Grünen konnten zu keiner einheitlichen Haltung finden. Sogar aus dem Lager der FDP waren Äußerungen des Zweifels auszumachen, die nicht gerade auf eine breite Unterstützung ihres Außenministers hindeuteten.[650] Durch die unterschiedlichen individuellen Standpunkte der Politiker wurden in fast allen Parteien innerparteiliche Diskussionen ausgelöst. Auch wenn das Thema Libyen durch die UN-Resolution wieder mehr Aufmerksamkeit in der deutschen Politik erlangte, hielt sich die politische Auseinandersetzung, wie vor der Enthaltung im UN-Sicherheitsrat, doch in Grenzen und wurde mehr von persönlichen Meinungen einzelner Politiker geprägt.

Aufgrund dieser undurchsichtigen innenpolitischen Situation hinsichtlich der Libyen-Krise sah die Bundesregierung, mit Blick auf die anstehenden Landtagswahlen und die Konzentration der Öffentlichkeit auf den deutschen Atomausstieg, die Möglichkeit, durch eine deutsche Nichtbeteili-

---

[648] Vgl. Lübberding, Frank: Ich verstehe nur noch Kindergarten. In: Frankfurter Allgemeine Zeitung. Nr. 71. Frankfurt am Main. 2011. S.31.

[649] Vgl. Deutscher Bundestag, Homepage: "Keine Beteiligung an Kampfeinsätzen". Regierungserklärung Libyen. Berlin. 2011. http://www.bundestag.de/dokumente/textarchiv/2011/33798136_kw11_de_lybien/index.html (20.10.11); vgl. Medick, Veit: Die Jeinsager-Koalition. Spiegel Online Artikel. Hamburg. 2011. http://www.spiegel.de/politik/deutschland/0,1518,751812,00.html

[650] Vgl. Der Spiegel: "Ein verheerendes Signal". Heft 12. Hamburg. 2011. S.32; vgl. Sattar, Majid: Kakophone Führung. Die SPD, Westerwelle und der Libyen-Krieg. In: Frankfurter Allgemeine Zeitung. Nr. 68. Frankfurt am Main. 2011. S.7.

gung in Libyen innenpolitisches Kapital zu schlagen. „In der Libyen-Krise waren es vor allem die angeschlagene Position der FDP und die Landtagswahlen in Baden-Württemberg und Rheinland-Pfalz, die als innenpolitischer Hintergrund für das Agieren der deutschen Diplomatie Bedeutung hatten.“[651] Erstens entledigte sich die schwarze-gelbe Regierungskoalition mit Libyen eines schwierigen außenpolitischen Themas. Durch die militärische Enthaltung musste sich die Bundesregierung nicht auf moralisch legitimierende, innenpolitische Debatten einlassen und verwehrte damit gleichzeitig der eher friedensorientierten Opposition einen politischen Schlagabtausch auf diesem Themenfeld. Dadurch konnte Raum für die Auseinandersetzung in der Atom-Debatte und der aufkommenden Euro-Krise geschaffen werden, ohne sich dabei dem Vorwurf als „kriegstreibende Partei“ auszusetzen.[652] Zweitens vertrat Berlin durch die Enthaltung im UN-Sicherheitsrat eine in der Bundesrepublik populistische Politik, die der eher pazifistisch ausgerichteten deutschen Gesellschaft entsprach. „Umfragen zufolge lehnte eine Mehrheit der Deutschen eine Beteiligung der Bundeswehr an einem Libyen-Einsatz ab. Der zu erwartende außenpolitische Schaden einer deutschen Stimmenthaltung schien weniger schwer zu wiegen als der innenpolitische Sympathieverlust, mit dem die Koalitionsparteien für den Fall eines „Ja“ und seiner zwar nicht zwangsläufigen, aber doch kaum vermeidbaren Folge, einer wie immer gearteten Teilnahme der Bundeswehr an einer Intervention in Nordafrika rechneten.“[653] Die Logik demokratischer Ordnung – also die Legitimierung der Entscheidungsträger – durch den Wahlakt in Form der beiden Landtagswahlen ergaben im Rahmen des Machterhalts der Bundesregierung durchaus politischen Sinn.[654] Für die deutschen Entscheidungsträger spielten in der Libyen-Frage innenpolitische Motive in der Auseinandersetzung mit der politischen Konkurrenz eine offensichtliche Rolle. In einer so eher taktisch betrachteten innenpolitischen Lage mag die deutsche Nicht-Beteiligung am Libyen-Krieg in engen Grenzen nachvollziehbar sein.

6.6. Öffentliche Meinung in Deutschland

Die Mehrheit der Bundesbürger lehnte Anfang März eine deutsche Beteiligung an einer militärischen Intervention in Libyen ab. In der Bevölkerung herrschten große Vorbehalte gegenüber einem militärischen Einsatz in Libyen, besonders aber einer deutschen Beteiligung gegenüber, obwohl die Intervention eher humanitäre Ziele verfolgte, für die in Deutschland gewöhnlich Zustimmung zu erwarten war. Gleichwohl wurde in der Libyen-Frage kein bevölkerungsübergreifender mehrheitli-

---

[651] Maull, 2011: S.110.
[652] Vgl. Hacke, 2011: S.52.
[653] Winkler, 2011(a).
[654] Vgl. Jones, Bruce: Libya and the Responsibilies of Power. In: Survival: Arab Spring? The International Institute for Strategic Studies. Volume 53. Issue 3. London. 2011. S.55; vgl. Maull, 2011: S.110.

cher Konsens erreicht.[655] Mit dem sich immer deutlicher abzeichnenden militärischen Eingreifen in Libyen wuchsen auch die Bedenken in der deutschen Öffentlichkeit, sich an einer Intervention in diesem nordafrikanischen Land zu beteiligen. Bis zur Abstimmung im UN-Sicherheitsrat über die Resolution 1973 verdichteten sich diese Zweifel dann wiederum zu einem übergreifenden Konsens in der deutschen Bevölkerung, eine Beteiligung am Libyen-Einsatz abzulehnen.[656] Gründe für diese Haltung lagen wohl in dem schon seit 2001 anhaltenden und in den letzten Jahren verlustreichen Afghanistaneinsatz, der in der deutschen Öffentlichkeit mit immer größerer Skepsis betrachtet wurde.[657] Obwohl die Bundesregierung die Zweifel um eine Intervention in Libyen mit der öffentlichen Meinung teilte und sie sich im UN-Sicherheitsrat bei der Abstimmung über einen Militäreinsatz in Libyen der Stimme enthielt, gelang es ihr allerdings nicht, daraus bei den folgenden Landtagswahlen in Baden-Württemberg und Rheinland-Pfalz innenpolitische Vorteile zu erzielen.[658]

In den deutschen Medien erhielt die Libyen-Krise nicht durchgängig uneingeschränkte Aufmerksamkeit. Als sich die Proteste des »Arabischen Frühlings« Ende Februar auch in Libyen ausbreiteten, war die mediale Aufmerksamkeit noch groß. Doch am 11. März richteten die Medien ihren Fokus auf die Erdbeben-Katastrophe, dem anschließenden Tsunami und den darauf zurückzuführenden Reaktor-Unfall im Atomkraftwerk Fukushima in Japan. Dieser folgenreiche Atomunfall verdrängte die Libyen-Krise zwar nicht vollständig aus der öffentlichen Wahrnehmung, bestimmte aber über Wochen den Schwerpunkt der Berichterstattung. Damit konnte sich in der Libyen-Frage, in Kombination mit einer ohnehin interventionsmüden deutschen Öffentlichkeit, kaum ein differenziertes Bild der öffentlichen Meinung herausbilden, in der das Für und Wider einer humanitären Intervention zur Verhinderung von Menschenrechtsverletzungen von allen Seiten beleuchtet wurde. Die zumindest zeitweise geringe Salienz diesem Thema gegenüber, aber auch die aus den Negativerfahrungen des Afghanistan-Einsatzes heraus gespeiste kriegsablehnende Haltung der Bundesbürger sind als Ursachen dafür zu sehen, dass sich in der deutschen Öffentlichkeit in der Libyen-Frage eine Position herauskristallisierte, in der militärische Konfliktlösungen generell, besonders aber deutsche Beteiligungen abgelehnt wurden. „Während zwei Drittel der deutschen Bevölkerung die Enthaltung begrüßten, hagelte es Kritik von Verbündeten“[659]. In diesem Spannungsfeld außenpolitischer Erwartungshaltung und innenpolitischen Zwängen entwickelte sich in der deutschen Öffentlichkeit ein Meinungsbild, das auf die Entscheidungsfindung der Regierungsverantwortlichen sicherlich nachdrücklich ausgewirkt hatte.

---

[655] Vgl. Financial Times Online Artikel: Poll shows little support for Libya intervention. London. 2011. http://www.ft.com/intl/cms/s/0/939bb0c4-74b9-11e0-8988-00144feabdc0.html#axzz1ZG11M5aQ axzz1ZG11M5aQ (20.10.11); vgl. Maull, 2011: S.108; vgl. Winkler, 2011(a).

[656] Vgl. Brössler, Daniel: Westerwelles halbe Wahrheit. In: Süddeutsche Zeitung. München. 2011. S.4.

[657] Vgl. Hellmann, 2011(b): S.21; vgl. Paul, Michael: Die Bundeswehr im Auslandseinsatz. Vom humanitären Impetus zur Aufstandsbekämpfung. Arbeitspapier. Stiftung Wissenschaft und Politik. FG3-AP/05. Berlin. 2010. S.5f.

[658] Vgl. Maull, 2011: S.111.

[659] Rinke, 2011.

6.7. Bundeskanzlerin

Bundeskanzlerin Merkel vertrat in ihrer Rede zur 47. Münchener Sicherheitskonferenz die Position, dass der Westen nur in das Geschehen des »Arabischen Frühlings« eingreifen sollte, wenn durch die Eskalation der Gewalt schwere Menschenrechtsverletzungen drohten. Der Westen stehe dabei vor einem Abwägungsprozess. „Das heißt, wir sind jetzt vor die Aufgabe gestellt, auf der einen Seite zu helfen und uns auf der anderen Seite klar zu werden, was wir von unserem Modell an anderen Plätzen erwarten und was sozusagen eigene Kulturen und eigene Entwicklungen sind, in die wir nicht eingreifen dürfen und auch nicht eingreifen können.“[660] Die einzige Ausnahme bilde dabei die Wahrung der Menschenechte. „Das heißt, wir können bei der Achtung der Würde jedes einzelnen Menschen keinen Kompromiss machen.“[661] Eine Außenpolitik auf dieser Basis zu betreiben, fordere den immerwährenden Ausgleich zwischen dem Gebot der Nichteinmischung in die inneren Angelegenheiten von Staaten und dem internationalen Interesse, Krisen und Konflikte zu verhindern. „Wir sind auf der einen Seite verpflichtet, wertegebundene Außenpolitik zu betreiben, und auf der anderen Seite sind wir natürlich auch verpflichtet, für Sicherheit und für Stabilität zu sorgen.“[662] Damit wies Merkel mit Blick auf den »Arabischen Frühling« und noch vor Ausbruch der Gewalteskalation in Libyen indirekt daraufhin, dass ein westliches Eingreifen in die Konflikte einzelner arabischer Staaten wohl bedacht sein müsse. Daher betonte sie, dass der »Westen« die eigenen Institutionen auf derartige Aufgaben besser vorbereiten müsse. Bündnisse wie die NATO würden nicht mehr ausreichen, die komplexen Konflikte der Welt allein zu lösen. „Deshalb sage ich auch, dass wir natürlich die Verantwortung haben, auf der einen Seite innerhalb unserer Bündnisses, der Nato, nach wie vor die Säule dieses Bündnisses zu pflegen, sie zu hegen und die neuen Herausforderungen intensiv miteinander zu besprechen. [...] Auf der anderen Seite müssen wir dies in der Zeit nach dem Kalten Krieg in der Gewissheit tun, dass die Nato allein, die transatlantische Partnerschaft allein, die großen Konflikte der Welt nicht mehr lösen wird.[663] Die Bundeskanzlerin wurde in ihren Ausführungen nicht konkreter, ließ jedoch durchblicken, dass in einer multipolaren Welt neue Strukturen entstehen müssen, um den Herausforderungen des 21. Jahrhunderts gerecht zu werden. „Das heißt, wir brauchen Partner auf der Welt. Und um diese Partner müssen wir uns immer mehr bemühen, weil dies eben eine multipolare Welt ist, in der auch bestimmte neue Kräfte mehr Verantwortung werden übernehmen müssen.“[664]

Im Verlauf der Krise bis zum Beschluss der Resolution 1973 verhielt sich Merkel sehr zurückhaltend und überließ mehr Außenminister Westerwelle das Feld, die außenpolitische Ausrichtung

[660] Die Bundeskanzlerin: Rede der Bundeskanzlerin auf der 47. Münchener Sicherheitskonferenz. Berlin. 2011.
[661] Ebd.
[662] Ebd.
[663] Ebd.
[664] Ebd.

Deutschlands in der Libyen-Frage zu kommunizieren. Ihrer Meinung nach sei in Libyen auch nicht die Sicherheit der Bundesrepublik bedroht, wie etwa in Afghanistan durch den internationalen Terrorismus, und daher sei ein Eingreifen auch nicht gerechtfertigt. Wenn überhaupt, dann müsste dafür ein Mandat des UN-Sicherheitsrates vorliegen, an dem sich auch die Arabische Liga aktiv beteiligen müsse. Das würde allerdings auch nicht automatisch bedeuten, dass sich Berlin an einem militärischen Einsatz in Libyen beteilige.[665] Mit Beschluss der Resolution 1973 erklärte die Bundeskanzlerin, dass die Bundesregierung trotz der deutschen Enthaltung die Ziele der Resolution uneingeschränkt teile. „Unsere Enthaltung ist nicht mit Neutralität zu verwechseln“[666], so Merkel. Später argumentierte sie, dass die deutsche Nicht-Beteiligung am Militäreinsatz gegen Libyen auf der Ansicht gründe, dass der Erfolg eines solchen Einsatz nicht sicher sei. Trotz der Zweifel versuche Berlin weiterhin Beiträge jenseits des militärischen Engagements zu leisten.[667] Auf dem in Deutschland stattfindenden NATO-Gipfel Mitte April erklärte Merkel: „Wir alle teilen die Ziele der Resolution 1973. Wir teilen diese Ziele uneingeschränkt, unabhängig von Enthaltung oder Zustimmung. [...] Jeder von uns leistet vielfältige Beiträge, um diese Resolution erfolgreich durchzusetzen, militärische wie nicht-militärische.“[668]

Bundeskanzlerin Merkel steckte während der Libyen-Krise in einer politisch schwierigen Lage. Aufgrund der Atom-Katastrophe in Japan, der anschließenden Kernenergie-Diskussion, der aufkommenden Euro-Schuldenkrise und den anstehenden Landtagswahlen war die Regierungschefin innenpolitisch stark eingebunden. Ein größeres außenpolitisches Engagement in der Libyen-Frage war ihr kaum möglich,[669] zumal der Koalitionspartner FDP in den Umfragen unter die Fünf-Prozent-Marke zu fallen drohte. Aus diesen Gründen schien es naheliegend, die deutsche Außenpolitik in der Libyen-Frage dem Außenminister zu überlassen. So konnte eine auch von der Bevölkerung befürwortete Libyen-Politik, die auf Sanktionen und nicht auf einen Militäreinsatz setzte, sowohl den Außenminister und seine Partei stärken als auch eine risikoreiche Verwicklung in einen weiteren kriegerischen Konflikt wie in Afghanistan vermieden werden.[670] Im unmittelbaren Vorfeld der Entscheidung im UN-Sicherheitsrat erkannte die Kanzlerin, dass die zuspitzende Politik ihres Außenministers die Grundlagen der deutschen Bündnispolitik bedrohte. So war es die Bundeskanzlerin, die den Außenminister dazu brachte, sich im UN-Sicherheitsrat zu enthalten und nicht, wie

[665] Vgl. Merkel, Angela: Kanzlerin Angela Merkel kündigte Überprüfung aller Atomkraftwerke an. In: Saarbrücker Zeitung. Saarbrücken. 2011.
[666] Bundesregierung: Pressestatement von Bundeskanzlerin Angela Merkel zur aktuellen Entwicklung in Libyen. Berlin. 2011.
[667] Vgl. Jungholt, Thorsten: Deutschland im Abseits. In: Die Welt. Nr. 66. Berlin. 2011. S.4.
[668] Die Bundeskanzlerin: Rede von Bundeskanzlerin Angela Merkel anlässlich des Empfangs im Rahmen der Frühjahrstagung der NATO-Außenminister. Berlin. 2011.
[669] Vgl. Dettke, 2011.
[670] Vgl. Rinke. 2011.

geplant, dagegen zu stimmen. Dass es zu einem »Nein« nicht gekommen war, zeigt, dass die Richtlinienkompetenz in der deutschen Politik eher vom Kanzleramt ausging.[671]

Darüber hinaus zeichneten sich aber auch bei der Bundeskanzlerin in der außenpolitischen Ausrichtung Deutschlands Veränderungen in den Grundpositionen ab. Sie betonte zwar immer noch das traditionelle Konzept des Multilateralismus als Lösung für die internationale Krisen- und Konfliktbewältigung sowie die Westbindung als Bestandteil deutscher Außen- und Sicherheitspolitik. „Unsere Partnerschaft mit den USA und das transatlantische Bündnis sind das tragende Fundament unserer Außenpolitik. […] EU, NATO und Vereinte Nationen sind und bleiben für uns die wichtigsten internationalen Organisationen."[672] Dennoch würden diese Institutionen nicht ausreichen, um den neuen Herausforderungen zu Anfang des 21. Jahrhunderts gerecht zu werden. „Die aufstrebenden Schwellenländer müssen mehr Verantwortung übernehmen."[673] Diese zu Beginn des Jahres gestellte Forderung der Kanzlerin würde aber auch mittel- und langfristige Veränderungen der deutschen Außen- und Sicherheitspolitik bedeuten. Als erstes Anzeichen dafür konnte die überraschende deutsche Positionierung im UN-Sicherheitsrat neben den aufstrebenden Schwellenländern gesehen werden. Die von der Bundeskanzlerin nach der Stimmenthaltung gegenüber den Bündnispartnern eingeleitete Schadensbegrenzung zeigte dann doch, dass die Libyen-Politik eher von innenpolitischem Kalkül als von einem außenpolitischen Kurswechsel bestimmt war. So erklärte sie dazu: „Wir stehen fest zu unseren Verbündeten und zur Nato, für deren Einsatz ich tiefen Respekt habe. […] Wir haben aber auch von Anfang an klar gemacht, dass niemand unsere Enthaltung mit Neutralität verwechseln sollte."[674] Einen eigenen Akzent in der Libyen-Krise für die deutsche Außenpolitik vermochte sie insgesamt nicht zu setzen.

6.8. Außenminister

Außenminister Westerwelle galt zu Beginn der Unruhen in der arabischen Welt als Befürworter der Demokratiebewegungen. Nach den Umstürzen in Ägypten und Tunesien reiste Westerwelle in beide Staaten, um sich ein Bild von der Lage zu machen. Dort versprach er umgehend Wirtschaftshilfe für die neue Regierungen zu leisten, um den Wandel zu unterstützen. Allerdings werde man sich sonst nicht weiter in den Transformationsprozess dieser Länder einmischen.[675] Als sich die

---

[671] Vgl. Rühl, Lotar: Militärisch erfolgreich, politisch konfus. In: Frankfurter Allgemeine Zeitung. Nr. 69. Frankfurt am Main. 2011. S.8; vgl. Weiland, Severin / Wittrock, Philipp: Wie es zu dem deutschen Jein kam. Spiegel Online Artikel. Hamburg. 2011. http://www.spiegel.de/politik/deutschland/0,1518,752676,00.html (20.10.11)

[672] Die Bundeskanzlerin: „Deutschland weiß um seine Verantwortung in der Welt". Berlin. 2011.

[673] Ebd.

[674] Merkel, Angela: „Deutschland gestärkt aus der Krise führen. Interview mit der Bild am Sonntag. Die Bundeskanzlerin. Berlin. 2011.

[675] Vgl. Ehrenstein, Claudia: Zu Hause umstritten – von Revolutionären in Kairo gefeiert. In. Die Welt. Nr. 47. Berlin. 2011. S.8; vgl. Sattar, Majid: Nach dem Umbruch ist neben dem Umbruch. In Frankfurter Allgemeine Zeitung. Nr. 47. Frankfurt am Main. 2011. S.7; vgl. Sinjen, 2011: S.81.

Gewalt in Libyen zuspitze, drängte Westerwelle in der EU auf härtere Wirtschaftssanktionen gegen das libysche Regime und erklärte, dass Regierungschef Gaddafi umgehend zurücktreten müsse.[676]

Anfang März wurde der Außenminister von dem raschen Vorstoß Frankreichs überrascht, das sich für einen Militäreinsatz in Libyen aussprach. Westerwelle hielte einen solchen Einsatz für übereilt und befürchtete, „als Partei in einen Bürgerkrieg verwickelt zu werden.[677] In der Bundestagsdebatte am 16. März bekräftigte er seine Aussage nochmals: „Wir wollen und dürfen nicht Kriegspartei in einem Bürgerkrieg in Nordafrika werden. Wir wollen nicht auf eine schiefe Ebene geraten, an deren Ende dann deutsche Soldaten Teil eines Krieges in Libyen sind."[678] Der Außenminister war absolut gegen unüberlegtes Handeln. „Jeder Schritt muss auch vor dem Hintergrund bewertet werden, welche Folgen er für die Staaten in Nordafrika hätte, die sich seit der Jasmin-Revolution in Richtung Demokratie, in Richtung von mehr Freiheit auf den Weg gemacht haben."[679] Seine Skepsis gegenüber der Einrichtung einer Flugverbotszone wurde noch durch die Ansicht verstärkt, eine Zustimmung im Sicherheitsrat würde gleichzeitig auch zwingend eine deutsche militärische Beteiligung bedeuten. Aus diesem Grunde plante Westerwelle zunächst, im Sicherheitsrat gegen eine Resolution zur Ermächtigung von militärischen Zwangsmaßnahmen gegen Libyen zu stimmen, was aber von der Bundeskanzlerin verhindert wurde.[680] Nachdem sich Deutschland im UN-Sicherheitsrat bei der Abstimmung über die Resolution 1973 enthalten hatte, erklärte Westerwelle, genau wie die Bundeskanzlerin, dass die Bundesregierung die Ziele der Resolution teile, jedoch die Wahl der Mittel dazu nicht unterstützen könne.[681] „Die Bundesregierung ist [...] angesichts sowohl außenpolitisch als auch militärisch erheblicher Gefahren und Risiken bei der Abwägung im Sicherheitsrat zu einem anderen Ergebnis gekommen."[682]

Daher warb der Außenminister auch nach der Entscheidung im UN-Sicherheitsrat weiterhin für Sanktion gegen die libysche Führung. „Die Sanktionspolitik ist noch nicht ausgeschöpft." Er sehe sich außerdem in einer „Tradition der Zurückhaltung, was militärische Einsätze angeht."[683] Militäreinsätze dürften laut Weserwelle immer nur Ultima Ratio sein. Wir „müssen auch aufpassen, dass wir die Schwelle für militärische Interventionen nicht leichtfertig senken. Militärische Einsätze

---

[676] Vgl. Frankfurter Allgemeine Zeitung: Gaddafi kann nicht bleiben. Nr.8. Frankfurt am Main. 2011. S.1; Vgl. Die Welt: Westerwelle: „Die Zeit der Appelle ist vorbei". Nr.48. Berlin. 2011. S.1.

[677] Vgl. Süddeutsche.de Online Artikel: Wenn zwei sich streiten, freut sich Gaddafi. München. 2011. http://www.sueddeutsche.de/politik/libyen-krise-frankreich-prescht-vor-wenn-zwei-sich-streiten-freut-sich-gaddafi-1.1070695 (20.10.11)

[678] Deutscher Bundestag: Plenarprotokoll. 17/95. Berlin. 2011. S.10815f.

[679] Ebd. S.10815.

[680] Vgl. Dettke, 2011; vgl. Frankfurter Allgemeine Zeitung: Westerwelle: Wir sind in EU und Nato nicht isoliert. Nr.67. Frankfurt am Main. 2011. S.4; vgl. Lau, Jörg: Macht mal ohne uns! In: die Zeit. Nr. 13. Hamburg. 2011. S.10; vgl. Rühl, 2011: S.8; vgl. Weiland, 2011.

[681] Deutscher Bundestag: Plenarprotokoll. 17/96. Berlin. 2011. S.11137

[682] Ebd. S.11137.

[683] Westerwelle, Guido: Gaddafi muss weg – ohne Frage. Interview in Der Spiegel. Heft 12. Hamburg. 2011. S.34.

können immer nur das allerletzte Mittel sein."[684] Auf den Vorwurf, er würde sich von den Verbündeten abwenden und Deutschland isolieren, entgegnete er: „Deutschland trägt bereits sehr viel internationale Verantwortung beispielsweise auf dem Balkan oder als drittstärkster Truppensteller in Afghanistan."[685] Ende Mai 2011 verteidigte er die Position Deutschlands in der Libyen-Frage nach dem gleichen Muster. „Die deutsche Außenpolitik ist international solidarisch. Wir übernehmen in vielen Einsätzen Verantwortung, zum Beispiel in Afghanistan. Wir sind auch in Libyen nicht neutral, sondern stehen auf der Seite der Demokraten."[686]

Westerwelle wurde während der Libyen-Krise insgesamt von den politischen Ereignissen überholt. Noch zu Beginn der erfolgreichen Umstürze in Ägypten und Tunesien stand Westerwelle als westlicher Staatsvertreter rhetorisch an vorderster Front der dortigen Demokratiebewegungen. Als sich in Libyen ein anderes gewaltsameres Bild abzeichnete, war es der deutsche Außenminister, der weiter auf umfassende Sanktionen drängte. Doch als eine Flugverbotszone – also eine militärische Intervention – auf der internationalen Ebene diskutiert wurde, hielt Westerwelle sich politisch zurück. Seine ablehnende Haltung gegenüber einem Militäreinsatz und einer deutschen Beteiligung hielt er auch noch dann aufrecht, als die USA ihre Position zugunsten der Kriegsbefürworter änderten. So versuchte Westerwelle durch seine harte Haltung in der Libyen-Frage seiner Außenpolitik ein eigenes Profil zu verleihen. „Bei der FDP kann man schon seit langem eine Tendenz zur Minimisierung der militärischen Bündnisverpflichtungen feststellen."[687] Auf diesem Hintergrund wurde auch das von Westerwelle so beharrlich angestrebte »Nein« zu einem Militäreinsatz in Libyen erklärbar. Mit Blick auf die anstehenden Landtagswahlen und der gegenüber einem Libyen-Krieg negativ eingestellten deutschen Bevölkerung sowie der schlechten Umfragewerte für die eigene Partei besaß der Außenminister zusätzlich triftige Gründe, sich innenpolitisch mit einer populistischen Außenpolitik zu profilieren.[688] „Im entscheidenden Augenblick waren innenpolitische Erwägungen, zwei bevorstehende Landtagswahlen, sehr viel wichtiger als die vorhersehbare Schwächung unseres Standings im Atlantischen Bündnis und der europäischen Union."[689]

Der unklare Kurs in der deutschen Außenpolitik zeigte sich auch an der Durchsetzung eines Mitte April durch die NATO verhängten Waffenembargos im Mittelmeerraum. Deutschland wollte sich daran nicht beteiligen und zog zunächst seine Kriegsschiffe ab, um dann wenige Tage später durch deutsche Diplomaten erklären zu lassen, dass man im Rahmen einer europäischen Taskforce

[684] Westerwelle, Guido: Westerwelle: „Die Sanktionen gegen Syrien müssen schnell verhängt werden". Interview in Der Tagesspiegel. Berlin. 2011.
[685] Ebd.
[686] Auswärtiges Amt: Außenminister Westerwelle vor dem Europäischen Parlament zur deutschen Mitgliedschaft im VN-Sicherheitsrat. Berlin. 2011.
[687] Winkler, Heinrich: Gehört Deutschland noch zum Westen? Interview mit Welt Online. Berlin. 2011(b). http://www.welt.de/politik/ausland/article13426251/Gehoert-Deutschland-noch-zum-Westen.html (20.10.11)
[688] Vgl. Lübberding, 2011: S.31.
[689] Winkler, 2011(b).

(EUFOR Libya) bereit sei, humanitäre Unterstützung militärisch zu begleiten.[690] Einen weiteren Höhepunkt erreichten die von Deutschland ausgehenden Irritationen, als der Außenminister die Bedeutung der eigenen Sanktionspolitik überhöhte und erklärte, „er würde die Entscheidung, nicht mit den westlichen Bündnispartnern im UN-Sicherheitsrat zu stimmen, wieder so treffen."[691] Und erst als sich mit der Eroberung Tripolis ein Sieg der Aufständischen mit Unterstützung der NATO abzeichnete, vollzog der Außenminister eine Kehrtwende und lobte nach langem Zögern die militärische Intervention der westlichen Partner.[692] Der eingeschlagene und ausschließliche Kurs der humanitären Unterstützung und die Sanktionspolitik zur innenpolitischen Rechtfertigung der deutschen Libyen-Politik sowie die anschließende Schadenbegrenzung auf der internationalen Ebene des Außenministers deuteten im Nachhinein ebenso daraufhin, dass Westerwelle der Innenpolitik gegenüber der Außenpolitik Vorrang gab. Die Libyen-Politik des Außenministers war gekennzeichnet aus einer Mischung von innenpolitischem Kalkül, teilweise berechtigten Bedenken gegenüber militärischen Interventionen, einer Überschätzung und Überbetonung der Sanktionspolitik und einer außenpolitischen Positionierung an der Seite „autoritärer Kraftzentren, die nicht an der Stärkung von Freiheit und Demokratie interessiert sind."[693] Die nicht auf den bisherigen Grundlagen deutscher Außenpolitik beruhende Libyen-Politik war durch Richtungslosigkeit, Selbstbindung und Inflexibilität bestimmt. Aus dieser politischen Situation heraus entschied der Außenminister, einen deutschen Militäreinsatz im Libyen-Krieg zu verweigern.

6.9. Konsens im Bundestag

Der Bundestag hatte, wie im Fall Irak, nicht über die Beteiligung deutscher Soldaten an einem Militäreinsatz in Libyen zu entscheiden. In der Abstimmung über die UN-Resolution 1973 enthielt sich Deutschland und verdeutlichte, dass es sich militärisch nicht an den Einsätzen gegen das libysche Regime beteiligen werde. In dem Zeitraum zwischen der Eskalation der Gewalt in Libyen und der UN-Entscheidung, eine Flugverbotszone einzurichten sowie mit gezielten Luftschlägen gegen das libysche Militär vorzugehen, gab es für das Parlament nur wenige Gelegenheiten, über die Libyen-Krise zu debattieren. Inwieweit aus dem parlamentarischen Raum überhaupt Einfluss auf die Regierungsentscheidung ausgeübt wurde, sich nicht an einer militärischen Intervention in Libyen zu beteiligen, ist im Folgenden aufzuzeigen.

---

[690] Vgl. Dettke, 2011.

[691] Sattar, Majid: Allein mit seinem Trotz. FAZ.net Online Artikel. Frankfurt am Main. 2011. http://www.faz.net/aktuell/politik/ausland/westerwelle-und-libyen-allein-mit-seinem-trotz-11125113.html (20.10.11)

[692] Vgl. Süddeutsche.de Online Artikel: Westerwelle vollzieht Kehrtwende bei Nato-Militäreinsatz. München 2011. http://www.sueddeutsche.de/politik/die-deutschen-und-der-krieg-in-libyen-westerwelle-vollzieht-kehrtwende-bei-nato-militaereinsatz-1.1135764 (20.10.11)

[693] Hacke, 2011: S.53.

Die erste Auseinandersetzung mit der Libyen-Frage fand am 24. Februar im Rahmen einer aktuellen Stunde aufgrund der Gewalteskalation in Libyen statt. In den Redebeiträgen verurteilten die Abgeordneten parteiübergreifend das gewaltsame Vorgehen der libyschen Regierung gegenüber dem eigenen Volk. Es wurde gefordert, dass Deutschland im Rahmen der EU und UN versuchen sollte, Sanktionen gegen Libyen durchzusetzen. Darüber hinaus sprach man sich dafür aus, den durch den »Arabischen Frühling« in Gang gesetzten Transformationsprozess innerhalb der libyschen Gesellschaft zu unterstützen. Über ein militärisches Eingreifen in Libyen wurde nur ganz am Rande spekuliert.[694] Bis zur Stimmenthaltung im UN-Sicherheitsrat fand nur noch eine weitere parlamentarische Debatte über das Thema Libyen im Bundestag statt.

Außenminister Westerwelle stellte im Rahmen dieser Debatte zum Thema „Umbruch in der arabischen Welt" und zur Libyen-Krise fest, dass der Diktator Gaddafi einen „Krieg gegen das eigene Volk" führe.[695] Als Regierungschef hätte er damit seine Legitimation verwirkt. Die Bundesrepublik werde im Rahmen der UN, der EU und der G8 versuchen, das Regime mit Sanktionen unter Druck zu setzen, um so der Gewalteskalation in Libyen zu begegnen. Einer möglichen militärischen Intervention in Libyen stand der Außenminister jedoch skeptisch gegenüber und schloss deshalb eine Beteiligung deutscher Soldaten aus. Andreas Schockenhoff (CDU) teilte diese Einstellung und nahm eine skeptische Haltung gegenüber einer Flugverbotszone ein, die seiner Meinung nach nicht ausreichen würde, um die Gewalt im Land zu stoppen. Darüber hinaus käme die militärische Durchsetzung einer Flugverbotszone aber einer militärischen Intervention gleich, wozu die Arabische Liga wiederum nicht bereit gewesen wäre. Es sei jedoch nur im Rahmen der Arabischen Liga möglich, eine Intervention zusammen mit der UN durchzusetzen. Nur unter diesen Voraussetzungen könnten die EU und NATO in diese Entwicklungen eingebunden werden. Der Abgeordnete betonte, dass zwar Unterstützung gewährt werde, der Wandel in der Gesellschaft jedoch nur von innen heraus kommen könne. „Es geht um politische und militärische Unterstützung; aber der Transformationsprozess [...] muss von der libyschen Freiheitsbewegung gestaltet werden."[696] Auch Teile der Opposition begrüßten die Haltung der Bundesregierung, den Einsatz von Militär als Ultima Ratio anzusehen. So erklärte Frithjof Schmidt (Bündnis90/die Grünen): „Wir dürfen aus dem verständlichen Wunsch nach schneller Hilfe nicht Dinge tun, die militärisch nicht funktionieren und kontraproduktiv sind."[697]

Aus anderen Teilen der Opposition wurde Kritik laut, die sich gegen eine Vorverurteilung möglicher militärischer Sanktionen richtete, wie z.B. eine Flugverbotszone über Libyen. Rolf Mützenich (SPD) argumentierte: „Deswegen wäre es eine kluge Politik, wenn wir in der internationalen Ge-

---

[694] Deutscher Bundestag: Plenarprotokoll. 17/93. Berlin. 2011. S.10468-10486.
[695] Deutscher Bundestag: Plenarprotokoll. 17/95. Berlin. 2011. S.10815.
[696] Ebd. S.10821.
[697] Ebd. S.10825.

meinschaft zusammenbleiben wollen, deutlich zu machen, dass wir alle Instrumente der UN Charta wollen. Dann sollte man nicht schon im Vorgriff sagen, dass all diese Instrumente möglicherweise nicht wirken.“[698] Der Abgeordnete forderte, dass auch militärische Optionen weiter offen gehalten werden müssen. Diese Haltung dominierte in weiteren Redebeiträgen jedoch nicht. Eine umfassende Diskussion über einen möglichen Militäreinsatz mit deutscher Beteiligung fand nicht statt.

Eine weitere Debatte fand direkt nach der deutschen Enthaltung im Sicherheitsrat statt. Damit hatte diese Parlamentsdebatte zwar keinen Einfluss mehr auf die Entscheidung zur Stimmenthaltung, zeigte dafür aber den für die Untersuchung wichtigen Entscheidungsverlauf bei den politisch handelnden Akteuren auf. In dieser Debatte erklärte und rechtfertigte Außenminister Westerwelle in seinem Redebeitrag die Enthaltung der Bundesregierung. Als Alternative zu einer militärischen Intervention sah Westerwelle eine umfassende Sanktion gegen das Gaddafi-Regime, um so der libyschen Regierung insbesondere finanzpolitische Machtmittel zu entziehen. Und obwohl Verbündete im Sicherheitsrat, in der EU und auch in der Arabischen Liga für einen Einsatz votierten, sei die Bundesregierung anderer Meinung gewesen. „Die Bundesregierung ist aber angesichts sowohl außenpolitisch als auch militärisch erheblicher Gefahren und Risiken bei der Abwägung im Sicherheitsrat zu einem anderen Ergebnis gekommen. Deswegen konnten wir diesem Teil der Resolution und damit der Resolution im Ganzen nicht zustimmen.“[699] Diese Entscheidung würde die bisher verdeutlichte Einstellung der Bundesregierung gegenüber der libyschen Regierung nicht verändern und könne auch nicht als Zeichen mangelnder deutscher Bereitschaft gedeutet werden, sich der internationalen Verantwortung zu stellen. Auch Ruprecht Polenz (CDU) unterstützte die Entscheidung der Bundesregierung aufgrund nicht abwägbarer Risiken eines Militäreinsatzes. Im Zusammenhang mit der Kritik, Deutschland würde mit dieser Entscheidung die Bündnisse schädigen, erklärte er: „Bündnis heißt nicht, dass Deutschland bei allem, was die NATO macht, prinzipiell dabei sein muss. Sonst brauchten wir den Parlamentsvorhalt nicht mehr und könnten sagen: Das alles entscheidet die NATO in Brüssel, und wir sind dabei.“[700] Die Regierungsparteien begründeten die deutsche Nichtbeteiligung mit unkalkulierbaren Risiken, unterstützen aber gleichzeitig den Beschluss im Sicherheitsrat. So auch Wolfgang Götzer (CDU): „Wir glauben, dass mit diesem UN-Mandat der Einsatz bisher nicht zu Ende gedacht worden ist. Gleichwohl haben wir Respekt vor der Entscheidung derjenigen Länder, die für die Resolution gestimmt haben.“[701]

Die Opposition hingegen warf dem Außenminister vor dem Hintergrund der anstehenden Landtagswahlen wahlkampftaktisches Kalkül vor. Darüber hinaus sei die vom Außenminister vertretene Auffassung nicht richtig, so Rolf Mützenich (SPD), dass ein »Ja« im UN-Sicherheitsrat auch auto-

---

[698] Deutscher Bundestag: Plenarprotokoll. 17/95. Berlin. 2011. S.10819.
[699] Deutscher Bundestag: Plenarprotokoll. 17/96. Berlin. 2011. S.11139.
[700] Ebd. S.11145.
[701] Ebd. S.11152.

matisch eine deutsche Beteiligung einschließe. Darüber hinaus hätte es die Bundesregierung verpasst, einen einheitlichen Konsens im Rahmen der EU zu schaffen. Auch sei es unverständlich, dass die Bundesregierung zunächst darauf pochte, auf die Unterstützung von Seiten arabischer und afrikanischer Länder zu warten, um sich dann nach dieser Unterstützungszusage doch der Stimme zu enthalten.[702] Heidemarie Wieczorek-Zeul (SPD) wies darauf hin, dass es im Rahmen der *responsibility to protect*, also zum Schutz der Zivilbevölkerung, keine Enthaltung der Bundesrepublik Deutschland geben dürfe.[703] Auch Renate Künast (Bündnis90/die Grünen) argumentierte mit der Schutzverantwortung: „Wo ein Staat die Schutzverantwortung gegenüber seiner Bevölkerung nicht ausüben kann oder, wie in diesem Fall, nicht ausüben will, ist die internationale Gemeinschaft in der Mitverantwortung und muss agieren."[704] Die Abgeordnete äußerte jedoch auch Zweifel gegenüber einer militärischen Intervention und erklärte, dass Deutschland nun den Druck auf das libysche Regime durch Sanktionen erhöhen müsse.

Insgesamt lässt sich feststellen, dass im Bundestag, aufgrund der geringen Zeit zwischen Ausbruch der Gewalt in Libyen und dem Beschluss zur UN-Resolution 1973, nur eine wenig differenzierte Debatte stattfand, in der das Für und Wider einer militärischen Intervention kaum beleuchtet wurde.[705] Nach der deutschen Enthaltung im UN-Sicherheitsrat begründete die Bundesregierung ihre Position auf der einen Seite mit unkalkulierbaren Risiken, die Deutschland nicht zu tragen bereit sei. Auf der anderen Seite unterstützte Berlin paradoxerweise den völkerrechtlich legitimen Beschluss, mit militärischer Gewalt eine Flugverbotszone einzurichten. Die Opposition warf der Bundesregierung daher vor, dass eine solche Haltung nur aus wahlkampftaktischen Gründen heraus zu verstehen und dass sie ihrer Schutzverantwortung im Rahmen der *responsibility to protect* gegenüber der libyschen Bevölkerung nicht nachgekommen sei. Die Oppositionsparteien, bis auf die Linke, vermieden allerdings eine klare Positionierung in der Libyen-Frage. Insgesamt haben sich die Abgeordneten des deutschen Bundestages nur sehr oberflächlich mit den Fragen des aufkommenden Libyen-Konfliktes befasst. Dass sich daraus Impulse für die deutsche Außenpolitik ergaben, war nicht erkennbar.

6.10. Zwischenfazit

Der Faktor »Deutsche Macht und Interessen im internationalen System« hatte für die Entscheidung der Bundesregierung, sich nicht in Libyen militärisch zu beteiligen, nur einen geringen Einfluss. Obwohl Deutschland durch seinen nicht-ständigen Sitz im UN-Sicherheitsrat auf der internationalen Ebene Einfluss auf die Libyen-Politik der UN nehmen konnte, enthielt sich die Bundesre-

[702] Deutscher Bundestag: Plenarprotokoll. 17/96. Berlin. 2011. S.11140f.
[703] Ebd. S.11145.
[704] Ebd. S.11149.
[705] Vgl. Jungholt, 2011: S.4; vgl. Lübberding, 2011. S.31.

Libyen-Krieg	Grad des Einflusses		
Einflussfaktoren	Geringer Einfluss	Deutlicher Einfluss	Großer Einfluss
Macht und Interesse	X		
Multilaterale Einbindung	X		
Wirtschaft		X	
Außenpolitische Kultur	X		
Politische Konkurrenz			X
Öffentliche Meinung			X
Bundeskanzlerin		X	
Außenminister			X
Bundestag	X		

publik der Stimme und überließ den Befürwortern der Resolution 1973 das politische Feld. Die dadurch hervorgerufene internationale Isolierung, vor allem gegenüber den engsten Verbündeten, wie Frankreich, Großbritannien und den USA, führte gleichzeitig zu einer Marginalisierung der deutschen Einflusssphäre. Berlin hatte sich durch die kategorische Ablehnung eines Militäreinsatzes die Möglichkeit genommen, weiterhin auf der internationalen Ebene politisch Einfluss zu nehmen. Darüber hinaus führte die Stimmenenthaltung Deutschlands im westlichen Lager zu einem großen Ansehensverlust und warf Zweifel auf, inwieweit mit Deutschland bei der internationalen Konfliktbewältigung überhaupt noch zu rechnen ist. „Die Bundesrepublik hatte, indem sie ebenso votierte wie Russland, China, Indien und Brasilien, einen Weg eingeschlagen, der nur als bewusste Distanzierung vom Mainstream in der NATO und der Europäischen Union zu verstehen war: Sie hatte sich selbst isoliert und marginalisiert und damit Zweifel an ihrer bündnispolitischen Verlässlichkeit hervorgerufen.“[706] Ziel war es augenscheinlich, das Zivilmachtkonzept der Bundesrepublik Deutschland durch eine dogmatisch überhöhte »Politik der Zurückhaltung« zu stärken. Diese vermeintliche Teiloptimierung der eigenen Außenpolitik musste aber zu Schwächen in der Glaubwürdigkeit und Umsetzung eigener Ansprüche in einer ausgewogenen Menschenrechtspolitik führen. Der fehlende politische Wille Berlins, in der Libyen-Krise mit den engsten Partnern eine aktive gestalterische Politik zu betreiben, führte auf der internationaler Ebene zu großer Verunsicherung innerhalb der maßgeblichen Institutionen.

Der deutsche Absentismus wirkte sich auch auf allen wichtigen sicherheitsrelevanten Institutionen aus. „ „Never again, never alone“ – das war, kurz gefasst, die grundsätzliche Entscheidung einer an Werten orientierten deutschen Außen- und Sicherheitspolitik nach dem Ende des Zweiten Weltkriegs.“[707] Die Bundesrepublik vermied es jedoch die Libyen-Krise im Rahmen des kooperativen Multilateralismus an der Seite seiner engsten Partner gemeinsam zu bewältigen. „Damit hatte

[706] Winkler, 2011(a).
[707] Klose, 2011.

Deutschland ohne Not einen Sonderweg eingeschlagen, sich von seinen engsten Verbündeten abgesetzt und damit wesentliche Grundlagen seiner Erfolge und seines Einflusses in der Vergangenheit beschädigt, nämlich die wahrgenommene Verlässlichkeit und das Vertrauen, das andere in diese Berechenbarkeit der deutschen Außenpolitik setzen konnten."[708] Der Hinweis des Außenministers, dass sich die Bundesrepublik Deutschland, neben China und Russland, zusammen mit zwei großen Demokratien, Brasilien und Indien, enthalten habe, könnte nicht nur als Rechtfertigung des eigenen Vorgehens, sondern auch als Anzeichen für einen beginnenden Wandel in der deutschen Außen- und Sicherheitspolitik gesehen werden, insbesondere, da Westerwelle im gleichen Zusammenhang von strategischen Partnern sprach.[709] „Die deutsche Enthaltung bei der Libyen-Resolution 1973 des UN-Sicherheitsrates ist der letzte Beweis dafür, dass die Bundesrepublik ihre bisher durch die Jalta-Ordnung definierte außenpolitische Rolle in regionalen und globalen Fragen derzeit neu verhandelt."[710] Insgesamt besaß der Faktor »Multilaterale Einbindung Deutschlands« nur einen geringen Einfluss auf die deutsche Nicht-Beteiligung am Libyen-Krieg.

»Deutsche Wirtschaftsinteressen« wirkten sich wie beim Irak-Krieg deutlich auf die Entscheidung der Bundesregierung aus, nicht am Libyen-Krieg teilzunehmen. Befürchtungen, dass die Energiesicherheit durch kriegsbedingte libysche Öl-Ausfälle gefährdet werden könnte und dass sich die Unsicherheit auf dem Rohstoffmarkt durch eine länger andauernde militärische Intervention in Libyen weiter fortsetzen und sich letztlich auch auf die deutsche Wirtschaft auswirken könnte, bewahrheiteten sich nicht.[711] Es ließ sich jedoch eine Entwicklung aufzeigen, dass sehr wohl deutsche Wirtschaftsinteressen bei der Libyen-Entscheidung der Bundesregierung einbezogen wurden. Die immer größer werdende Dominanz der Wirtschaft in der deutschen Außenpolitik und die wirtschaftlichen Krisen der letzten Jahre führten in Berlin zu der Ansicht, eine eigenständige, auf der Wirtschaft basierenden Interessenpolitik im deutschen Umfeld zu betreiben.[712] Die strategische Saturiertheit erforderte von der Bundesrepublik nicht mehr die multilaterale Vorgehensweise, die noch vor und kurz nach der Wiedervereinigung als eines der wichtigsten außenpolitischen Prinzipien angesehen wurde, „weil Deutschland seine ursprünglichen Ziele erreicht hat. Das Land ist wieder vereinigt und souverän, es ist von befreundeten Staaten umgeben und weiterhin die stärkste Wirtschaftsmacht in der EU"[713]. Die selbstzentrierte und vor allem auf wirtschaftliche Belange ausgerichtete Außen-

[708] Maull, 2011: S.114.
[709] Vgl. Auswärtiges Amt: Rede von Bundesminister Westerwelle auf der 46. Münchener Sicherheitskonferenz. Berlin. 2010; vgl. Der Spiegel: Friede den Zeltpalästen. Heft 13. Hamburg. 2011. S.22.
[710] Guérot, 2011: S.101.
[711] Grossarth, Jan: Hochkonjunktur im Euro-Kern, Krise in der Peripherie. In: Frankfurter Allgemeine Zeitung. Nr. 76. Frankfurt am Main. 2011. S.12.
[712] Vgl. Kundnani, 2011: S.41.
[713] Der Spiegel: Duell der Titanen. Heft 19. Hamburg. 2010. S.18.

politik Deutschlands, die das Konzept der Multilateralismus nur noch selektiv wahrnahm, trug damit zum deutschen Absentismus im Libyen-Krieg mit bei.[714]

In der deutschen außenpolitischen bzw. strategischen Kultur dominierte während der Libyen-Krise das Element der »Zurückhaltung«. Sämtliche anderen Teilaspekte der »Kontinuität«, wie die Westbindung, der Multilateralismus, Berechenbar- und Verlässlichkeit, aber auch die der »Normalisierung«, wie die Übernahme von Verantwortung auf der internationalen Ebene oder den Einsatz militärischer Mittel zum Schutz von Menschenrechten, wurden durch die Bundesregierung weitgehend ausgeblendet. So blieb nur noch die »Kultur der Zurückhaltung«, die mit einem vermeintlich moralischen Heraushalten begründet wurde. „Außenpolitische Moral wird wieder isolationistisch und pazifistisch dekliniert."[715] Die völlige Abkehr vom Einsatz militärischer Mittel bei der Durchsetzung humanitärer Ziele prägte nun das Bild einer deutschen Politik und wurde zum bestimmenden Element in der außenpolitischen bzw. strategischen Kultur Deutschlands. Die politische Abwendung von den altbewährten Elementen der deutschen außenpolitischen Kultur beeinträchtigte die Balance zwischen Tradition und Anpassung. Die »Außenpolitische Kultur Deutschlands« machte einen ungeordneten und richtungslosen Wandel durch und übte deshalb auf die Libyen-Entscheidungen Berlins einen nur geringen Einfluss aus.

Großen Einfluss hatte der Faktor »Politische Konkurrenz« auf die Entscheidungsprozesse der Bundesregierung in der Libyen-Frage. Im politischen Wettbewerb zwischen den Regierungs- und Oppositionsparteien schien es mit Blick auf die anstehenden Landtagswahlen erfolgversprechend, sich in einer außenpolitischen Frage innenpolitisch taktisch so aufzustellen, dass ein positiver Wahlausgang wahrscheinlich wird. Berlin stand damit aber vor einem Dilemma: Entweder man zerstreute die Bedenken gegenüber einem Militäreinsatz in Libyen und stimmte sich mit den engsten Verbündeten ab oder man hielt sich gänzlich heraus und vermied dadurch eine die Wahlaussichten beeinträchtigende innenpolitische Debatte über einen deutschen Kriegseinsatz.[716] In dieser Abwägung wog die Logik der Machterhaltung schwerer, als ein komplizierter risikoreicher und innenpolitisch schwierig zu vermittelnder Militäreinsatz.

In Kombination mit den anstehenden Wahlen hatte die »Öffentliche Meinung in Deutschland« auch einen großen Einfluss auf die Entscheidung der Bundesregierung in der Libyen-Krise. Die überwiegend kritisch gegenüber einer militärischen Intervention eingestellte Bevölkerung lehnte eine deutsche Beteiligung an einem Militäreinsatz ab. Die öffentliche Meinung war dabei besonders durch den langwierigen, verlustreichen und bisher scheinbar erfolglosen Afghanistan-Einsatz beein-

[714] Vgl. Habermas, 2011: S.11.
[715] Hacke, 2011: S.51.
[716] Vgl. Rinke, 2011.

flusst.[717] Dies trug wesentlich zu einem Meinungsbild bei, das von einer großen Skepsis gegenüber Militäreinsätzen bestimmt war. Die aus dem Afghanistan-Einsatz und dem gerade abgeschlossenen Abzug der US-Truppen aus dem Irak herrührenden Bedenken übertrugen sich somit auf die öffentliche Meinung.[718] Aufgrund der geringeren Salienz war eine differenziertere innenpolitische Erörterung der Libyen-Krise, wie es beispielsweile während der Kosovo-Krise zu beobachten war, kaum möglich. Dazu war der gesellschaftliche Konsens, sich in Libyen militärisch herauszuhalten, zu groß. Die Kombination einer überwiegend kriegsablehnenden Haltung in Deutschland und die politischen Zuspitzungen eines bevorstehenden Wahlkampfes mochten wesentlicher Grund für die Bundesregierung gewesen sein, außenpolitische Entscheidungen von innenpolitischen Erwägungen abhängig zu machen.

Die »Bundeskanzlerin« hatte die Libyen-Politik zunächst weitgehend ihrem Außenminister überlassen und besaß damit für die deutsche Entscheidung in der Libyen-Frage nur einen deutlichen Einfluss. Erst als die Politik des Außenministers gegenüber den Bündnispartnern konfrontative Züge annahm, griff sie ein und »entschärfte« die deutsche Position mit einer Enthaltung. Während der gesamten Krise setzte sie jedoch kaum eigene politische Akzente. Dies spiegelte sich auch in den medialen Reaktionen wider. Während der Außenminister nach der Enthaltung im UN-Sicherheitsrat ins Kreuzfeuer der deutschen Medien geriet, blieb Merkel relativ ungeschoren.[719] Die politische Gesamtlage war für die Bundeskanzlerin Anfang 2011 durch mehrere Krisen (Euro- und Libyen-Krise), weittragende energiepolitische Entscheidungen, anstehenden Landtagswahlen und einem zu diesem Zeitpunkt politisch »schwächelnden« Koalitionspartner geprägt. Jedes einzelne Politikfeld verlangte höchste Aufmerksamkeit. Insofern war es nachvollziehbar, wenn sie sich mehr auf die innen- und europapolitischen Themen konzentrierte und dem politisch »angeschlagenen« Außenminister die Bühne der Außenpolitik überließ. Aus diesen komplexen Zusammenhängen heraus schien es zweckmäßig, sich nicht an einer militärischen Intervention in Libyen zu beteiligen, obwohl Merkel während ihrer bisherigen Regierungszeit stets die Bedeutung der transatlantischen Partnerschaft für Deutschland betonte und ein gemeinsames außenpolitisches Vorgehen in der EU hervorhob.[720] „Nirgends war der Zusammenhang zwischen innenpolitischer Motivation und außenpolitischer Wende bisher so greifbar wie in diesem Falle."[721]

---

[717] Vgl. Sozialwissenschaftliches Institut der Bundeswehr: Sicherheits- und verteidigungspolitisches Meinungsklima in der Bundesrepublik Deutsch. Forschungsbericht 94. Strausberg. 2010. S.37ff. & S.51ff.

[718] Vgl. Asmus, Ronald: Kein Kult der Zurückhaltung mehr. Das Meinungsbild der deutschen Elite zur außen- und Sicherheitspolitik. In: Frankfurter Allgemeine Zeitung. Nr.85. Frankfurt am Main. 2011. S.11.

[719] Vgl. Brössler, Daniel: Außenpolitik nach Gefühl. In: Süddeutsche Zeitung. München. 2011. S.4; vgl. Neukirch, Ralf: Schämen für Westerwelle. In: Der Spiegel. Heft 17. Hamburg. 2011. S.28; vgl. Nonnenmacher, Günther: Westerwelles Welt. In: Frankfurt Allgemeine Zeitung. Nr.204. Frankfurt am Main. 2011. S.1; vgl. Ulrich, 2011: S.110.

[720] Vgl. Hacke, Christian: Deutsche Außenpolitik unter Bundeskanzlerin Angela Merkel. In: Aus Politik und Zeitgeschichte: Sicherheitspolitik. B 43. Bonn. 2006. S.31, vgl. Fröhlich, Stefan: Deutsche Außen- und Sicherheitspolitik im Rahmen der EU. In: Aus Politik und Zeitgeschichte: Außen- und Sicherheitspolitik. B 43. Bonn. 2008. S.15-21;

Der Einfluss des »Außenministers« war dagegen als groß einzustufen. Die Bundeskanzlerin ließ ihm weitgehend das außenpolitische Feld. Westerwelle war es, der schon frühzeitig festmachte, dass Deutschland keine Soldaten nach Libyen schicken würde. Er sah sich in der Tradition der militärischen Zurückhaltung, die seine Amtszeit als Außenminister bisher prägte. Schon im Jahr 2002/03 lehnte er den Irak-Krieg ab. Zum Amtsantritt forderte Westerwelle ein Jahr zuvor den Abzug der taktischen Atomwaffen aus Europa. Auf der im Jahr 2010 stattgefundenen Afghanistan-Konferenz in London forderte er weniger militärisches und mehr ziviles Engagement und warb für einen schnellen Abzug der internationalen Truppen aus Afghanistan.[722] Die kriegsablehnende Stimmung in der deutschen Innenpolitik während der Libyen-Krise bestärkte den Minister, weiter auf die Zurückhaltung beim Einsatz militärischer Mittel als Instrument der Politik zu setzen. Zumal damit auch die Möglichkeit bestand, eine mit der öffentlichen Meinung übereinstimmende Libyen-Politik zu verfolgen und der Opposition in dieser Frage gegenüber im Wahlkampf keine Angriffsfläche zu bieten. Dass die so ausgerichtete Politik innenpolitisch motiviert war, wurde nach den Landtagswahlen deutlich, als das politische Berlin sich verstärkt daran machte, den außenpolitischen Schaden zu begrenzen.

Vom Beginn der gewaltsamen Auseinandersetzungen in Libyen bis zum Beschluss der UN-Resolution 1973 fanden im Bundestag lediglich zwei Debatten zum Thema Libyen statt. Eine anlässlich einer aktuellen Stunde und eine weitere kurz vor der Abstimmung im UN-Sicherheitsrat. Dadurch besaßen die Parlamentarier kaum die Möglichkeit, sich mit der Libyen-Frage differenzierter auseinander zu setzen. „Im Bundestag führte das zu der bemerkenswerten Lage, dass praktisch alle Fraktionen, mehr oder minder geschlossen, eine ernsthafte Auseinandersetzung zu diesem Thema verweigert haben.“[723] In den eher oberflächlichen Diskussionen nahmen weder die Abgeordneten der Regierungskoalition, noch die der Opposition eine klare Position zur Libyen-Frage ein. Der parlamentarische Einfluss auf die Entscheidungen der Bundesregierung kann daher nur als gering eingestuft werden.

Der Faktor Macht und Interessen im internationalen System spielte ebenso wie die multilaterale Einbindung Deutschlands in internationale Organisation in der Libyen-Krise kaum eine Rolle. In beiden Fällen, ob nun bei der Vertretung von Interessen durch Machtpolitik oder bei der kooperativen Bewältigung der Krise durch multilaterales Vorgehen, war die deutsche Libyen-Politik durch

---

vgl. Pfetsch, Frank: Die Außenpolitik der Bundesrepublik Deutschland. Von Adenauer bis Merkel. Schwalbach. 2011. S.215f. & S.228; vgl. Ulrich, 2011: S.110f.

[721] Lohse, Eckart: Angel Merkels Wende. In: Frankfurter Allgemeine Zeitung. Nr. 12. Frankfurt am Main. 2011. S.5.

[722] Vgl. FAZ.net Online Artikel: „Verantwortung übernehmen, Truppen heimholen“. Afghanistan-Konferenz. Frankfurt am Main. 2010. http://www.faz.net/aktuell/politik/inland/afghanistan-konferenz-verantwortung-uebergeben-truppen-heimholen-1912877.html (20.10.11); vgl. Neukirch, Ralf: Westerwelles widersinnige Doktrin. Spiegel Online Artikel. Hamburg. 2011. http://www.spiegel.de/politik/deutschland/0,1518,753759,00.html (20.10.11); vgl. Ulrich, 2011: S.109f.

[723] Lübberding, 2011: S.31.

einen Absentismus geprägt. Wirtschaftliche Interessen nahmen aus geo-ökonomischen Erwägungen dagegen einen deutlicheren Einfluss ein. Die Kernelemente der deutschen außenpolitischen Kultur fanden im Kontext der Libyen-Krise kaum Berücksichtigung. Lediglich das Element der Zurückhaltung diente als vorgeschobene Begründung der »Vorabfestlegung«, den Einsatz von Militär kategorisch auszuschließen. Anders bei der politischen Konkurrenz und der öffentlichen Meinung. Von beiden Faktoren ging insofern großer Einfluss aus, als sich die aus dem politischen Wettbewerb und öffentlichen Meinungsbild entstehenden taktischen Erwägungen der Bundesregierung auf die Ausrichtung außenpolitischer Entscheidungen auswirkten. Beide Faktoren beeinflussten damit die Entscheidung Berlins maßgeblich. Auf der Ebene der individuellen Entscheidungsträger dominierte diesmal der Außenminister vor der Bundeskanzlerin. Westerwelles Vorabfestlegung, in jedem Fall kein Militär in Libyen einzusetzen, führte zur Enthaltung im UN-Sicherheitsrat. Die Bundeskanzlerin mischte sich kaum in die Libyen-Politik ein. Die Positionierung unter den Parlamentariern im Bundestag war in der Libyen-Frage quer durch Fraktionen und Parteien sehr heterogen. Entsprechend gering war der parlamentarische Einfluss auf die Entscheidung der Regierung.

7. Fazit

Im Folgenden werden die Auswirkungen der Einflussfaktoren auf die vier unterschiedlichen Kriegsentscheidungen in ihrer Gesamtheit erfasst und bewertet. Ziel ist es dabei, die eingangs dieser Untersuchung formulierte Fragestellung, welche Einflussfaktoren in der deutschen Außenpolitik dazu führen, dass sich Deutschland an Kriegen im Rahmen internationaler Interventionen beteiligt bzw. nicht beteiligt, zusammenfassend zu beantworten.

Der Einflussfaktor »Deutsche Macht und Interessen im internationalen System« bietet in der Analyse ein wechselndes Bild. In den vier Kriegsfällen besaß der Faktor zweimal einen großen Einfluss, einmal einen deutlichen und ebenfalls einmal einen geringen. Erklärbar wird dies anhand des Entwicklungsprozesses der deutschen Außen- und Sicherheitspolitik. Denn zunächst bestimmte nach der Wiedervereinigung eine neue deutsche Machtpolitik, verdeutlicht durch die Übernahme größerer Verantwortung auf der internationalen Ebene und der damit verknüpften deutschen Beteiligungen an internationalen Militärinterventionen, das Bild dieser politischen Neuausrichtung in einer nun multipolaren Weltordnung. Deutlich zu erkennen an der Beteiligung an Kriegen im Kosovo und Afghanistan. „A decade after reunification, therefore, Germany's civilian power identity seemed as strong as ever."[724] Die übernommene Verantwortung führte wiederum dazu, dass die Bundesregierungen gegenüber den Partnern und Verbündeten mehr Mitspracherechte einforderten. Bereits aber während der Irak-Krise schlug diese deutlich an der deutschen Gegenmachtpositionie-

[724] Kundnani, 2011: S.34.

Einflussfaktoren	Deutsche Beteiligung		Deutsche Nichtbeteiligung	
	Kosovo-Krieg	Afghanistan-Krieg	Irak-Krieg	Libyen-Krieg
Macht und Interessen	+++	++	+++	+
Multilaterale Einbindung	+++	+++	+	+
Wirtschaftsinteressen	+	+	++	++
Außenpolitische Kultur	++	++	+	+
Politische Konkurrenz	+++	+++	+++	+++
Öffentliche Meinung	+++	++	+++	+++
Bundeskanzler/in	++	+++	+++	++
Außenminister	+++	++	++	+++
Konsens im Bundestag	+++	++	+	+
Grad des Einflusses: + geringer Einfluss; ++ deutlicher Einfluss; +++ großer Einfluss				

rung zu erkennende Entwicklung um und durchbrach damit die bisherige Geschlossenheit im Bündnis. In dieser Entwicklung war der Anspruch gewachsen, als Partner auf »gleicher Augenhöhe« wahrgenommen zu werden. Der lange Zeit geltende Grundsatz, dass Bündnisinteressen häufig mit nationalen Interessen gleichzusetzen seien, wurde vom Irak-Krieg an deutlich in Frage gestellt.[725] Der geringe Einfluss des Faktors Macht und Interessen im internationalen System fügt sich im Fall Libyens in dieses Bild einer gegenüber dem Bündnis abnehmenden bedingungslosen Loyalität ein. Die deutsche Außen- und Sicherheitspolitik ist machtbewusster geworden. Aus dieser Reflexion entstand ein neues außenpolitisches Selbstbewusstsein. Daraus leitete die deutsche Politik nicht nur mehr Mitspracherechte ab, sondern behielt sich auch vor, besonders im Fall kontrovers gesehener Konfliktlösungen, Kriegsbeteiligungen zu verweigern, wie im Falle des Libyen-Krieges

[725] Vgl. Von Krause, Ulf: Neun Jahre Eskalation in Afghanistan – wie geht es weiter? Handelsblatt Online Artikel. Düsseldorf. 2011. http://www.handelsblatt.com/neun-jahre-eskalation-in-aghanistan-wie-geht-es-weiter/3766756.html?p3766756=all (20.10.11)

geschehen, und die »Kultur der Zurückhaltung« durch Absentismus zu stärken.[726] „Deutschland erscheint zunehmend als eine saturierte Macht, bereit den *status quo* zu verteidigen, aber auch nicht mehr.“[727] Umso verwunderlicher erscheint es, dass in den kurz nach dem Beginn des Libyen-Krieges erschienenen VPR weiter auf eine „Multinationale Zusammenarbeit“ gesetzt wird – also auch weiterhin auf den Einsatz von Streitkräften und die Teilnahme an internationaler Konfliktbewältigung.[728] Gleichwohl liegt die Betonung in der deutschen Außenpolitik seit dem Irak-Krieg wieder deutlicher auf Elementen der politischen Zurückhaltung. Vieles spricht dafür, „dass mit zunehmender Sichtbarkeit des Gewaltpotentials der militärischen Einsätze aufgrund des tief in der deutschen Gesellschaft verwurzelten Zivilmachtdenkens die Überzeugungskraft des Multilateralismus zurückging.“[729] Letztlich ist aber bei den Entscheidungen der jeweiligen Bundesregierungen im Irak- und Libyen-Konflikt auch erkennbar: „The national interest is what the nations, i.e. the decision-maker decides it is.“[730] Hierbei wird insgesamt das Spannungsverhältnis einer „multilateral handelnden Exekutive und Zivilmachtperzeptionen in der Gesellschaft“ besonders deutlich.[731] Paradoxerweise wurde dadurch das Zivilmachtkonzept in seiner Gesamtheit geschwächt, da die multilateralen Elemente des Konzepts denen der Zurückhaltung geopfert wurden.[732]

Die Ergebnisse des Einflussfaktors der »Multilateralen Einbindung Deutschlands« über die vier Konflikte hinweg hinterlassen ein deutlich zweigeteiltes Bild. So spielte dieser Einflussfaktor bei beiden Kriegsbeteiligungen im Kosovo und in Afghanistan noch eine große Rolle, während er sich bei den Nicht-Beteiligungen im Irak und in Libyen nur gering auswirkte. Es kann also festgestellt werden, dass die multilaterale Einbindung für die Ausgangsfrage von großer Bedeutung ist, da der Faktor einen deutlich abnehmenden Einfluss auf die Kriegsentscheidungen einnahm. Vor den Einsätzen im Kosovo und in Afghanistan bemühte sich die Bundesrepublik Deutschland intensiv darum, sich an der internationalen Konfliktbewältigung im Rahmen multilateraler Einbindung zusammen mit Partnern zu beteiligen, um damit die eigene Politik eines kooperativen Multilateralismus zu etablieren und durchzusetzen. „Although the Federal Republic’s multilateralism was always ‘‘attritional’’ in other words, it was a way to achieve its foreign-policy objectives, above all sovereignty and reunification this approach was so successful that over the years it became a kind of re-

[726] Vgl. Hellmann, 2011(a): S.754; vgl. Von Bredow, Wilfried: Mühevolle Weltpolitik. Deutschland im System internationaler Beziehungen. In: Jäger, Thomas / Höse, Alexander / Oppermann, Kai: Deutsche Außenpolitik. 2. Auflage. Wiesbaden. 2011. S.731.

[727] Ischinger, Wolfgang: 20 Jahre nach der Vereinigung. Deutsche Außenpolitik in und Für Europa. In: Zeitschrift für Außen- und Sicherheitspolitik. Band 4. Nr.1. Wiesbaden. 2010. S.92.

[728] Vgl. Bundesministerium der Verteidigung: Verteidigungspolitische Richtlinien. Berlin. 2011; vgl. Bundesregierung: Regierungserklärung des Bundesministers der Verteidigung, Dr. Thomas de Maizière, zur Neuausrichtung der Bundeswehr vor dem Deutschen Bundestag am 27. Mai 2011 in Berlin. Berlin. 2011.

[729] Von Krause, 2011: S. 207.

[730] Kratochwil, Friedrich: On the notion of“Interest“ in international relations. In: International Organisation. Massachusetts Institute of Technology. 36. Volume. Boston. 1982. S.2.

[731] Vgl. Von Krause, 2011: S.282.

[732] Vgl. Kundnani, 2011: S.34ff.

flex for the German foreign-policy establishment."[733] Man erkannte aber auch, besonders vor dem Hintergrund des deutschen Afghanistan-Einsatzes, die „eskalatorische Wirkung des Multilateralismus aufgrund der Forderungen / Erwartungen des internationalen Umfelds"[734], die mit der Dauer des Einsatzes zunahmen und durch regelmäßige Mandatserneuerungen erfüllt werden sollten. Bereits vor den Kriegen im Irak und in Libyen wurde daher der multilaterale Einfluss auf deutsche Entscheidungen, Militär einzusetzen, deutlich reduziert.[735] Vor den beiden Kriegen vermied es Berlin durch Vorfestlegung, Militär nicht zur politischen Lösung einzusetzen und durchbrach damit die »Eskalationsdynamik« multilateraler Entscheidungsprozesse. Auch die sicherheitspolitische Bindung zu Institutionen wie der NATO und EU rief nicht mehr die politische Bindekraft hervor, die noch zu Beginn des Jahrhunderts zu beobachten war.[736] Durch die beiden Vorfestlegungen in den Fällen Irak und Libyen erfuhr nicht einmal mehr die internationale Konfliktbewältigung im Rahmen der UN einen multilateralen Reflex.[737] „Dieser Wandel bedeutet, dass die multilaterale Orientierung der bundesdeutschen Außen- und Sicherheitspolitik [...] nicht mehr von einer reflexartigen Übernahme institutioneller Verpflichtungen bestimmt wird."[738] Der deutsche Multilateralismus vollzog nach der Wiedervereinigung durch die militärische Beteiligung Deutschlands an internationalen Interventionen einen Wandel, der durch die Abkehr von der bisherigen »Scheckbuchdiplomatie« und einer danach stärkeren Betonung der Übernahme militärischer Lasten gekennzeichnet war. Dieser durch militärische Interventionen gekennzeichnete Wandel hielt aber nur bis zum Irak-Krieg an. Danach erfuhr der deutsche Multilateralismus konzeptionelle Anpassungen. „Dieser Multilateralismus [wiederum] stützt sich [...] viel stärker auf Konzepte wie Eigeninteressen und den Anspruch auf Mitsprache als dies vor und unmittelbar nach der deutschen Vereinigung der Fall war."[739] Als Mitglied der NATO und in der voranschreitenden europäischen Integration konnte Berlin es sich leisten, multilaterale Politik selektiv wahrzunehmen und zu gestalten. „In short, Germany is less constrained than it used to be, and this new freedom means that it can be more selectively multilateral. It now operates through multilateral institutions when it suits it to do so, and bilaterally when it does not."[740] Insgesamt war eine Lockerung der multilateralen Einbindung Deutschlands festzustellen.

»Deutsche Wirtschaftsinteressen« ergeben ebenfalls ein zweigeteiltes Bild. Waren wirtschaftliche Aspekte für die beiden Kriege im Kosovo und Afghanistan für die Entscheidungsfindung kaum

[733] Kundnani, 2011: S.35.
[734] Von Krause, 2011: S.281.
[735] Vgl. Naumann, 2010: S.32.
[736] Vgl. Algieri, 2011: S.143; vgl. Ischinger, 2011: S.97; vgl. Kaim, 2011: S.123f.
[737] Vgl. Varwick, 2011: S.528.
[738] Meiers, Franz-Josef: Von der Scheckbuchdiplomatie zur Verteidigung am Hindukusch. Die Rolle der Bundeswehr bei multinationalen Auslandseinsätzen. 1990-2009. In: Zeitschrift für außen- und Sicherheitspolitik. Band 3. Nr.2. Wiesbaden 2010. S.218.
[739] Baumann, 2011: S.484.
[740] Kundnani, 2011: S.35f.

von Bedeutung, stellten sie in den Fällen Irak und Libyen eine größere Bedeutung dar. Im Fall Irak, bei dem das Risiko einer weltweit gefährdeten Energieversorgung bestand, ließen sich durchaus wirtschaftliche Aspekte finden, die für die damalige Kriegsverweigerung als Teilgründe herangezogen werden können. Es war der langsame Beginn eines Wandels der deutschen Außenpolitik hin zu einer geo-ökonomischen Ausrichtung festzustellen.[741] Möglich wurde dieser einseitige wirtschaftliche Fokus in der Außenpolitik durch die Wiedervereinigung selbst, durch die weitgehend abgeschlossene Integration Deutschlands in westliche Institutionen und durch die langsame Überwindung der Kosten der Wiedervereinigung. Hinzu kamen in den folgenden Jahren die negativen Erfahrungen mit militärischen Interventionen in Afghanistan und Irak sowie die globalen Wirtschafts- und Finanzenkrisen, die zu einer Neuausrichtung der deutschen geo-ökonomischen Interessen in der Politik führten. Dadurch wurde die Skepsis gegenüber der Abgabe von Souveränität an multilaterale Institutionen wie der EU verstärkt und begründet eine unabhängige deutsche Entscheidungsfindung gegenüber engen Partnern und Verbündeten. Schließlich geht damit auch die Abneigung gegenüber dem Einsatz von Ressourcen zur internationalen Konfliktbewältigung einher.[742] Zusammenfassend lässt sich für den Bereich der Wirtschaft feststellen: „In short, what appears to have happened is that the ''German question'' was resolved in geopolitical terms but has re-emerged in geo-economic form."[743]

In der »Deutschen außenpolitischen Kultur« zeigt sich in der Untersuchung im Ergebnis auch ein zweigeteiltes Bild. Der Einflussfaktor wirkte sich mit seinen multilateralistisch ausgeprägten Anteilen während der Konflikte im Kosovo und in Afghanistan zunächst deutlich auf die Entscheidungen Berlins aus. Die damaligen Entscheidungen der Bundesregierungen waren davon geprägt, sich international an Militäreinsätzen zu beteiligen, um sich im Bündnis auch in Konfliktsituationen als verlässlicher und berechenbarer Bündnispartner zu etablieren und jede Art von »Sonderwegen« zu vermeiden. Dennoch herrschte auch für diese beiden Kriege jeder Zweifel am Einsatz von Militär. Zivile Konfliktlösungen begleiteten die deutsche Außen- und Sicherheitspolitik stets parallel dazu. Die Elemente der »Kontinuität« und »Normalisierung« glichen sich aus und kamen beide zum Tragen.[744] Danach, während der Irak- und Libyen-Krise, wirkte sich ausschließlich ein Teilelement der außenpolitischen Kultur aus: die Zurückhaltung im Einsatz militärischer Mittel. Es beeinflusste die außenpolitische Perzeption der Regierungsverantwortlichen und damit auch gleichzeitig ihr Entscheidungsverhalten. Damit hatte sich die deutsche außenpolitische Kultur verändert. Im Verlauf der deutschen Kriegsbeteiligungen traten immer deutlicher das Spannungsfeld zwischen

[741] Vgl. Kundnani, 2011: S.32.
[742] Ebd. S.42.
[743] Ebd. S.43.
[744] Vgl. Von Bredow, Wilfried: Die etwas andere Normalität. Außenpolitische Orientierungsprobleme des vereinten Deutschlands. In: Frankfurter Allgemeine Zeitung. Nr.248. Frankfurt am Main. 2010. S.30.

multilateralistischer Einbindung und der Kultur der militärischen Zurückhaltung besonders unmittelbar vor dem Hintergrund des lang andauernden Afghanistan-Einsatzes hervor.[745] Die Elemente der »Kontinuität« und »Normalisierung« hielten sich damit nicht mehr die Waage. Die Elemente der Anpassung schienen ins Stocken zu geraten und die multilateralistische Tradition verlor an Bindekraft. So wuchsen in der deutschen politischen Elite und Bevölkerung Zweifel und Skepsis am Einsatz von Militär als Instrument der Politik.[746] Das Teilelement der außenpolitischen Kultur, die »Kultur der Zurückhaltung« entwickelte sich gegenüber den anderen Elementen zu einer bestimmenden Größe.

In der Analyse weist der Einflussfaktor »Politische Konkurrenz« ein äußerst klares Bild auf. In allen vier untersuchten Fällen besaß der Faktor großen Einfluss auf die Kriegsbeteiligungen bzw. -verweigerungen. Insofern kann festgestellt werden, dass der Faktor der politischen Konkurrenz in erheblichem Maße auf die jeweiligen Entscheidungsprozesse der Bundesregierungen Einfluss genommen hat. Die Unterschiede liegen im Detail. Die politischen Ereignisse auf dem Balkan und der Anschlag vom 11. September führten im Hinblick auf militärische Lösungsstrategien zu einem parteiübergreifenden Konsens, der eine militärische Intervention im Kosovo und in Afghanistan unterstützte. Dass sich der Konkurrenzkampf zwischen den Parteien nicht entfaltete lag sicherlich auch an der Konstellation, dass die Regierungsparteien von SPD und Grünen gestellt wurden. Ob sich dieser parteiübergreifende Konsens auch ergeben hätte, wenn die konservativen Parteien die Regierung gestellt hätten, ist zweifelhaft. So aber wirkte sich die allgemeine Befürwortung der Einsätze positiv auf die Entscheidungen der Bundesregierung aus. In den Irak- und Libyen-Krisen dagegen war es für die Bundesregierungen aufgrund der allgemein vorherrschenden kriegsablehnenden Haltung verhältnismäßig einfach, eine in militärischer Hinsicht zurückhaltende Regierungsposition zu vertreten. Der Opposition blieben damit kaum alternative Lösungskonzepte, die mit der kriegsablehnenden Haltung eines Großteils der deutschen Bevölkerung in Einklang zu bringen gewesen wäre. Verstärkt wurden diese innenpolitischen Motive vor allem durch das schwindende Vertrauen der Deutschen in eine multilateral ausgerichtete Außen- und Sicherheitspolitik. „Die Überzeugung, Deutschland benötige eine Einbettung in die internationale Gemeinschaft, verliert langsam, fast unmerklich an Gewicht.“[747] Dass eine konservative Bundesregierung eine militärische Beteiligung am Libyen-Krieg ablehnte und sich damit aus dem »westlichen Lager« entfernte, macht diese Entwicklung besonders deutlich. Die Argumentationskette, dass die Außenpolitik von der Regierung abhängig ist und diese wiederum von dem Willen ihrer Wähler hatte in diesen beiden Fällen große Bedeutung. Die Politiker folgten „dem opportunistischen Drehbuch einer demoskopiegeleiteten

[745] Vgl. Von Krause, 2011: S.S282.
[746] Vgl. Meiers, 2010: S.212ff.
[747] Petersen, Thomas: Eine Renationalisierung des Denkens. In. Frankfurter Allgemeine Zeitung. Nr.166. Frankfurt am Main. 2011. S.5.

Machtpragmatik, die sich aller normativen Bindungen entledigt hat"[748]. Außenpolitik ist von der Innenpolitik nur schwer abzukoppeln. Sie wurde vor allem in den Fällen der Nicht-Beteiligung zu „einer Funktion innenpolitischer Machtkonstellation"[749]. In diesem Sinne war die innenpolitische Situation bei den Entscheidungsprozessen über die Beteiligung bzw. Nicht-Beteiligung an internationale Militärinterventionen für die Bundesregierung immer von großer Bedeutung.

Eng mit der politischen Konkurrenz verflochten ist der Einflussfaktor der »Öffentlichen Meinung in Deutschland«. Auch dieser Faktor hatte für fast alle Entscheidungen größere Bedeutung. Lediglich im Fall Afghanistan war die Unterstützung der deutschen Bevölkerung nicht mehr ganz so groß, wie noch zur Zeit der Kosovo-Krise. Dennoch reichte die Zustimmung der deutschen Öffentlichkeit für die Bundesregierung aus, Truppen im Rahmen des Kampfes gegen den internationalen Terrorismus und zum Wiederaufbau von Afghanistan zu entsenden. Sowohl im Fall Kosovo als auch mit der Abschwächung im Fall Afghanistan stützte die Einstellung der deutschen Bevölkerung die Bundesregierung eine Kriegsbeteiligung durchzusetzen. In den Fällen Irak und Libyen hatte sich das Stimmungsbild grundlegend geändert und ging mit dem Wandel der außenpolitischen Kultur einher. Vor beiden Kriegen bildete sich in der öffentlichen Meinung eine deutlich ablehnende Haltung gegenüber den bevorstehenden Kriegen aus. Aufgrund der institutionalisierten Einflusschancen durch politische Wahlen in Deutschland hätte eine deutsche Kriegs-Beteiligung vermutlich viele Wählerstimmen gekostet. Daher versuchten die Bundesregierungen im Rahmen der politischen Konkurrenz die innenpolitische Situation auszunutzen, um den eigenen Machterhalt zu sichern. Ein Grund hierfür war das in den letzten zwei Jahrzehnten zunehmende Wechselverhältnis zwischen der Politik, den Medien und der öffentlichen Meinung, das auch im Bereich der Außenpolitik zunehmend an Einfluss gewann.[750] Die Entscheidungsträger deutscher Außenpolitik orientierten sich „verstärkt an innergesellschaftlichen Anforderungen. Die Innenpolitik war in die Außenpolitik zurückgekehrt."[751] Damit ist die „Bedeutung von innenpolitischen Prioritäten und gesellschaftlichen Diskursen für den außenpolitischen Entscheidungsprozess hierzulande angestiegen"[752]. Die deutsche öffentliche Meinung besaß damit stets großen Einfluss auf den außenpolitischen Entscheidungsprozess der Regierungsverantwortlichen.

Der Einfluss des »Bundeskanzlers« und des »Außenministers« lässt sich in einer gemeinsamen Betrachtung gut erläutern. So besaßen entweder der Bundeskanzler oder der Außenminister großen Einfluss auf die Entscheidung einer Kriegsbeteiligung bzw. -verweigerung, jedoch nie gemeinsam.

---

[748] Habermas, 2011: S.11.
[749] Nonnenmacher, Günther: Ohne Außenpolitik. In: Frankfurter Allgemeine Zeitung. Nr. 124. Frankfurt am Main. 2011. S.1.
[750] Vgl. Gareis, 2009(b): S.13.
[751] Haftendorn, Helga: Deutschlands Rückkehr in die Weltpolitik. In: Politische Studien. Jahrgang 60. Nr. 425. München. 2009. S.53.
[752] Von Bredow, 2011: S.724.

Der Grund für den großen Einfluss der Außenminister im Fall Kosovo und Libyen waren innenpolitisch einzuordnen und von Opportunismus geprägt. Schröder überließ Fischer das Feld, um die pazifistisch ausgerichtete Partei des Außenministers auf Regierungskurs zu bringen. Merkel überließ Westerwelle die politische Kulisse, um sich selbst zu entlasten und den Außenminister und seine Partei durch eine vermeintlich populistische Entscheidung innenpolitisch zu stärken. Im Fall Afghanistan und Irak waren ebenfalls innenpolitische Motive im Kontext des Machterhalts diesmal für Bundeskanzler Schröder zu finden. Es kann also festgestellt werden, dass Bundeskanzler oder Außenminister immer dann an der Entscheidung maßgeblich mitwirkten, wenn es die innenpolitische Situation erforderte. Eine allgemeine Aussage über eine deutsche Beteiligung bzw. Nicht-Beteiligung lässt sich zwar anhand der Ergebnisse über den Bundeskanzler und Außenminister nicht treffen. Diese Feststellung unterstützt jedoch die Ergebnisse für die politische Konkurrenz und die öffentliche Meinung.

Der »Konsens im Bundestag« war vor allem für die beiden Kriegsbeteiligungen von Bedeutung. Da das Parlament die Entsendung deutscher Soldaten ins Ausland mit zu entscheiden hatte, galt der Bundestag als politische Hürde für die Durchsetzung der jeweiligen Politik der Bundesregierung. Im Fall Kosovo und Afghanistan bewilligten die Abgeordneten den Einsatz und hatten damit an der politischen Durchsetzung der Bundesregierung maßgeblich Einfluss. Aber schon bei der Abstimmung über den OEF-Einsatz in Afghanistan erreichte Bundeskanzler Schröder eine Parlamentsmehrheit nur noch mit Hilfe der Vertrauensfrage. Bei Kriegsbeteiligungen besaß der Bundestag durch sein Zustimmungserfordernis damit einen großen Einfluss auf die Entscheidungen. Bisher hatte das Parlament aber noch nicht in der Entscheidungssituation gegen einen Auslandseinsatz der Bundeswehr gestimmt. Fraglich ist dabei, inwieweit der Einfluss des Parlaments gehen kann, da die Bundesregierung im Parlament die Mehrheit inne hat und somit i.d.R. auch die Möglichkeit besitzt, Einsätze politisch durchzusetzen.[753] Es lässt sich daher feststellen, dass die Exekutive in dieser Sache die Legislative dominiert.[754] Für die Fälle, in denen Deutschland sich nicht an einem Krieg beteiligte, besaß das Parlament insofern geringe Bedeutung für die Entscheidungen der Bundesregierungen, als dass schon im Vorfeld eine Kriegsbeteiligung ausgeschlossen wurde und es im Bundestag deshalb nicht zu einem entscheidungsbestimmenden Votum der Parlamentarier kommen konnte.

Insgesamt zeigen die mit dem Instrumentarium der Einflussfaktoren ermittelten Untersuchungsergebnisse, dass in der außenpolitischen Entwicklung Deutschlands in der Anwendung militärischer Gewalt eine deutliche Tendenz erkennbar wird: Von der Enttabuisierung des Militärischen wieder hin zu einer Abkehr von den Kriegsbeteiligungen und eine stärkere Betonung sanktionsgestützter,

---

[753] Vgl. Naumann, 2010: S.32f.

[754] Gareis, Sven: Grundlagen, Akteure, Strukturen und Prozesse. In: Informationen zur politischen Bildung: Deutsche Außenpolitik. Nr. 304. Bonn. 2009(b). S.12.

gewaltloser Konfliktlösungen. Mit der Wiedervereinigung Deutschlands kam die internationale Forderung nach der Übernahme von mehr Verantwortung auf. Im Fall Kosovo und Afghanistan trug die multilaterale Einbindung der Bundesrepublik maßgeblich dazu bei, sich an diesen Kriegen zu beteiligen. Die innenpolitische Situation, mit dem parteiübergreifenden Konsens in den Parteien als auch im Bundestag sowie die Befürwortung eines Eingreifens durch die deutsche Öffentlichkeit, wirkte sich unterstützend auf die Entscheidungen der damaligen Bundesregierung aus. Die außenpolitische Kultur war im Begriff sich zu wandeln und wies, neben traditionellen Elementen, fortan auch Elemente der Anpassung auf, die sich seitdem in der Waage hielten. Auch die politischen Entscheidungsträger waren damals überzeugt, dass ein Eingreifen richtig sei. Mit der aufkommenden Irak-Krise machte sich jedoch ein sehr langsamer Wandel bemerkbar, der die beiden Bundesregierungen jeweils dazu brachte, sich aus den Kriegen im Irak und Libyen herauszuhalten. Der inzwischen auf internationaler Ebene gefestigte Machtstatus Berlins blieb zwar erhalten, war jedoch fortan innerhalb der Bündnispartner von der Ungewissheit einer nicht mehr klar berechenbaren deutschen Außenpolitik geprägt. Das Prinzip des Multilateralismus, als Kern der außenpolitischen Ausrichtung Deutschlands, wurde nur noch selektiv berücksichtigt. Während in den ersten beiden Kriegen kaum wirtschaftliche Gründe erkennbar waren, die gegen eine Beteiligung sprachen, nahm in den darauf folgenden Konflikten der Einfluss deutscher Wirtschaftsinteressen auf die kriegsablehnende Haltung zu. Auf der innenpolitischen Ebene entwickelte sich der Einfluss der Faktoren auf die Entscheidungen der jeweiligen Bundesregierung von einer unterstützenden zu einer restriktiven Funktion. Dabei haben die zunehmend sichtbar gewordenen Gewaltpotentiale militärischer Einsätze zu einer deutlich ablehnenden Haltung in der Gesellschaft geführt und innenpolitisch die Tendenz verstärkt, stärker zu den Grundsätzen der »Kultur der Zurückhaltung« zurückzukehren. Die »Kultur der Zurückhaltung« dominierte fortan die Stimmung der Bevölkerung und beeinflusste die politischen Entscheidungsträger, die auch aufgrund der »emanzipierten« Situation der Bundesrepublik Deutschland auf der internationalen Ebene die politische Kraft aufbrachten, deutsche Kriegsbeteiligungen abzulehnen. Die deutsche Außen- und Sicherheitspolitik, im Spannungsfeld zwischen den Erwartungshaltungen der Bündnispartner und einer interventionskritischen Gesellschaft, erscheint in ihrer zuweilen demoskopiegeleiteten Pragmatik aber auch nur wenig positionstreu und ist in der langfristigen politischen Zielausrichtung schwer einzuordnen. Schon 2005 konstatierte Hans-Peter Schwarz der Bundesrepublik Deutschland eine Außenpolitik ohne Kompass. Altkanzler Helmut Kohl schloss sich 2011 dieser Position an.[755] Es deutet sich an, dass in Deutschland die Distanz gegenüber Beteiligungen an militärischen Interventionen eher ab- als zunimmt.

[755] Schwarz, Hans-Peter: Republik ohne Kompass. Anmerkungen zur deutschen Außenpolitik. Berlin. 2005; vgl. Kohl, Helmut: „Wir müssen wieder Zuversicht geben“. Helmut Kohl über eine Außenpolitik, der es an Verlässlichkeit mangelt. Interview in Internationale Politik. Heft 5. Berlin. 2011.

8. Literaturverzeichnis

Monographien

Axelrod, Robert: Die Evolution der Kooperation. München. 1987.

Baldwin, David: Economic Statecraft. Princeton. 1985.

Baumann, Rainer: Der Wandel des deutschen Multilateralismus. Eine diskursanalytische Untersuchung deutscher Außenpolitik. Frankfurt am Main. 2006.

Becker, Maren / John, Stefanie / Schirm, Stefan: Globalisierung und Global Governance. Paderborn. 2007.

Bergmann, Knut: Der Bundestagswahlkampf 1998. Vorgeschichte, Strategien, Ergebnis. Wiesbaden. 2002.

Bierling, Stephan: Geschichte der amerikanischen Außenpolitik. Von 1917 bis zur Gegenwart. München. 2007.

Bierling, Stephan: Geschichte des Irakkriegs. Der Sturz Saddams und Amerikas Albtraum im Mittleren Osten. München. 2010.

Brock, Dietmar: Globalisierung. Wirtschaft – Politik – Kultur – Gesellschaft. Wiesbaden. 2008.

Czempiel, Otto: Kluge Macht. Außenpolitik für das 21. Jahrhundert. München. 1999.

Daalder, Ivo / O'Hanlon: Winning Ugly. NATO's War to Save Kosovo. Washington D.C. 2000.

Dahrendorf, Ralph: Fragmente eines neuen Liberalismus. München. 1987.

Decker, Frank / Neu, Viola: Handbuch der deutschen Parteien. Wiesbaden 2007.

Eb, Scott: German foreign policy. Navigating a new era. London. 2003.

Fischer, Joschka: Die rot-grünen Jahre. Deutsche Außenpolitik vom Kosovo bis zum 11. September. München. 2008.

Fischer, Joschka: »I am not convinced«. Der Irak-Krieg und die rot-grünen Jahre. Köln. 2011.

Friedman, Milton: Capitalism and Freedom. Chicago. 1962.

Friedrich, Roland: Die deutsche Außenpolitik im Kosovo-Konflikt. Wiesbaden. 2005.

Fürtig, Henner: Kleine Geschichte des Irak. München. 2003.

Gareis, Sven: Deutschlands Außen- und Sicherheitspolitik. 2.Auflage. Opladen. 2006.

Gareis, Sven / Varwick, Johannes: Die Vereinten Nationen. Aufgaben, Instrumente und Reformen. 4. Auflage. Opladen. 2006.

George Alexander / Benett, Andrew: Case Studies and Theory Development in Social Science. Cambridge. 2005.

Giplin, Robert: Global Political Economy: Understanding the International Economic Order. Princeton. 2001.

Grieco, Joseph: Cooperation among Nations. Europe, America and Non-Tariff Barriers to Trade. London. 1993.

Grimm, Sonja: Erzwungene Demokratie. Politische Neuordnung nach militärischer Intervention unter externer Aufsicht. Baden-Baden. 2010.

Güllner, Manfred / Dülmer, Hermann, Klein, Markus / Ohr, Dieter / Quandt, Markus / Rosar, Ulrich / Klingemann, Hans-Dieter: Die Bundestageswahl 2002. Eine Untersuchung im Zeichen hoher politischer Dynamik. Wiesbaden. 2005.

Hacke, Christian: Die Außenpolitik der Bundesrepublik Deutschland. Von Konrad Adenauer bis Gerhard Schröder. 2.Auflage. Berlin. 2004(a).

Haftendorn, Helga: Deutsche Außenpolitik zwischen Selbstbeschränkung und Selbstbehauptung. 1945 – 2000. Stuttgart. 2001.

Harnisch, Sebastian / Maull, Hans: Germany as a Civilian Power? The foreign policy of the Berlin Republic. Machester. 2001.

Hasenclever, Andreas / Mayer, Peter / Ritterberger, Volker: Theories of international Regimes. Cambridge. 1997.

Hayek, Friedrich: Liberalismus. Tübingen. 1979.

Hellmann, Gunther / Baumann, Rainer / Wagner, Wolfgang: Deutsche Außenpolitik. Eine Einführung. Wiesbaden. 2006.

Heydemann, Günther / Gülzau Jan: Konsens, Krise und Konflikt. Die deutsch-amerikanischen Beziehungen im Zeichen von Terror und Irak-Krieg. Bundeszentrale für politische Bildung. Bonn. 2010.

Hilz, Wolfgang: Europas verhindertes Führungstrio. Die Sicherheitspolitik Deutschlands, Frankreichs und Großbritanniens in den Neunzigern. München,. 2005.

Holzgrefe, J.L. / Keohane, Robert: Humanitarian Intervention: Ethical, Legal and Political Dilemmas. Cambridge. 2003.

Hopf, Ted: Social Construction of International Politics: Identities and Foreign Policies, Moscow, 1995 and 1999. Cornell. 2002.

Joetze, Günter: Der letzte Krieg in Europa? Das Kosovo und die deutsche Politik. München 2001.

Joetze, Gunther: Der Irak als deutsches Problem. Baden-Baden. 2010.

Kagan, Robert: Macht und Ohnmacht. Amerika und Europa in der neuen Weltordnung. Berlin. 2003.

Kaldor, Mary: Neue und alte Kriege. Frankfurt am Main. 2007.

Keohane, Robert: After Hegemony. Cooperation and Discord in the World Politicy Economy. Princeton. 1984.

Klingelmann, Hans-Dieter / Kaase, Max: Wahlen und Wähler. Analysen aus Anlass der Bundestagswahl 1998. Wiesbaden. 2001.

Knobloch, Rajko: Friedenssehnsucht versus innenpolitisches Kalkül. Die Beweggründe der Bundesregierung für ihre Oppositionshaltung gegenüber dem Irak-Krieg 2002/03. Saarbrücken. 2008.

Kornelius, Stefan: Der unerklärte Krieg. Deutschlands Selbstbetrug in Afghanistan. Hamburg. 2009.

Krasner, Stephen: International Regimes. Cornell. 1983.

Krasner, Stephen: Structual causes and regime consequences: regimes as intervening variables. In: International Regimes. Ithaca. 1983.

Kratochwil: The Human Conception of International Relations. Princeton. 1981.

Kreidl, Jacob: Der Kosovo-Konflikt. Vorgeschichte, Verlauf und Perspektiven. Zur Stabilisierung einer Krisenregion. Frankfurt am Main. 2006.

Lebow, Richard / Risse-Kappen, Thomas: International Relations Theory and the End of the Cold War. Columbia. 1995.

Link, Werner: Die Neuordnung der Weltpolitik. Grundprobleme globaler Politik an der Schwelle zum 21. Jahrhundert. 3. Auflage. München. 2001.

Loquai, Heinz: Der Kosovo-Konflikt – Wege in einen vermeidbaren Krieg. Baden-Baden. 2000.

Lüders, Michael: Tage des Zorns. Die arabische Revolution verändert die Welt. München. 2011.

Mahnke, Hans-Christian: Deutsche Außenpolitik zwischen Intervention und Nicht-Intervention. Die Erfahrungen im Kosovo und beim Entscheidungsprozeß zum Irak-Krieg. Saarbrücken. 2008.

Mearsheimer, John: Conventional Deterrence. Cornell. 1983.

Morgenthau, Hans: Politics among Nations. The struggle for Power and Peace. Chicago. 1948.

Morgenthau, Hans: Macht und Frieden. Gütersloh. 1963.

Müller, Harald: Supermacht in der Sackgasse. Die Weltordnung nach dem 11. September. Frankfurt am Main. 2003.

Müller, Markus / Sturm, Roland: Wirtschaftspolitik kompakt. Wiesbaden. 2010.

Münkler, Herfried: Die Neuen Kriege. Hamburg. 2007.

Naumann, Klaus: Einsatz ohne Ziel? Bonn. 2010.

Noelle-Neumann, Elisabeth / Köcher, Renate: Allensbacher Jahrbuch für Demoskopie. 1998 – 2002. Allensbach. 2002.

Nye, Joseph / Donahue, John: Governance in a Globalizing World. Washington. 2001.

Onuf, Nicholas / Kubalkova, Vendulka / Kowert, Paul: International Relations in a Constructed World. 1998.

Overhaus, Marco: Die deutsche NATO-Politik. Vom Ende des Kalten Krieges bis zum Kampf gegen den Terrorismus. Baden-Baden. 2009.

Pfetsch, Frank: Die Außenpolitik der Bundesrepublik Deutschland. Von Adenauer bis Merkel. Schwalbach. 2011.

Rawls, John: Politischer Liberalismus. Berlin. 1998.

Rittberger, Volker / Kruck, Andreas / Romund, Anne: Grundzüge der Weltpolitk. Theorie und Empirie des Weltregierens. Wiesbaden. 2010.

Schirm, Stefan: Globalisierung, Forschungstand und Perspektiven. Baden-Baden. 2006

Schöllgen, Gregor: Die Außenpolitik der Bundesrepublik Deutschland. Von den Anfängen bis zur Gegenwart. München. 1999.

Schöllgen, Gregor: Der Auftritt. Deutschlands Rückkehr auf die Weltbühne. Berlin. 2004(a).

Schröder, Gerhard: Entscheidungen. Mein Leben in der Politik. Hamburg. 2007.

Schwab-Trapp, Michael: Kriegsdiskurse. Die politische Kultur des Krieges im Wandel. 1991-1999. Opladen. 2002.

Schwab-Trapp, Michael: Kampf dem Terror. Vom Anschlag auf das World Trade Center bis zum Beginn des Irakkrieges. Eine empirische Studie über die politische Kultur Deutschlands im zweiten Jahrzehnt nach der Wiedervereinigung. Köln. 2007.

Schwarz, Hans-Peter: Die Zentralmacht Europas. Die Rückkehr Deutschlands auf der Weltbühne. Berlin, 1994.

Schwarz, Hans-Peter: Republik ohne Kompass. Anmerkungen zur deutschen Außenpolitik. Berlin. 2005.

Schwarzenberger, Georg: Machtpolitik – Eine Studie über die internationale Gesellschaft. Tübingen. 1955.

Sedlmayr: Die aktive Außen- und Sicherheitspolitik der rot-grünen Bundesregierung 1998-2005. Wiesbaden. 2008.

Staack, Michael: Handelsstaat Deutschland. Deutsche Außenpolitik in einem internationalen System. Paderborn. 2000.

Strange, Susan: The Retreat of the State: The Diffusion of Power in the World Economy. Cambridge. 1996.

Theiler, Olaf: Die NATO im Umbruch. Bündnisreform im Spannungsfeld konkurrierender Nationalinteressen. Baden-Baden. 2003.

Von Bredow, Wilfried: Die Außenpolitik der Bundesrepublik Deutschland. 2. Auflage. Wiesbaden. 2008.

Von Krause, Ulf: Die Afghanistaneinsätze der Bundeswehr. Politischer Entscheidungsprozess mit Eskalationsdynamik. Wiesbaden. 2011.

Walt, Stephen: Origins of Alliances. Ithaca. 1987.

Waltz, Kenneth: Theory of International Politics. Reading. 1979.

Weller, Christoph: Die öffentliche Meinung in der Außenpolitik. Eine konstruktivistische Perspektive. Wiesbaden. 2000.

Wendt, Alexander: Social Theory of International Relations. Cambridge. 1999.

Wilhelm, Andreas: Außenpolitik. Grundlagen, Strukturen und Prozesse. München. 2006.

Sammelbände

Albrecht, Ulrich / Schäfer, Paul: Der Kosovo-Krieg. Fakten – Hintergründe – Alternativen. 2. Auflage. Köln. 1999.

Behnke, Joachim / Gschwend, Thomas, Schindler, Delia / Schnapp, Kai-Uwe: Methoden der Politikwissenschaft. Neuere qualitative und quantitative Analyseverfahren. Baden-Baden. 2006.

Carlsnaes, Walter: Handbook of International Relations. London. 2004.

Chiari, Bernhard: Afghanistan. Wegweiser zur Geschichte. Potsdam. 2007.

Chiari, Bernhard: Kosovo. Wegweiser zur Geschichte. 3. Auflage. Potsdam. 2008.

Clewing, Konrad / Reuter, Jens: Der Kosovo-Konflikt. Ursachen, Akteure, Verlauf. München. 2000.

Eberwein, Wolf-Dieter / Kaiser, Karl: Deutschlands neue Außenpolitik. Band 4 Institutionen und Ressourcen. München. 1998.

Egle, Christoph / Zohlnhöfer, Reimut: Ende des rot-grünen Projektes. Eine Bilanz der Regierung Schröder 2002 – 2005. Wiesbaden. 2007.

Gareis, Sven / Böckenförde Stephan: Deutsche Sicherheitspolitik. Opladen. 2009(a).

Harnisch, Sebastian / Katsioulis, Christos / Overhaus, Marco: Deutsche Sicherheitspolitik. Eine Bilanz der Regierung Schröder. Baden-Baden. 2004.

Hellman Gunther / Wolf, Klaus-Dieter / Zürn, Michael: Die neuen Internationalen Beziehungen. Forschungsstand und Perspektiven in Deutschland. Baden-Baden. 2003.

Hubatschek, Gerhard: Irak-Krieg 2003. Folgerungen für Deutschland und Europa. Frankfurt am Main. 2003.

Jäger, Thomas / Höse, Alexander / Oppermann, Kai: Transatlantische Beziehungen. Sicherheit – Wirtschaft – Öffentlichkeit. Wiesbaden. 2005.

Jäger, Thomas / Viehrig, Henrike: Die amerikanische Regierung gegen die Weltöffentlichkeit? Theoretische und empirische Analysen der Public Diplomacy zum Irakkrieg. Wiesbaden. 2008.

Jäger, Thomas / Höse, Alexander / Oppermann, Kai: Deutsche Außenpolitik. 2. Auflage. Wiesbaden. 2011.

Kaiser, Karl /Krause Joachim: Deutschlands neue Außenpolitik. Band 3 Interessen und Strategien. München. 1996.

Kaiser, Karl / Maull, Hans: Deutschlands neue Außenpolitik. Band 1 Grundlagen. München. 1997.

Krause, Joachim: Kosovo. Humanitäre Intervention und kooperative Sicherheit in Europa. Opladen. 2000(a).

Löffelholz, Martin: Krieg als Medienereignis 2: Krisenkommunikation im 21. Jahrhundert. Wiesbaden. 2004.

Masala, Carlo / Sauer, Frank / Wilhelm, Andreas: Handbuch der Internationalen Beziehungen. Wiesbaden. 2010.

Maull, Hans / Harnisch, Sebastian / Grund, Constantin: Deutschland im Abseits. Rotgrüne Außenpolitik 1998 – 2003. Baden-Baden. 2003.

Melčić, Dunja: Der Jugosslawien-Krieg. Handbuch zur Vorgeschichte, Verlauf und Konsequenzen. 2.Auflage. Wiesbaden. 2007.

Rashid, Ahmed: Taliban. Afghanistans Gotteskämpfer und der neue Krieg am Hindukusch. München. 2010.

Regelsberger, Elfriede: Gemeinsame Außen- und Sicherheitspolitik. In: Weidenfeld, Werner / Wessels, Wolfgang: Jahrbuch der Europäischen Integration 2001/2002. Bonn. 2002.

Rinke, Bernhard / Woyke Wichard: Frieden und Sicherheit im 21. Jahrhundert. Opladen 2004.

Rittberger, Volker: Theorien der internationalen Beziehungen. Bestandsaufnahme und Forschungsperspektive. Opladen. 1990.

Rittberger, Volker / Zangl, Bernhard: Internationale Organisationen. Politik und Geschichte. Wiesbaden. 2003.

Rittberger, Volker / Kruck, Andreas / Romund, Anne: Grundzüge der Weltpolitik. Theorie und Empirie des Weltregierens. Wiesbaden. 2010.

Schmidt, Manfred / Zohlnhöfer, Reimut: Regieren in der Bundesrepublik Deutschland. Wiesbaden. 2006.

Schmidt, Sigmar / Hellmann, Gunther / Wolf, Reinhard: Handbuch zur deutschen Außenpolitik. Wiesbaden. 2007.

Staak, Michael / Vogt, Rüdiger: Europa nach dem Irakkrieg. Ende der transatlantischen Epoche. 1. Auflage. Baden-Baden. 2004.

Ulrich, Bernd: Wofür Deutschland Krieg führen darf und muss. Hamburg. 2011.

Wolf, Reinhard / Schmidt, Siegmar / Hellmann, Gunther: Handbuch zur deutschen Außenpolitik. Wiesbaden 2007.

Wölfle, Markus: Die Auslandseinsätze der Bundeswehr und ihre Auswirkungen auf die Rolle der Bundesrepublik Deutschland im internationalen System. Bonn. 2005.

Woyke, Wichard: Handwörterbuch Internationale Politik. Bonn. 2011.

Beiträge in Sammelbänden

Algieri, Franco: Deutsche Außen- und Sicherheitspolitik im europäischen Kontext: Das abnehmende Strahlen der Integrationsleuchttürme. In: Jäger, Thomas / Höse, Alexander / Oppermann, Kai: Deutsche Außenpolitik. 2. Auflage. Wiesbaden. 2011.

Bartsch, Sebastian: Außenpolitischer Einfluss und Außenbeziehungen der Parteien. In: Eberwein, Wolf-Dieter / Kaiser, Karl: Deutschlands neue Außenpolitik. Band 4 Institutionen und Ressourcen. München. 1998.

Baumann, Reiner: Deutschland als Europas Zentralmacht. In: Schmidt, Sigmar / Hellmann, Gunther / Wolf, Reinhard: Handbuch zur deutschen Außenpolitik. Wiesbaden. 2007.

Baumann, Rainer: Multilateralismus: Die Wandlung eines vermeintlichen Kontinuitätselements der deutschen Außenpolitik. In: Jäger, Thomas / Höse, Alexander / Oppermann, Kai: Deutsche Außenpolitik. 2. Auflage. Wiesbaden. 2011.

Biehl, Heiko / Jacobs, Jörg: Öffentliche Meinung und Sicherheitspolitik. In: Gareis, Sven / Böckenförde Stephan: Deutsche Sicherheitspolitik. Opladen. 2009.

Bosold, David / Achrainer, Christian: Die normativen Grundlagen deutscher Außenpolitik. In: Jäger, Thomas / Höse, Alexander / Oppermann, Kai: Deutsche Außenpolitik. 2. Auflage. Wiesbaden. 2011.

Brettschneider, Frank: Massenmedien, Öffentliche Meinung und Außenpolitik. In: Eberwein, Wolf-Dieter / Kaiser, Karl: Deutschlands neue Außenpolitik. Band 4 Institutionen und Ressourcen. München. 1998.

Buch, Heinrich: Die Irak-Debatte in Deutschland. In: Hubatschek, Gerhard: Irak-Krieg 2003. Folgerungen für Deutschland und Europa. Frankfurt am Main. 2003.

Bundesakademie für Sicherheitspolitik: Sicherheitspolitik in neuen Dimensionen. Ergänzungsband 1. Berlin. 2004(b).

Busch, Andreas / Golbbach / Roman: Die Stellung Deutschlands in der Weltwirtschaft. In: Jäger, Thomas / Höse, Alexander / Oppermann, Kai: Deutsche Außenpolitik. 2. Auflage. Wiesbaden. 2011.

Busse, Nikolas: Die Entfremdung vom wichtigsten Verbündeten. Rot-Grün und Amerika. In: Maull, Hans / Harnisch, Sebastian / Grund, Constantin: Deutschland im Abseits. Rotgrüne Außenpolitik 1998 – 2003. Baden-Baden. 2003.

Carlsnaes, Walter: Foreign Policy. In: Carlsnaes, Walter: Handbook of International Relations. London. 2004.

Collmer, Sabine: “All politics is local”: Deutsche Sicherheits- und Verteidigungspolitik im Spiegel der Öffentlichen Meinung. In: Harnisch, Sebastian / Katsioulis, Christos / Overhaus, Marco: Deutsche Sicherheitspolitik. Eine Bilanz der Regierung Schröder. Baden-Baden. 2004.

Deutschland-Trendbuch. Fakten und Orientierungen. Bundeszentrale für politische Bildung. Bonn. 2001.

Falke, Andreas: Einflussverlust: Der Export(vize)weltmeister im Welthandelssystem des 21. Jahrhunderts. In: Jäger, Thomas / Höse, Alexander / Oppermann, Kai: Deutsche Außenpolitik. 2. Auflage. Wiesbaden. 2011.

Fischer, Martina: Konfliktregelung und Friedenssicherung III. Humanitäre Intervention und Prävention. In: Rinke, Bernhard / Woyke Wichard: Frieden und Sicherheit im 21. Jahrhundert. Opladen 2004.

Gareis, Sven: Militärische Auslandseinsätze und die Transformation der Bundeswehr. In: Jäger, Thomas / Alexander Höse / Kai Oppermann: Deutsche Außenpolitik. 2. Auflage. Wiesbaden. 2010.

Hacke, Christian: Nationales Interesse als Handlungsmaxime für die Außenpolitik Deutschlands. In: Kaiser, Karl / Krause, Joachim: Deutschlands neue Außenpolitik. Band 3 Interessen und Strategien. München. 1996.

Hacke, Christian: Die transatlantischen Beziehungen im Zeichen des Krieges gegen den Terrorismus. In: Bundesakademie für Sicherheitspolitik: Sicherheitspolitik in neuen Dimensionen. Ergänzungsband 1. Berlin. 2004(b).

Hacke, Christian: Macht. In: Woyke, Wichard: Handwörterbuch Internationale Politik. Bonn. 2011.

Haftendorn, Helga: Zur Theorie außenpolitischer Entscheidungsprozesse. In: Rittberger, Volker: Theorien der internationalen Beziehungen. Bestandsaufnahme und Forschungsperspektive. Opladen. 1990.

Haftendorn, Helga: Die Krise der transatlantischen Beziehungen und die Transformation der NATO. In: Kubbig, Bernd: Brandherd Irak. US-Hegemonieanspruch. Die UNO und die Rolle Europas. Frankfurt am Main. 2003.

Harnisch, Sebastian. Theorieorientierte Außenpolitikforschung in einer Ära des Wandels. In: Hellman Gunther / Wolf, Klaus-Dieter / Zürn, Michael: Die neuen Internationalen Beziehungen. Forschungsstand und Perspektiven in Deutschland. Baden-Baden. 2003.

Harnisch, Sebastian: Sozialer Konstruktivismus. In: Masala, Carlo / Sauer, Frank / Wilhelm, Andreas: Handbuch der Internationalen Beziehungen. Wiesbaden. 2010.

Hasenclever, Andreas: Liberalismus. In: Masala, Carlo / Sauer, Frank / Wilhelm, Andreas: Handbuch der Internationalen Beziehungen. Wiesbaden. 2010.

Hedtstück, Micheal / Hellmann, Gunther: »Wir machen einen deutschen Weg« Irakabenteuer, das transatlantische Verhältnis und die deutsche Außenpolitik. In: Kubbig, Bernd: Brandherd Irak. US-Hegemonieanspruch, Die Rolle der UNO und die Rolle Europas. Frankfurt am Main. 2003.

Hellmann, Gunther: „… um diesen deutschen Weg zu Ende gehen zu können.“ die Renaissance machtpolitischer Selbstbehauptung in der zweiten Amtszeit der Regierung Schröder-Fischer. In: Egle, Christoph / Zohlnhöfer, Reimut: Ende des rot-grünen Projektes. Eine Bilanz der Regierung Schröder 2002 – 2005. Wiesbaden. 2007.

Hellmann, Gunther: Das neue Selbstbewusstsein deutscher Außenpolitik und die veränderten Standards der Angemessenheit. In: Jäger, Thomas / Höse, Alexander / Oppermann, Kai: Deutsche Außenpolitik. 2. Auflage. Wiesbaden. 2011(a).

Hennen, Claudia: Der Einfluss gesellschaftlicher Akteure auf die Entscheidung der Bundesregierung gegen den Irakkrieg. In: Jäger, Thomas / Viehrig, Henrike: Die amerikanische Regierung gegen die Weltöffentlichkeit? Theoretische und empirische Analysen der Public Diplomacy zum Irakkrieg. Wiesbaden. 2008.

Holst, Christian: Einstellungen der Bevölkerung und der Eliten: Vom Alten zum Neuen außenpolitischen Konsens. In: Eberwein, Wolf-Dieter / Kaiser, Karl: Deutschlands neue Außenpolitik. Band 4 Institutionen und Ressourcen. München. 1998.

Jäger, Thomas / Beckmann, Rassmus: Die internationalen Rahmenbedingungen deutscher Außenpolitik. In: Jäger, Thomas / Höse, Alexander / Oppermann, Kai: Deutsche Außenpolitik. 2. Auflage. Wiesbaden. 2011.

Janning, Josef: Europäische Union und deutsche Europapolitik. In: Schmidt, Sigmar / Hellmann, Gunther / Wolf, Reinhard: Handbuch zur deutschen Außenpolitik. Wiesbaden. 2007.

Johnston, Karin: Die mediale Vermittlung des Irak-Konflikts in Deutschland. In: Jäger, Thomas / Höse, Alexander / Oppermann, Kai: Transatlantische Beziehungen. Sicherheit – Wirtschaft – Öffentlichkeit. Wiesbaden. 2005.

Kaim, Markus / Niedermeier, Pia: Das Ende des „multilateralen Reflexes“? Deutsche NATO-Politik unter neuen nationalen und internationalen Rahmenbedingungen. In: Jäger, Thomas / Höse, Alexander / Oppermann, Kai: Deutsche Außenpolitik. 2. Auflage. Wiesbaden. 2011.

Kaiser, Karl /Krause Joachim: Deutsche Politik gegenüber dem Balkan. In: Kaiser, Karl /Krause Joachim: Deutschlands neue Außenpolitik. Band 3 Interessen und Strategien. München. 1996.

Kaiser, Karl / Maull, Hans: Einleitung: Die Suche nach Kontinuität in einer Welt des Wandels. In: Kaiser, Karl / Maull, Hans: Deutschlands neue Außenpolitik. Band 1 Grundlagen. München. 1997.

Katsioulis, Christos: Deutsche Sicherheitspolitik im Parteiendiskurs: Alter Wein in neuen Schläuchen. In: Harnisch, Sebastian / Katsioulis, Christos / Overhaus, Marco: Deutsche Sicherheitspolitik. Eine Bilanz der Regierung Schröder. Baden-Baden. 2004.

Kindermann. Gottfried-Karl: Realismus. In: Masala, Carlo / Sauer, Frank / Wilhelm, Andreas: Handbuch der Internationalen Beziehungen. Wiesbaden. 2010.

Kloten, Norbert: Die Bundesrepublik als Weltwirtschaftsmacht. In: Kaiser, Karl / Maull, Hans: Deutschlands neue Außenpolitik. Band 1 Grundlagen. München. 1997.

Knapp, Manfred: Vereinten Nationen. In: Schmidt, Sigmar / Hellmann, Gunther / Wolf, Reinhard: Handbuch zur deutschen Außenpolitik. Wiesbaden. 2007.

Knelangen, Wilhelm: Die Europäische Union und die deutsche Sicherheitspolitik. In: Gareis, Sven / Böckenförde Stephan: Deutsche Sicherheitspolitik. Opladen. 2009.

Korte, Karl-Rudolf: Bundeskanzleramt. In: Schmidt, Sigmar / Hellmann, Gunther / Wolf, Reinhard: Handbuch zur deutschen Außenpolitik. Wiesbaden. 2007.

Krause, Joachim: Die Rolle des Bundestages in der Außenpolitik. In: Eberwein, Wolf-Dieter / Kaiser, Karl: Deutschlands neue Außenpolitik. Band 4 Institutionen und Ressourcen. München. 1998.

Krause, Joachim: Die deutsche Politik in der Kosovo-Krise. In: Krause, Joachim: Kosovo. Humanitäre Intervention und kooperative Sicherheit in Europa. Opladen. 2000(a).

Krause, Joachim: Deutschland und die Kosovo-Krise. In: Clewing, Konrad / Reuter, Jens: Der Kosovo-Konflikt. Ursachen, Akteure, Verlauf. München. 2000(b).

Kubbig, Bernd: Brandherd Irak. US-Hegemonieanspruch. Die UNO und die Rolle Europas. Frankfurt am Main. 2003.

Lehmann, Kai: Der Luftkrieg der NATO und die deutsche Beteiligung am Einmarsch in das Kosovo 1999. In: Chiari, Bernhard: Kosovo. Wegweiser zur Geschichte. 3. Auflage. Potsdam. 2008.

Maull, Hans: Außenpolitische Kultur. In: Deutschland-Trendbuch. Fakten und Orientierungen. Bundeszentrale für politische Bildung. Bonn. 2001.

Maull, Hans: Editorial: Deutschland auf Abwegen? In: Maull, Hans / Harnisch, Sebastian / Grund, Constantin: Deutschland im Abseits. Rotgrüne Außenpolitik 1998 – 2003. Baden-Baden. 2003.

Maull, Hans: Die prekäre Kontinuität: Deutsche Außenpolitik zwischen Pfadabhängigkeit und Anpassungsdruck. In Schmidt, Manfred / Zohlnhöfer, Reimut: Regieren in der Bundesrepublik Deutschland. Wiesbaden. 2006.

Maull, Hans: Deutschland als Zivilmacht. In: Schmidt, Sigmar / Hellmann, Gunther / Wolf, Reinhard: Handbuch zur deutschen Außenpolitik. Wiesbaden. 2007.

Müller, Friedemann: Energiepolitische Neuordnung am Persischen Golf. Erweiterte Handlungsspielräume? In: Kubbig, Bernd: Brandherd Irak. US-Hegemonieanspruch, die UNO und die Rolle Europas. Frankfurt am Main. 2003.

Oppelhand, Torsten: Parteien. In: Schmidt, Sigmar / Hellmann, Gunther / Wolf, Reinhard: Handbuch zur deutschen Außenpolitik. Wiesbaden. 2007.

Oppermann, Kai / Höse Alexander: Die innenpolitischen Restriktionen deutscher Außenpolitik. In: Jäger, Thomas / Alexander Höse / Kai Oppermann: Deutsche Außenpolitik. 2. Auflage. Wiesbaden. 2011.

Overhaus, Marco: Zwischen kooperativer Sicherheit und militärischer Interventionsfähigkeit. Rot-grüne Sicherheitspolitik im Rahmen von ESVP und NATO. In: Maull, Hans / Harnisch, Sebastian / Grund, Constantin: Deutschlands im Abseits. Rotgrüne Außenpolitik 1998 – 2003. Baden-Baden. 2003.

Overhaus, Marco: Deutschland und die Europäische Sicherheits- und Verteidigungspolitik 1998-2003: Gewollte Ambivalenz oder fehlende Strategie? In: Harnisch, Sebastian / Katsioulis, Christos / Overhaus, Marco: Deutsche Sicherheitspolitik. Eine Bilanz der Regierung Schröder. Baden-Baden. 2004.

Overhaus, Marco / Schieder, Siegfried: Institutionalismus. In: Masala, Carlo / Sauer, Frank / Wilhelm, Andreas: Handbuch der Internationalen Beziehungen. Wiesbaden. 2010.

Peters, Dirk: Ansätze und Methoden der Außenpolitikanalyse. In: Wolf, Reinhard / Schmidt, Siegmar / Hellmann, Gunther: Handbuch zur deutschen Außenpolitik. Wiesbaden 2007.

Quandt, Markus: Neue Themen, neue Lage: Irak.-Krise und Elbe-Hochwasser als wahlentscheidende Erreignisse. In: Güllner, Manfred / Dülmer, Hermann, Klein, Markus / Ohr, Dieter / Quandt, Markus / Rosar, Ulrich / Klingemann, Hans-Dieter: Die Bundestageswahl 2002. Eine Untersuchung im Zeichen hoher politischer Dynamik. Wiesbaden. 2005.

Rattinger, Hans: Öffentliche Meinung. In: Schmidt, Sigmar / Hellmann, Gunther / Wolf, Reinhard: Handbuch zur deutschen Außenpolitik. Wiesbaden. 2007.

Reuter, Jens: Serbien und Kosovo – Das Ende eines Mythos. In: Clewing, Konrad / Reuter, Jens: Der Kosovo-Konflikt. Ursachen, Akteure, Verlauf. München. 2000.

Riedel, Sabine: Stabilitätdspakt für Südosteuropa? In: Albrecht, Ulrich / Schäfer, Paul: Der Kosovo-Krieg. Fakten – Hintergründe – Alternativen. 2. Auflage. Köln. 1999.

Risse, Thomas: Deutsche Identität und Außenpolitik. In: Schmidt, Sigmar / Hellmann, Gunther / Wolf, Reinhard: Handbuch zur deutschen Außenpolitik. Wiesbaden. 2007.

Rode, Reinhard: Deutsche Außenwirtschaftspolitik. In: Schmidt, Sigmar / Hellmann, Gunther / Wolf, Reinhard: Handbuch zur deutschen Außenpolitik. Wiesbaden. 2007.

Rotte, Ralph: Internationale Politische Ökonomie. In: Masala, Carlo / Sauer, Frank / Wilhelm, Andreas: Handbuch der Internationalen Beziehungen. Wiesbaden. 2010.

Varwick, Johannes: Globalisierung. In: Woyke, Wichard: Handwörterbuch Internationale Politik. Bonn. 2011.

Rupnik, Jacques: Die Welt im Balkanspiegel: das Agieren der Großmächte. In: Melčić, Dunja: Der Jugosslawien-Krieg. Handbuch zur Vorgeschichte, Verlauf und Konsequenzen. 2.Auflage. Wiesbaden. 2007.

Sacrinelli, Ulrich / Menzel, Marcus: Medien. In: Schmidt, Sigmar / Hellmann, Gunther / Wolf, Reinhard: Handbuch zur deutschen Außenpolitik. Wiesbaden. 2007.

Schetter, Conrad: Die Taliban und die Neuordnung Afghanistans. In: Chiari, Bernhard: Afghanistan. Potsdam. 2007.

Schimmelfennig, Frank: Prozessanalyse. In: Behnke, Joachim / Gschwend, Thomas, Schindler, Delia / Schnapp, Kai-Uwe: Methoden der Politikwissenschaft. Neuere qualitative und quantitative Analyseverfahren. Baden-Baden. 2006.

Schmierer, Joscha: Der Kosovo-Krieg 1999. In: Melčić, Dunja: Der Jugosslawien-Krieg. Handbuch zur Vorgeschichte, Verlauf und Konsequenzen. 2.Auflage. Wiesbaden. 2007.

Staack, Michael: Nein zur Hegemonialmacht. Deutschlands außenpolitische Entscheidungsprozesse im Irak-Konflikt. In: Staak, Michael / Vogt, Rüdiger: Europa nach dem Irakkrieg. Ende der transatlantischen Epoche. 1. Auflage. Baden-Baden. 2004.

Staack, Micheal: Deutschland als Wirtschaftsmacht. In: Schmidt, Sigmar / Hellmann, Gunther / Wolf, Reinhard: Handbuch zur deutschen Außenpolitik. Wiesbaden. 2007.

Staack, Michael: Normative Grundlagen, Werte und Interessen deutscher Sicherheitspolitik. In: Gareis, Sven / Böckenförde Stephan: Deutsche Sicherheitspolitik. Opladen. 2009.

Theiler, Olaf: Deutschland und die NATO. In: Gareis, Sven / Böckenförde Stephan: Deutsche Sicherheitspolitik. Opladen. 2009.

Van Scherpenberg, Jens: Die Lasten des „Krieges gegen den Terror". In: Hubatschek, Gerhard: Irak-Krieg 2003. Folgerungen für Deutschland und Europa. Frankfurt am Main. 2003.

Varwick, Johannes: Deutsche Sicherheits- und Verteidigungspolitik in der Nordatlantischen Allianz: Die Politik der rot-grünen Bundesregierung 1998-2003. In: Harnisch, Sebastian / Katsioulis, Christos / Overhaus, Marco: Deutsche Sicherheitspolitik. Eine Bilanz der Regierung Schröder. Baden-Baden. 2004.

Varwick, Johannes: Bundeswehr. In: Schmidt, Sigmar / Hellmann, Gunther / Wolf, Reinhard: Handbuch zur deutschen Außenpolitik. Wiesbaden. 2007.

Varwick, Johannes: Nordatlantische Allianz. In: Schmidt, Sigmar / Hellmann, Gunther / Wolf, Reinhard: Handbuch zur deutschen Außenpolitik. Wiesbaden. 2007.

Varwick, Johannes: Deutsche Sicherheitspolitik im Rahmen der Vereinten Nationen. In: Gareis, Sven / Böckenförde Stephan: Deutsche Sicherheitspolitik. Opladen. 2009.

Varwick, Johannes: Die deutsche UNO-Politik. In: Jäger, Thomas / Höse, Alexander / Oppermann, Kai: Deutsche Außenpolitik. 2. Auflage. Wiesbaden. 2011.

Von Bredow, Wilfried: Mühevolle Weltpolitik. Deutschland im System internationaler Beziehungen. In: Jäger, Thomas / Höse, Alexander / Oppermann, Kai: Deutsche Außenpolitik. 2. Auflage. Wiesbaden. 2011.

Weller, Christoph: Das Fernsehen und die politische Deutung der Ereignisse am 11. September. In: Krieg als Medienereignis 2: Krisenkommunikation im 21. Jahrhundert. Wiesbaden. 2004.

Woyke, Wichard: Internationale Organisationen. In: Woyke, Wichard: Handwörterbuch Internationale Politik. Bonn. 2011.

Berichte / Studien

Allensbacher Institut für Demoskopie: Terror in Amerika. Die Einschätzungen in Deutschland. Allensbacher Berichte. Nr. 21. Allensbach.

Dettke, Dieter: Germany Says 'No' Again. AICGS-Advisor. American Institute for Contemporary German Studies. Washington. 2011.

Ehrhart, Hans-Georg / Kaestner, Roland: Afghanistan: Scheitern oder Strategiewechsel? Hamburger Informationen zur Friedensforschung und Sicherheitspolitik. Ausgabe 43. Hamburg. 2008.

Friedrich, Wolfgang: Kosovo and the Evolution of German Foreign Policy in the Balkans. In: Friedrich, Wolfgang / Ischinger, Wolfgang, Scharping, Rudolf: Legacy of Kosovo: German Politics and Policies in the Balkan. German Issues 22. American Institute for Contemporary German Studies. Baltimore. 2000.

Hippler, Jochen: Afghanistan: Kurskorrektur oder Rückzug? Die politischen Folgen aus der Gewalteskalation. Policy Paper 29. Stiftung Entwicklung und Frieden. Bonn. 2008.

Kaiser, Karl: German Perspectives on the new strategic Landscape after September 11. American Institute for Contemporary German Studies. Washington. 2002.

Kempin, Ronja / Von Ondarza, Nicolai: die GSVP vor der Erosion? SWP-Aktuell. Stiftung Wissenschaft und Politik. Berlin. 2011.

Kleemann, Benjamin: Auslandseinsätze im Parteienstreit. In: Kleinwächter, Lutz / Krämer, Raimund: Militärmacht Deutschland? zur aktuellen Debatte um Auslandseinsätze. WeltTrends-Papiere | 5. Potsdam. 2007.

Klein, Adam: Die Kosten des Terrors. Wirtschaftliche Auswirkungen des internationalen Terrorismus. Analysen & Argumente. Konrad Adenauer Stiftung. Ausgabe 41. Berlin. 2007.

Kundnani, Hans: Germany as a geo-economic power. In: Washington Quarterly. Volume 34. Issue 3. Washington. 2011.

Maaß, Citha: Die Afghanistan-Mission der Bundeswehr. In: Mair, Stefan: Auslandseinsätze der Bundeswehr. Leitfragen, Entscheidungsspielräume und Lehren. SWP-Studie. Stiftung Wissenschaft und Politik. Berlin. 2007.

Meyer, Berthold: Von der Entgrenzung nationaler deutscher Interessen. Die politische Legitimation weltweiter Militäreinsätze. HFSK-Report. Hessische Stiftung Friedens- und Konfliktforschung. Frankfurt am Main. 2007.

Müller, Friedemann: Das Öl des Irak. SWP-Aktuell. Stiftung Wissenschaft und Politik. Berlin. 2002.

Nordhaus, William: the Economice Consequences of a War with Iraq. In: Kaysen, Carl / Miller, Seven / Malin, Martin / Nordhaus, William / Steinbruner, John: War with Iraq. Costs, Consequences, and Alternatives. American Acadamy of Arts Scienes. Cambridge. 2002.

Paul, Michael: Die Bundeswehr im Auslandseinsatz. Vom humanitären Impetus zur Aufstandsbekämpfung. Arbeitspapier. Stiftung Wissenschaft und Politik. FG3-AP/05. Berlin. 2010.

Schmidt, Peter: Das internationale Engagement in Afghanistan. Strategien, Perspektiven, Konsequenzen. SWP-Studien. Stiftung Wissenschaft und Politik. Deutsches Institut für Internationale Politik und Sicherheit. Berlin.

Sozialwissenschaftliches Institut der Bundeswehr: Sicherheits- und verteidigungspolitisches Meinungsklima in der Bundesrepublik Deutsch. Forschungsbericht 94. Strausberg. 2010.

Strategic Survey: The Arab Awakening. International Institute for Strategic Studies. Volume 111. Issue 1. London. 2011.

Thiele, Ralph: Winning War and Peace. In: AICGS German Issues. Baltimore. 2002.

Varwick, Johannes: Humanitäre Intervention und die Schutzverantwortung (‚Responsebility to Protect'). Kämpfen für Menschenrechte? Kieler Analysen zur Sicherheitspolitik. Nr.25. Kiel. 2009.

Werenfels; Isabelle: Maghreb. In : Steinberg, Guido: Deutsche Nah- Mittelost- und Nordafrikapolitik. SWP-Studie. Stiftung Wissenschaft und Politik. Berlin. 2009.

Zeitungsartikel / Zeitschriftenartikel

Asmus, Ronald: Kein Kult der Zurückhaltung mehr. Das Meinungsbild der deutschen Elite zur außen- und Sicherheitspolitik. In: Frankfurter Allgemeine Zeitung. Nr.85. Frankfurt am Main. 2011.

Baumann, Reiner / Ritterberger, Volker / Wagner, Wolfgang: Macht und Machtpolitik. Neorealistische Außenpolitiktheorie und Prognosen über die deutsche Außenpolitik nach der Vereinigung. Zeitschrift für internationale Beziehungen. 6. Jg. Heft 2. Baden-Baden. 1999.

Brössler, Daniel: Westerwelles halbe Wahrheit. In: Süddeutsche Zeitung. München. 2011.

Brössler, Daniel: Außenpolitik nach Gefühl. In: Süddeutsche Zeitung. München. 2011.

Brück, Tilman / Schumacher, Dieter: Die wirtschaftlichen Folgen des internationalen Terrorismus. In: Aus Politik und Zeitgeschichte: Globaler Terrorismus und seine Folgen für Politik und Wirtschaft. B 3-4. Bonn. 2004.

Buras, Piotr / Longhurst, Kerry: The Berlin Republic, Iraq, and the Use of Force. In: European Security. Volume 13. Issue 3. London. 2004.

Busse, Nikolas: Europas neue Risse. In: Frankfurter Allgemeine Zeitung. Nr. 69. Frankfurt am Main. 2011.

Busse, Nikolas: Verwundet. In: Frankfurter Allgemeine Zeitung. Nr. 202. Frankfurt am Main. 2011.

Calic, Marie-Janine: Der Stabilitätspakt für Südosteuropa. Eine erste Bilanz. In: Aus Politik und Zeitgeschichte: Südosteuropa – Türkei – Naher Osten. B 13-14. Bonn. 2001.

Dalgaard-Nielsen, Anja: Gulf War: The German Resistance. In: Survival: The Pakistan Problem. The International Institute for Strategic Studies. Volume 45. Issue 1.London. 2003.

Der Spiegel: Ernstfall für Schröder. Heft 13. Hamburg. 1999.

Der Spiegel: Popularität in Zeiten des Krieges. Heft 21. Hamburg. 1999.

Der Spiegel: Abmarsch in die Realität. Heft 46. Hamburg. 2001.

Der Spiegel: Nachgefragt. Keine Deutschen in den Irak. Heft 32. Hamburg, 2002.

Der Spiegel: Ich oder der. Heft 38. Hamburg. 2002.

Der Spiegel: Die letzte Kugel- Heft 12. Hamburg. 2011.

Der Spiegel: "Ein verheerendes Signal". Heft 12. Hamburg. 2011.

Der Spiegel: Friede den Zeltpalästen. Heft 13. Hamburg. 2011.

Der Spiegel: Aufrecht ins Gefecht. Heft 35. Hamburg. 2011.

Der Spiegel: Ein deutscher Krieg. Heft 36. Hamburg. 2011.

Dettke, Dieter: Deutschland als europäische Macht und Bündnispartner. In: Aus Politik und Zeitgeschichte: NATO. B 15-16. Bonn. 2009.

Die Welt: Westerwelle: „Die Zeit der Appelle ist vorbei". Nr.48. Berlin. 2011.

Die Welt: Iran und Katar: „Es gibt genug Öl". Nr. 49. Berlin. 2011.

Ehrenstein, Claudia: Zu Hause umstritten – von Revolutionären in Kairo gefeiert. In. Die Welt. Nr. 47. Berlin. 2011.

Erlanger, Steven: German Leader's Warning: War Plan is a huge Mistake. In: New York Times. New York. 2002.

Fischer, Joschka: Milosevic wird der Verlierer sein. Interview in Der Spiegel. Heft 16. Hamburg 1999.

Fischer, Joschka: Wir sind keine Satelliten. Interview in Die Welt. Berlin. 2002.

Fischer, Joschka: Wir bleiben beim Nein. Die weltweiten Proteste gegen den Irak-Krieg, der Streit zwischen den Europäern und das Zerwürfnis mit Amerika. Interview in Die Zeit. Hamburg. 2002.

Fischer, Joschka: Hoffnung wird immer kleiner. Interview in Der Spiegel. Heft 1. Hamburg. 2003.

Fischer, Joschka: Deutsche Außenpolitik – eine Farce. In: Süddeutsche Zeitung. München. 2011.

Frankenberger, Klaus-Dieter: Zu neuen Ufern? In: Frankfurter Allgemeine Zeitung. Nr. 168. Frankfurt am Main. 2011.

Frankfurter Allgemeine Zeitung: Schröder sieht keine Rezession durch Terror. Nr.41. Frankfurt am Main. 2001.

Frankfurter Allgemeine Zeitung: Aufschwung in Deutschland vertagt. Nr.211. Frankfurt am Main. 2002.

Frankfurter Allgemeine Zeitung: Gaddafi kann nicht bleiben. Nr.8. Frankfurt am Main. 2011.

Frankfurter Allgemeine Zeitung: Unruhen in Libyen treiben Ölpreis in die Höhe. Nr. 44. Frankfurt am Main. 2011.

Frankfurter Allgemeine Zeitung: Westerwelle: Wir sind in EU und Nato nicht isoliert. Nr.67. Frankfurt am Main. 2011.

Frankfurter Allgemeine Zeitung: Von wegen „Stunde Europas". Nr. 100. Frankfurt am Main. 2011.

Frankfurter Allgemeine Zeitung: Gaddafi kann nicht bleiben. Nr.8. Frankfurt am Main. 2011.

Fröhlich, Stefan: Deutsche Außen- und Sicherheitspolitik im Rahmen der EU. In: Aus Politik und Zeitgeschichte: Außen- und Sicherheitspolitik. B 43. Bonn. 2008.

Gareis, Sven: Grundlagen, Akteure, Strukturen und Prozesse. In: Informationen zur politischen Bildung: Deutsche Außenpolitik Nr. 304. Bonn. 2009(b).

Gießmann, Hans: Auslandseinsätze der Bundeswehr. In: Aus Politik und Zeitgeschichte: Bundeswehr. B 43. Bonn. 2000.

Gießmann, Hans / Wagner, Armin: Auslandseinsätze der Bundeswehr: In: Aus Politik und Zeitgeschichte: Bundeswehr. B 48. Bonn. 2009.

Grossarth, Jan: Hochkonjunktur im Euro-Kern, Krise in der Peripherie. In: Frankfurter Allgemeine Zeitung. Nr. 76. Frankfurt am Main. 2011.

Guérot, Ulrike: Welches Deutschland braucht Europa? In: Blätter für deutsche und internationale Politik. Heft 6. Berlin. 2011.

Hacke, Christian: Die Außenpolitik der Regierung Schröder/Fischer: Zwischenbilanz und Perspektiven. In: Aus Politik und Zeitgeschichte: Außenpolitik der Bundesrepublik. B 48. Bonn. 2002.

Hacke, Christian: Deutschland, Europa und der Irakkonflikt. In: Aus Politik und Zeitgeschichte: Irak. B 24-25. Bonn. 2003.

Hacke, Christian: Deutsche Außenpolitik unter Bundeskanzlerin Angela Merkel. In: Aus Politik und Zeitgeschichte: Sicherheitspolitik. B 43. Bonn. 2006.

Hacke, Christian: Deutschland und der Libyen-Konflikt: Zivilmacht ohne Zivilcourage. In: Aus Politik und Zeitgeschichte: Arabische Zeitenwende. B 39. Bonn. 2011.

Haftendorn, Helga: Deutschlands Rückkehr in die Weltpolitik. In: Politische Studien. Jahrgang 60. Nr. 425. München. 2009.

Hellmann, Gunther: Der "deutsche Weg". Eine außenpolitische Gratwanderung. In: Internationale Politik. Heft 9. Berlin. 2002.

Hellmann, Gunther: Von Gipfelstürmern und Gratwanderern: „Deutsche Wege" in der Außenpolitik. In: Aus Politik und Zeitgeschichte: Deutsche Außenpolitik. B 11. Bonn. 2004.

Hellmann, Gunther: Berlins Große Politik im Fall Libyen. In: WeltTrends. Zeitschrift für internationale Politik. 19. Jahrgang. Berlin. 2011(b).

Hellmann, Gunther: Normartively Disarmed, But Self-Confident. German foreign policy 20 years after reunification. In: Internationale Politik. Heft 3. Berlin. 2011(c).

Höfinghoff, Tim: Die Welt fürchtet den Ölschock. In: Frankfurt Allgemeine Zeitung. Nr 48. Frankfurt am Main.

Höfinghoff, Tim: Sorge um Ölversorgung. In: Frankfurt Allgemeine Zeitung. Nr. 66. Frankfurt am Main. 2011.

Hofmann, Gunther: Wie Deutschland in den Krieg geriet. ZEIT-Dossier. In: Die Zeit. Hamburg. 1999.

Hofmann, Gunther: Der lange Weg zum lauten Nein. Terror, Krisengipfel, Wahlkampf: Wie Deutschland sich dem drohenden Irak-Krieg verweigerte. Protokoll einer Entscheidung. In: Die Zeit. Hamburg. 2003.

Hofmann, Gunther: Es lebe der kleine Unterschied. Gerhard Schröder und Joschka Fischer, die Außenpolitiker der Nation, im Sog der Irak-Krise: Wer ist Koch, und wer ist Kellner? In: Die Zeit. Hamburg. 2003.

Ischinger, Wolfgang: 20 Jahre nach der Vereinigung. Deutsche Außenpolitik in und Für Europa. In: Zeitschrift für Außen- und Sicherheitspolitik. Band 4. Nr.1. Wiesbaden. 2010.

Jungholt, Thorsten: Deutschland im Abseits. In: Die Welt. Nr. 66. Berlin. 2011

Klose, Hans-Ulrich / Polenz, Ruprecht: Wahre Werte, falsche Freunde. In: Internationale Politik. Heft 5. Berlin. 2011.

Kohl, Helmut: „Wir müssen wieder Zuversicht geben". Helmut Kohl über eine Außenpolitik, der es an Verlässlichkeit mangelt. Interview in Internationale Politik. Heft 5. Berlin. 2011.

Kratochwil, Friedrich: On the notion of"Interest" in international relations. In: International Organisation. Massachusetts Institute of Technology. 36. Volume. Boston. 1982.

Lau, Jörg: Macht mal ohne uns! In: die Zeit. Nr. 13. Hamburg. 2011.

Leibfritz, Willi: Auswirkungen des Terrorismus auf die Volkswirtschaften und die Wirtschaftspolitik. In: Aus Politik und Zeitgeschichte: Globaler Terrorismus und seine Folgen für Politik und Wirtschaft. B 3-4. Bonn. 2004.

Link, Werner: Grundlinien der außenpolitischen Orientierung Deutschlands. In: Aus Politik und Zeitgeschichte: Deutsche Außenpolitik. B 11. Bonn. 2004.

Lohse, Eckart: Angel Merkels Wende. In: Frankfurter Allgemeine Zeitung. Nr. 12. Frankfurt am Main. 2011.

Lübberding, Frank: Ich verstehe nur noch Kindergarten. In: Frankfurter Allgemeine Zeitung. Nr. 71. Frankfurt am Main. 2011.

Maull, Hans: German foreign policy, Post-Kosovo: Still a 'civilian power?' In: Germany Politics. International Association for the Study of German Politics. Volume 9. Issue 2. Potsdam. 2000.

Maull, Hans: „Normalisierung" oder Auszehrung? Deutschen Außenpolitik im Wandel. In: Aus Politik und Zeitgeschichte: Deutsche Außenpolitik. B 11. Bonn. 2004.

Maull, Hans: Deutsche Außenpolitik: Orientierungslos. In: Zeitschrift für Politikwissenschaft. 21. Jahrgang. Heft 1. Baden-Baden. 2011.

Meiers, Franz-Josef: Von der Scheckbuchdiplomatie zur Verteidigung am Hindukusch. Die Rolle der Bundeswehr bei multinationalen Auslandseinsätzen. 1990-2009. In: Zeitschrift für außen- und Sicherheitspolitik. Band 3. Nr.2. Wiesbaden 2010.

Merkel, Angela: Kanzlerin Angela Merkel kündigte Überprüfung aller Atomkraftwerke an. In: Saarbrücker Zeitung. Saarbrücken. 2011.

Merkel, Angela: „Deutschland gestärkt aus der Krise führen. Interview mit der Bild am Sonntag. Die Bundeskanzlerin. Berlin. 2011.

Nass, Matthias: Vernagelt. Deutschlands Verbündete sind entsetzt über Berlins Außenpolitik. In: Die Zeit. Nr. 29. Hamburg. 2011.

Neukirch, Ralf: Schämen für Westerwelle. In: Der Spiegel. Heft 17. Hamburg. 2011.

Neukirch, Ralf: Großes Land, ganz klein. In: Der Spiegel. Heft 38. Hamburg. 2011.

Nonnenmacher, Günther: Ohne Außenpolitik. In: Frankfurter Allgemeine Zeitung. Nr. 124. Frankfurt am Main. 2011.

Nonnenmacher, Günther: Westerwelles Welt. In: Frankfurt Allgemeine Zeitung. Nr.204. Frankfurt am Main. 2011.

Petersen, Thomas: Eine Renationalisierung des Denkens. In. Frankfurter Allgemeine Zeitung. Nr.166. Frankfurt am Main. 2011.

Posener, Alan: „Arabischer Frühling" – Europäischer Herbst? In: Aus Politik und Zeitgeschichte: Arabische Zeitenwende. B 39. Bonn.

Putnam, Robert: Diplomacy and Domestic Politics: The Logic of Two-Level Games. In: International Organization. Vol. 42. No.3. Cambridge. 1988.

Rinke, Andreas: Eingreifen oder nicht? Warum sich die Bundesregierung in der Libyen-Frage enthielt. In: Internationale Politik. Heft 4. Berlin. 2011.

Risse, Thomas: Kontinuität durch Wandel: Eine „neue" deutsche Außenpolitik? In: Aus Politik und Zeitgeschichte: Deutsche Außenpolitik. B 11. Bonn. 2004.

Rühe, Volker: Deutschland im Abseits. In: Frankfurter Allgemeine Zeitung. Nr.113. Hamburg. 2011.

Rühl, Lotar: militärisch erfolgreich, politisch konfus. In: Frankfurter Allgemeine Zeitung. Nr. 69. Frankfurt am Main. 2011.

Sattar, Majid: Nach dem Umbruch ist neben dem Umbruch. In Frankfurter Allgemeine Zeitung. Nr. 47. Frankfurt am Main. 2011.

Sattar, Majid: Kakophone Führung. Die SPD, Westerwelle und der Libyen-Krieg. In: Frankfurter Allgemeine Zeitung. Nr. 68. Frankfurt am Main. 2011.

Schröder, Gerhard: Ich bin kein Kriegskanzler. Spiegel Interview. In: Der Spiegel. Heft 15. Hamburg. 1999.

Schöllgen, Gregor: Die Zukunft der deutschen Außenpolitik liegt in Europa. In: Aus Politik und Zeitgeschichte: Deutsche Außenpolitik. Bonn. 2004(b).

Schöllgen, Gregor: Deutsche Außenpolitik in der Ära Schröder. In: Aus Politik und Zeitgeschichte: Bundestagswahl 2005. Bonn. 2005.

Schröder, Gerhard: Eine Außenpolitik des dritten Weges. In: Gewerkschaftliche Monatshefte. Friedrich-Ebert-Stiftung. 50Jg. Bonn. 1999.

Schröder, Gerhard: Ohne freudige Gefühle. Interview in Der Spiegel. Heft 23. 1999.

Schröder, Gerhard: Ich bin kein Kriegskanzler. Interview in Der Spiegel. Heft 15. Hamburg. 1999.

Schröder, Gerhard: Interview mit Gerhard Schröder. in The New York Times. New York. 2002.

Schröder, Gerhard: Fighting Terrorism. Interview in der Washington Post. Washington. 2002.

Schröder, Gerhard: Wir schicken Soldaten, um sie einzusetzen. Interview in Die Zeit. Hamburg. 2002.

Schröder, Gerhard: Notfalls auch mit Zwang. Interview in Die Zeit. Hamburg. 2002.

Schröder, Gerhard: Es gibt keinen Respekt mehr. Interview in Der Spiegel. Heft 2. Hamburg. 2003.

Schröder, Gerhard zitiert nach Der Spiegel: Du musst das hochziehen. Heft 13. Hamburg. 2003.

Schröder, Gerhard: Dann lasst uns streiten! Interview in Der Spiegel. Heft 17. Hamburg. 2003.

Schröder, Gerhard: Die Krise, die Europa eint. Interview in Die Zeit. Hamburg. 2003.

Sinjen, Svenja: Der Preis der Freiheit. In: Internationale Politik. Heft 3. Berlin. 2011.

Stelzenmüller, Constanze: Libyen eine Deutschstunde. In: Süddeutsche Zeitung. Müncehn. 2011.

Süddeutsche Zeitung: Irakkrise verzögert Erholung der Konjunktur. München. 2002.

Süddeutsche Zeitung: Kriegsangst macht den Märkten zu schaffen. München, 2003.

Von Bredow, Wilfried: Die etwas andere Normalität. Außenpolitische Orientierungsprobleme des vereinten Deutschlands. In: Frankfurter Allgemeine Zeitung. Nr.248. Frankfurt am Main. 2010.

Weiss, Dieter: Deutschland am Hindukusch. In: Aus Politik und Zeitgeschichte: Außen- und Sicherheitspolitik. B 43. Bonn. 2008.

Westerwelle, Guido: Gaddafi muss weg – ohne Frage. Interview in Der Spiegel. Heft 12. Hamburg. 2011.

Westerwelle, Guido: Westerwelle: „Die Sanktionen gegen Syrien müssen schnell verhängt werden". Interview in Der Tagesspiegel. Berlin. 2011.

Winkler Heinrich: Politik ohne Projekt. In: Internationale Politik. Heft 5. Berlin. 2011(a).

Winter, Martin: Deutschland drängt EU zu Sanktionen. In: Süddeutsche Zeitung. München. 2011.

Wittkowsky, Andreas: Der Stabilitätspakt für Südosteuropa und die „führende Rolle" der Europäischen Union. In: Aus Politik und Zeitgeschichte: EU – Südosteuropa. B 29-30. Bonn. 2000.

Offizielle Dokumente

Auswärtiges Amt: Übereinkommen über vorläufige Regelungen in Afghanistan bis zur Wiederherstellung dauerhafter staatlicher Institutionen. Berlin. 2001.

Auswärtiges Amt: Rede von Bundesminister Westerwelle auf der 46. Münchener Sicherheitskonferenz. Berlin. 2010.

Auswärtiges Amt: Außenminister Westerwelle vor dem Europäischen Parlament zur deutschen Mitgliedschaft im VN-Sicherheitsrat. Berlin. 2011.

Bundesministerium der Verteidigung: Verteidigungspolitische Richtlinien. Bonn. 1992.

Bundesministerium der Verteidigung: Weißbuch 1994 - Zur Sicherheit der Bundesrepublik Deutschland und zur Lage und Zukunft der Bundeswehr. Bonn. 1994.

Bundesministerium der Verteidigung: Verteidigungspolitische Richtlinien. Berlin. 2003.

Bundesministerium der Verteidigung: Weißbuch 2006 der Bundeswehr zur Sicherheitspolitik Deutschlands und der Zukunft der Bundeswehr. Berlin. 2006.

Bundesministerium der Verteidigung: Verteidigungspolitische Richtlinien. Berlin. 2011.

Bundesministerium der Justiz: Grundgesetz der Bundesrepublik Deutschland. Berlin. 2011.

Bundesministerium für Wirtschaft und Technologie: Energieminister beraten über aktuelle Lage in Libyen und Japan. Pressemitteilung. Berlin. 2011.

Bundesministerium für Wirtschaft und Technologie: Brüderle: Konjunkturoptimismus der Unternehmen trotz Japan und Libyen ist begründet. Berlin. 2011.

Bundesregierung: Antrag der Bundesregierung. Deutsche Beteiligung an den von der NATO geplanten begrenzten und in Phasen durchzuführenden Luftoperationen zur Abwendung einer humanitären Katastrophe im Kosovo-Konflikt. Deutscher Bundestag. Drucksache 13/11469. Berlin. 1998.

Bundesregierung: Beteiligung Deutschlands an UN-Friedenstruppe in Afghanistan. Berlin. 2001.

Bundesregierung: Deutschland leistet USA Beistand auf der Grundlage des NATO-Vertrages. Berlin. 2001.

Bundesregierung: Regierungserklärung des Bundeskanzlers zur Beteiligung bewaffneter deutscher Streitkräfte an der Bekämpfung des internationalen Terrorismus. Berlin. 2001.

Bundesregierung: Rede des Bundesministers des Auswärtigen, Joschka Fischer, zur Neuausrichtung der Bundeswehr in der Debatte der 189. Sitzung des Deutschen Bundestages. Berlin. 2001.

Bundesregierung: Rede von Bundeskanzler Gerhard Schröder beim Weltwirtschaftsforum 2002 in New York. Berlin 2001.

Bundesregierung: Regierungserklärung von Bundeskanzler Gerhard Schröder zu den Anschlägen in den Vereinigten Staaten von Amerika vor dem Deutschen Bundestag am 12. September 2001 in Berlin. Berlin. 2001.

Bundesregierung: „Wir sind nicht im Krieg" – Interview mit dem Bundeskanzler in der ARD zu Anschlägen in den USA. München. 2001

Bundesregierung: Antrag der Bundesregierung Einsatz bewaffneter deutscher Streitkräfte bei der Unterstützung der gemeinsamen Reaktion auf terroristische Angriffe gegen die USA auf Grundlage des Artikels 51 der Satzung der Vereinten Nationen und des Artikels 5 des Nordatlantikvertrags sowie der Resolution 1368 (2001) und 1373 (2001) des Sicherheitsrats der Vereinten Nationen. Drucksache 14/7296. Berlin. 2001.

Bundesregierung: Rede von Bundeskanzler Gerhard Schröder zum Abschluss der Afghanistan-Konferenz am 5. Dezember 2001 auf dem Petersberg bei Bonn. Berlin. 2001.

Bundesregierung: Beteiligung Deutschlands an UN-Friedenstruppe in Afghanistan. Berlin. 2001

Bundesregierung: Bundesaußenminister Fischer bei US-Präsident Bush und UN-Generalsekretär Annan. Berlin 2001.

Bundesregierung: Rede des Bundesministers des Auswärtigen Joschka Fischer zur Eröffnung der Sondersitzung der „Afghanistan Support Group" in Berlin. Berlin 2001.

Bundesregierung: Beratungen der EU-Außenminister über die Zukunft Afghanistans. Berlin. 2001.

Bundesregierung: Interview mit Bundeskanzler Schröder in der ARD-Sendung „Farbe bekennen" am 11. Dezember 2002. Berlin. 2002.

Bundesregierung: Bundeskanzler Schröder: UN-Waffeninspekteure müssen wieder in den Irak. Berlin. 2002.

Bundesregierung: Keine deutsche Beteiligung an möglicher Irak-Intervention. Berlin. 2002.

Bundesregierung: Rede des Bundesministers des Auswärtigen, Joschka Fischer, vor der 57. Generalversammlung der Vereinten Nationen am 14. September 2002 in New York. Berlin. 2002.

Bundesregierung: Bundeskanzler Schröder: Deutsche Position im Irak-Konflikt hat sich nicht geändert. Berlin. 2003.

Bundesregierung: Pressestatement von Bundeskanzlerin Angela Merkel zur aktuellen Entwicklung in Libyen. Berlin. 2011.

Bundesregierung: Regierungserklärung des Bundesministers der Verteidigung, Dr. Thomas de Maizière, zur Neuausrichtung der Bundeswehr vor dem Deutschen Bundestag am 27. Mai 2011 in Berlin. Berlin. 2011.

Bundesregierung: Geschäftsordnung der Bundesregierung. Berlin. 2011.

Bush, George W.: President George W. Bush's address to the congress and the nation on terrorism. Washington. 2001.

Bush, George W.: President delivers State of the Union Adress. The White House. Washington. 2002.

Deutscher Bundestag: Plenarprotokoll. 13/284. Bonn. 1998.

Deutscher Bundestag: Plenarprotokoll. 14/31. Bonn. 1999.

Deutscher Bundestag: Plenarprotokoll. 14/187. Berlin. 2001.

Deutscher Bundestag: Plenarprotokoll. 14/189. Berlin. 2001.

Deutscher Bundestag: Plenarprotokoll. 14/192. Berlin. 2001.

Deutscher Bundestag: Plenarprotokoll. 14/198. Berlin. 2001.

Deutscher Bundestag: Plenarprotokoll. 14/202. Berlin. 2001.

Deutscher Bundestag: Plenarprotokoll. 14/210. Berlin. 2001.

Deutscher Bundestag: Plenarprotokoll. 14/253. Berlin. 2002.

Deutscher Bundestag: Plenarprotokoll. 15/4. Berlin. 2002.

Deutscher Bundestag: Plenarprotokoll. 15/25. Berlin. 2002.

Deutscher Bundestag: Plenarprotokoll. 15/35. Berlin. 2003.

Deutscher Bundestag: Plenarprotokoll. 17/95. Berlin. 2011.

Deutscher Bundestag: Plenarprotokoll. 17/96. Berlin. 2011.

Die Bundeskanzlerin: Rede der Bundeskanzlerin auf der 47. Münchener Sicherheitskonferenz. Berlin. 2011.

Die Bundeskanzlerin: Rede von Bundeskanzlerin Angela Merkel anlässlich des Empfangs im Rahmen der Frühjahrstagung der NATO-Außenminister. Berlin. 2011.

Die Bundeskanzlerin: „Deutschland weiß um seine Verantwortung in der Welt". Berlin. 2011.

Entscheidung des Bundesverfassungsgerichtes vom 12.Juli 1994 (BVerfGE 90, 286).

Gesetz über die parlamentarische Beteiligung bei der Entscheidung über den Einsatz bewaffneter Streitkräfte im Ausland (Parlamentsbeteiligungsgesetz) vom 18. März 2005.

The National Security Strategy of the United States of America. Washington. 2002.

The Security Council of the United Nations: Resolution 1199. New York. 1998.

The Security Council of the United Nations: Resolution 1368. New York. 2001.

The Security Council of the United Nations: Resolution 1373. New York. 2001.

The Security Council of the United Nations: Resolution 1441. New York. 2002.

The Security Council of the United Nations: Resolution 1970. New York. 2011.

The Security Council of the United Nations: Resolution 1973. New York. 2011.

Internetquellen

Deutscher Bundestag, Homepage: Datenhandbuch. 6. Parlament und Regierung. 6.14 Vertrauensfrage des Bundeskanzlers. Chronik der Vertrauensfrage von Bundeskanzler Gerhard Schröder im November 2001. Berlin. 2011. http://www.bundestag.de/dokumente/datenhandbuch/06/06_14/06_14_01.html (20.10.11)

Deutscher Bundestag, Homepage: "Keine Beteiligung an Kampfeinsätzen". Regierungserklärung Libyen. Berlin. 2011. http://www.bundestag.de/dokumente/textarchiv/2011/33798136_kw11_de_lybien/index.html (20.10.11)

FAZ.net Online Artikel: „Verantwortung übernehmen, Truppen heimholen". Afghanistan-Konferenz. Frankfurt am Main. 2010. http://www.faz.net/aktuell/politik/inland/afghanistan-konferenz-verantwortung-uebergeben-truppen-heimholen-1912877.html (20.10.11)

Financial Times Online Artikel: Poll shows little support for Libya intervention. London. 2011. http://www.ft.com/intl/cms/s/0/939bb0c4-74b9-11e0-8988-00144feabdc0.html#axzz1ZG11M5aQ axzz1ZG11M5aQ (20.10.11)

Habermas, Jürgen: Germany's mindset has become solipsistoc. The Guardian Online Artikel. London. 2010. http://www.guardian.co.uk/commentisfree/2010/jun/11/germany-normality-self-absorption (20.10.11)

Medick, Veit: Die Jeinsager-Koalition. Spiegel Online Artikel. Hamburg. 2011. http://www.spiegel.de/politik/deutschland/0,1518,751812,00.html

Neukirch, Ralf: Westerwelles widersinnige Doktrin. Deutschlands neue Außenpolitik. Spiegel Online Artikel. Hamburg. 2011. http://www.spiegel.de/politik/deutschland/0,1518,753759,00.html (20.10.11)

Sattar, Majid: Allein mit seinem Trotz. FAZ.net Online Artikel. Frankfurt am Main. 2011. http://www.faz.net/aktuell/politik/ausland/westerwelle-und-libyen-allein-mit-seinem-trotz-11125113.html (20.10.11)

Spiegel Online Artikel: Alliierte starten massive Luftschläge gegen Gaddafi- Regime. Hamburg. 2011. http://www.spiegel.de/politik/ausland/0,1518,752018,00.html (20.10.11)

Spiegel Online Artikel: Die Jeinsager-Koalition. Streit um deutsches Libyen-Votum. Hamburg. 2011. http://www.spiegel.de/politik/deutschland/0,1518,751812,00.html (20.10.11)

Spiegel Online Artikel: Gadaffi ist tot – Libyer bejubeln Ende des Diktators. Hamburg. 2011. http://www.spiegel.de/politik/ausland/0,1518,793023,00.html (20.10.11)

Stability Pact for South Eastern Europe. Constitutent Document. Köln. 1999. http://www.stabilitypact.org/constituent/990610-cologne.asp (20.10.11)

Süddeutsche.de Online Artikel: Wenn zwei sich streiten, freut sich Gaddafi. München. 2011. http://www.sueddeutsche.de/politik/libyen-krise-frankreich-prescht-vor-wenn-zwei-sich-streiten-freut-sich-gaddafi-1.1070695 (20.10.11)

Süddeutsche.de Online Artikel: Westerwelle vollzieht Kehrtwende bei Nato-Militäreinsatz. München 2011. http://www.sueddeutsche.de/politik/die-deutschen-und-der-krieg-in-libyen-westerwelle-vollzieht-kehrtwende-bei-nato-militaereinsatz-1.1135764 (20.10.11)

Von Krause, Ulf: Neun Jahre Eskalation in Afghanistan – wie geht es weiter? Handelsblatt Online Artikel. Düsseldorf. 2011. http://www.handelsblatt.com/neun-jahre-eskalation-in-aghanistan-wie-geht-es-weiter/3766756.html?p3766756=all (20.10.11)

Weiland, Severin / Wittrock, Philipp: Wie es zu dem deutschen Jein kam. Spiegel Online Artikel. Hamburg. 2011. http://www.spiegel.de/politik/deutschland/0,1518,752676,00.html (20.10.11)

Winkler, Heinrich: Gehört Deutschland noch zum Westen? Interview mit Welt Online. Berlin. 2011(b). http://www.welt.de/politik/ausland/article13426251/Gehoert-Deutschland-noch-zum-Westen.html (20.10.11)

Autorenprofil

Nik Milosevic, M.A., geboren 1981, hat nach absolvierter Hochschulreife die zweijährige Reserveoffizierslaufbahn bei der Bundeswehr durchlaufen. Im Anschluss daran absolvierte er den Bachelor of Arts an der Universität Münster im Studiengang ‚Politik und Wirtschaft'. Es folgte der Masterstudiengang im Fach Politikwissenschaft an der Universität Hamburg mit der Schwerpunktsetzung auf internationale Beziehungen, Außen- und Sicherheitspolitik sowie internationale Krisen- und Konfliktbewältigung.